BIBLIOTHÈQUE CONTEMPORAINE

1re série.

ALEXANDRE DUMAS

ŒUVRES COMPLÈTES

LES DEUX DIANE

III

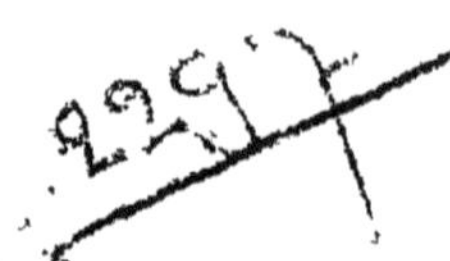

PARIS

MICHEL LÉVY FRÈRES, LIBRAIRES-ÉDITEURS

RUE VIVIENNE, 2 BIS

1854

ŒUVRES COMPLÈTES

D'ALEXANDRE DUMAS

PARIS. — IMP. SIMON RAÇON ET COMP., RUE D'ERFURTH, 1

LES

DEUX DIANE

PAR

ALEXANDRE DUMAS

III

PARIS
MICHEL LÉVY FRÈRES, LIBRAIRES-ÉDITEURS
RUE VIVIENNE, 2 BIS

1854

LES DEUX DIANE.

I.

LES MÉPRISES ONT L'AIR DE VOULOIR RECOMMENCER.

On ne reconduisit pas tout d'abord Arnauld du Thill au cachot qu'il occupait à la conciergerie de Rieux. Il fu mené dans le préau voisin du tribunal, où on le laissa seu pendant quelques instans.

Il se pourrait, lui dit-on, qu'après l'interrogatoire de son adversaire, les juges eussent besoin de l'entendre de nouveau. Abandonné à ses réflexions, le rusé coquin commença par se féliciter en lui-même de l'effet qu'il avait évidemment produit par son habile et impudent discours. Le brave Martin-Guerre, avec son bon droit, aurait certes de la peine à être aussi persuasif.

En tout cas, Arnauld avait gagné du temps! Mais en examinant plus rigidement les choses, il ne pouvait guère se dissimuler qu'il n'avait gagné que cela. La vérité qu'il avait si audacieusement démentie finirait par éclater de tous côtés. Monsieur de Montmorency lui-même, dont il avait osé invoquer le témoignage, se hasarderait-il à couvrir de son autorité les méfaits avérés de son espion? cela était ort douteux.

Au bout du compte, Arnauld du Thill, d'abord si joyeux, tomba peu à peu de son espérance dans l'inquiétude, et, tout bien considéré, se dit que sa position n'était pas des plus rassurantes.

Il courbait la tête sous ce découragement, lorsqu'on vint le prendre pour le ramener à sa prison.

Le tribunal n'avait donc plus jugé à propos de l'interroger après les explications de Martin-Guerre ! Nouveau sujet d'anxiété !

Cela néanmoins n'empêcha pas Arnauld du Thill, qui remarquait tout, de remarquer que ce n'était pas son geôlier ordinaire qui était venu le prendre et qui l'accompagnait en ce moment.

Pourquoi ce changement ? redoublait-on de précautions avec lui ? voulait-on le faire parler ? Arnauld du Thill se promit de se tenir sur ses gardes et resta muet pendant tout le chemin.

Mais voici bien un autre motif d'étonnement ! la prison dans laquelle ce gardien nouveau conduisit Arnauld n'était pas celle qu'il occupait d'habitude !

Celle-ci avait une fenêtre grillée et une haute cheminée qui manquaient dans l'autre.

Cependant, tout y attestait la présence récente d'un prisonnier, des débris de pain encore frais, une cruche d'eau à moitié vidée, un lit de paille, un coffre entr'ouvert qui laissait voir des habits d'homme.

Arnauld du Thill, accoutumé à se contenir, ne marqua aucune surprise ; mais, dès qu'il se vit seul, il courut au coffre pour le fouiller.

Il n'y trouva que des habits. Nul autre indice. Mais ces habits étaient d'une couleur et avaient une forme qu'Arnauld du Thill croyait se rappeler. Il y avait surtout deux justaucorps de drap brun et des hauts-de-chausse de tricot jaune qui n'étaient pas certainement d'une nuance ni d'une coupe fort commune.

— Oh ! oh ! se dit Arnauld du Thill, ce serait singulier !...

Comme la nuit commençait à tomber, le geôlier inconnu entra.

— Holà, maître Martin-Guerre ! dit-il en frappant sur

l'épaule d'Arnauld du Thill rêveur, de manière à lui prouver que, si le prisonnier ne connaissait pas son geôlier, le geôlier connaissait fort bien son prisonnier.

— Qu'est-ce qu'il y a donc? demanda Arnauld du Thill à ce geôlier si familier.

— Il y a, mon cher, reprit l'homme, que votre affaire apparemment se bonifie de plus en plus. Savez-vous qui a obtenu des juges et qui sollicite à présent de vous-même la faveur de vous entretenir quelques instans?

— Ma foi, non! dit Arnauld, comment voulez-vous que je sache? qui cela peut-il être?...

— Votre femme, mon cher, Bertrande de Rolles en personne, qui commence à voir sans doute de quel côté est le bon droit. Mais si j'étais à votre place, moi, je refuserais de la recevoir.

— Et pourquoi cela? dit Arnauld du Thill.

— Pourquoi? reprit le geôlier; mais parce qu'elle vous a si longtemps méconnu, donc! Il est bien temps vraiment qu'elle se range du côté de la vérité, quand demain, au plus tard, une sentence du tribunal va la proclamer publiquement, officiellement! Aussi, vous êtes de mon avis, n'est-ce pas? et je vais congédier bel et bien votre ingrate?

Le geôlier fit un pas vers la porte; mais Arnauld du Thill le retint d'un geste.

—Non, non! lui dit-il, ne la renvoyez pas. Je veux la voir, au contraire, je veux. Enfin, puisqu'elle a obtenu le congé des juges, introduisez Bertrande de Rolles, mon cher ami.

— Hum! toujours le même! dit le geôlier, toujours débonnaire et clément! Si vous laissez si vite reprendre à votre femme son ascendant d'autrefois, vous ne risquez rien!... Enfin, enfin, cela vous regarde.

Le geôlier se retira en haussant les épaules de pitié.

Deux minutes après, il rentra avec Bertrande de Rolles. Le jour se faisait de plus en plus sombre.

— Je vous laisse seuls, dit le geôlier, mais je viendrai chercher Bertrande avant qu'il soit nuit tout à fait : c'est l'ordre. Vous n'avez donc guère à vous qu'un quart d'heure, profitez-en pour vous chamailler ou pour vous réconcilier; à votre choix.

Et il sortit de nouveau.

Bertrande de Rolles s'avança alors toute honteuse et la tête basse vers le prétendu Martin-Guerre, qui resta assis et silencieux, la laissant venir et parler.

— Oh ! Martin, lui dit-elle enfin d'une voix faible et timide quand elle fut auprès de lui, Martin, voudrez-vous jamais me pardonner ?

Ses yeux se mouillèrent, et elle tremblait véritablement de tous ses membres.

— Vous pardonner quoi ! reprit Arnauld du Thill qui ne voulait pas se compromettre.

— Mais ma grossière méprise, dit Bertrande. J'ai eu certainement bien tort de ne pas vous reconnaître. Pourtant, n'y avait-il pas de quoi s'y tromper, puisqu'il paraît que, dans le temps, vous vous y trompiez vous-même ? Aussi, je vous l'avoue, il faut, pour que je croie à mon erreur, que tout le pays, que monsieur le comte de Montgommery, et que la justice, qui s'y connaît ! m'attestent que vous êtes bien mon vrai mari et que l'autre n'était qu'un trompeur et qu'un imposteur.

— Lequel, voyons ? dit Arnauld, lequel est l'imposteur avéré ! celui qu'a ramené monsieur de Montgommery, ou celui qu'on a trouvé en possession du nom et des biens de Martin-Guerre ?

— Mais l'autre ! répondit Bertrande, celui qui m'a trompée, celui que la semaine passée j appelais encore mon époux, stupide et aveugle que j'étais !

— Ah ! la chose est donc bien établie maintenant ? demanda Arnauld avec émotion.

— Mon Dieu ! oui, Martin, reprit Bertrande avec la même confusion. Ces messieurs du tribunal et votre maître, ce digne seigneur, m'ont affirmé tout à l'heure encore qu'il n'y avait plus de doute pour eux, et que vous étiez bien le véritable Martin-Guerre, mon bon et cher mari.

— Ah ! vraiment ?... dit Arnauld du Thill en pâlissant.

— Là-dessus, reprit Bertrande, on m'a donné à entendre que je ferais bien de vous demander pardon et de me réconcilier avec vous avant l'arrêt, et j'ai sollicité et obtenu la permission de vous voir ..

Elle s'arrêta, mais, voyant que son prétendu mari ne lui répondait pas, elle reprit :

— Il est trop certain, mon bon Martin-Guerre, que je suis extrêmement coupable envers vous. Mais je vous prie de songer que c'est bien involontairement, j'en prends à témoins la sainte Vierge et l'enfant Jésus ! Ma première faute est de n'avoir pas découvert et démasqué la fraude de cet Arnauld du Thill. Mais pouvais-je supposer qu'il pût y avoir au monde des ressemblances si complètes, et que le bon Dieu pût s'amuser à faire deux créatures si exactement pareilles. Pareilles de visage et de taille, mais non, il est vrai, de caractère et de cœur ! et c'est cette différence qui eût dû m'ouvrir les yeux, j'en conviens. Mais quoi ! rien ne m'avertissait de me tenir sur mes gardes. Arnauld du Thill m'entretenait du passé comme vous auriez pu le faire. Il avait votre anneau, vos papiers. Nul ami, nul parent ne le soupçonnait. J'y suis allée à la bonne foi. J'attribuais vos changemens d'humeur à l'expérience que vous aviez gagnée en courant le monde. Considérez, mon cher mari, que sous le nom de cet étranger, c'est toujours vous enfin que j'aimais, vous à qui je me soumettais avec joie. Considérez cela, et vous me pardonnerez cette première erreur qui m'a fait commettre, sans le vouloir et sans le savoir, grand Dieu ! le péché dont je passerai le reste de mes jours à demander grâce au ciel et à vous.

Bertrande de Rolles se tut de nouveau pour voir si Martin-Guerre lui parlerait et l'encouragerait un peu. Mais il garda obstinément le silence, et la pauvre Bertrande, le cœur navré, continua :

— S'il est impossible, Martin, que vous me gardiez rancune pour ce premier et involontaire grief, le second malheureusement mérite à coup sûr tous vos reproches et toute votre colère. Quand vous n'étiez pas là, j'ai pu prendre un autre pour vous ? mais quand vous vous êtes présenté et qu'il m'a été loisible d'établir une comparaison, j'aurais dû vous reconnaître tout d'abord. Réfléchissez pourtant si, là encore, ma conduite n'aurait pas quelques excuses. D'abord, Arnauld du Thill était, comme vous disiez, en possession du titre et du nom qui vous appartiennent, et il me répugnait d'admettre la supposition qui me taisait coupable. En second lieu, c'est à peine si l'on m'a laissé vous voir et vous parler. Lorsqu'on m'a controntée à vous, vous n'aviez pas vos habits ordinaires, et vous étiez enveloppé d'un long manteau qui me dérobait votre taille et votre allure. Depuis, j'ai presque été mise au secret comme Arnauld du Thill et comme vous-même, et je ne vous ai guère revus tous deux qu'au tribunal, toujours séparément et toujours d'assez loin. Devant cette effrayante ressemblance, quel moyen avais-je de constater la vérité? Je me suis décidée, presque au hasard, pour celui que j'appelais mon mari la veille. Je vous conjure de ne pas m'en vouloir. Les juges aujourd'hui me certifient que je me suis trompée et qu'ils en ont acquis les preuves. Dès lors, je reviens à vous toute repentante et toute confuse, me fiant seulement à votre bonté et à votre amour d'autrefois. Ai-je eu tort de compter ainsi sur votre indulgence?

Après cette question presque directe, Bertrande fit une nouvelle pause. Mais le faux Martin resta toujours muet.

Il est évident que Bertrande, en abandonnant ainsi Arnauld du Thill, prenait pour l'attendrir un singulier moyen; mais elle était de très bonne foi, et s'enfonça de plus en plus dans cette voie, qu'elle croyait la vraie, pour arriver au cœur de celui qu'elle suppliait.

— Pour moi, reprit-elle d'un ton humble, vous me trouverez bien changée d'humeur. Je ne suis plus la femme dédaigneuse, capricieuse et colère, qui vous a fait tant souffrir. Les mauvais traitemens dont cet indigne Arnauld a usé envers moi, et qui auraient dû me le dénoncer, ont eu du moins le bon résultat de me plier et de me mater, et vous devez vous attendre à me trouver à l'avenir aussi docile et complaisante que vous êtes vous-même doux et bon... car vous serez bon et doux pour moi comme par le passé, n'est-il pas vrai? Vous allez me le prouver tout à l'heure en me pardonnant, et, ainsi, je vous reconnaîtrai à votre cœur comme je vous reconnais déjà à vos traits.

— Donc, vous me reconnaissez, maintenant? dit enfin Arnauld du Thill.

— Oh! oui, répondit Bertrande, et je me blâme seulement d'avoir attendu pour cela les sentences et jugemens des juges.

— Vous me reconnaissez? reprit Arnauld en insistant, vous me reconnaissez, non pour cet intrigant qui, la semaine dernière encore, s'intitulait audacieusement votre mari, mais bien pour le vrai et légitime Martin-Guerre, que vous n'avez pas revu depuis des années? Regardez-moi. Vous me reconnaissez bien pour votre premier, pour votre seul époux?

— Mais, sans doute, dit Bertrande.

— Et à quels signes me reconnaissez-vous, voyons? demanda Arnauld.

— Hélas! dit naïvement Bertrande, à des signes tout extérieurs et indépendans de votre personne, je vous l'avoue. Vous seriez à côté d'Arnauld du Thill, habillé comme lui, la similitude est si parfaite que je ne vous distinguerais peut-être pas encore. Je vous reconnais pour mon véritable mari, parce qu'on m'a dit que l'on allait me conduire à mon véritable mari, parce que vous occupez cette prison et non celle d'Arnauld, parce que vous me recevez avec cette sévérité que je mérite, tandis qu'Arnauld chercherait encore à m'abuser et à me séduire...

— Misérable Arnauld! s'écria Arnauld d'une voix sévère. Et toi, femme trop facile et trop crédule!...

— Oui, accablez-moi, reprit Bertrande de Rolles. J'aime encore mieux vos reproches que votre silence. Quand vous m'aurez dit tout ce que vous avez sur le cœur, je vous connais, vous êtes indulgent et tendre, vous vous adoucirez, vous me pardonnerez!

— Allons! dit Arnauld d'une voix plus douce; ne désespérez pas, Bertrande, nous verrons!

— Ah! s'écria Bertrande, qu'est-ce que je disais! Oui, vous êtes bien mon vrai, mon cher Martin-Guerre!

Elle se jeta à ses pieds, elle arrosa ses mains de larmes sincères; car elle croyait parler véritablement à son mari, et Arnauld du Thill, qui l'observait de son regard défiant, ne put concevoir le moindre soupçon. Les marques de joie et de repentir qu'elle lui donnait n'étaient point équivoques.

— C'est bon ! grommelait Arnauld en lui-même, tu me payeras tout cela quelque jour, perfide !...

En attendant, il parut céder à un mouvement de tendresse irrésistible.

— Je suis sans courage et je sens que je faiblis, dit-il en ayant l'air d'essuyer une larme qui ne coulait pas.

Et, comme malgré lui, il effleura d'un baiser le front incliné de la repentante.

— Quel bonheur ! s'écria Bertrande, me voici presque rentrée en grâce !

En ce moment, la porte se rouvrit, et le geôlier reparut.

— Réconciliés ! dit-il d'un air bourru en apercevant le groupe sentimental des deux prétendus époux. J'en étais sûr d'avance. Poule mouillée que vous êtes, allez, Martin !

— Quoi ! vous lui faites un crime de sa bonté ? reprit Bertrande.

— Hé ! hé ! allons donc ! allons donc ! disait Arnauld en souriant de l'air le plus paterne possible.

— Enfin, je le répète, cela le regarde ! reprit l'inflexible geôlier. Ce qui me regarde, moi, c'est ma consigne. L'heure est passée, et vous ne pouvez demeurer ici une minute de plus, la belle éplorée.

— Quoi ! le quitter déjà ! dit Bertrande.

— Bon ! vous aurez le temps de le voir demain et les jours suivans, reprit le geôlier.

— C'est vrai, demain libre ! dit Bertrande. Demain, ami, nous reprendrons notre douce vie d'autrefois.

— A demain donc les tendresses, fit le geôlier féroce. Pour le moment il faut déguerpir.

Bertrande baisa une dernière fois la main que lui tendait royalement Arnauld du Thill, lui envoya de la main un dernier adieu, et sortit devant le geôlier.

Comme celui-ci allait fermer la porte, Arnauld le rappela.

— Ne pourrais-je avoir de la lumière... une lampe ? lui demanda-t-il.

— Si vraiment, aujourd'hui comme tous les soirs, dit le geôlier, du moins jusqu'à l'heure du couvre-feu, jusqu'à neuf heures. Dame ! on ne vous tient pas aussi sévèrement qu'Arnauld du Thill, vous! et puis, votre maître le comte de Montgommery est si généreux! On vous oblige... pour l'obliger. Dans cinq minutes, je vous enverrai votre chandelle, ami Martin.

Un valet de la prison apporta en effet de la lumière quelques instans après. Il se retira en souhaitant le bonsoir au prisonnier, et en lui recommandant de nouveau d'éteindre au couvre-feu.

Arnauld du Thill, quand il se vit seul, dépouilla lestement les habits de toile qu'il portait, et revêtit non moins lestement un des fameux justaucorps bruns et les haut-de-chausses de tricot jaune qu'il avait découverts dans le coffre de Martin-Guerre.

Puis il brûla pièce à pièce son ancien costume à la lumière de sa chandelle, et en mêla les cendres aux cendres qui remplissaient déjà le foyer de la cheminée.

Ce fut fait en moins d'une heure, et il put éteindre son flambeau et se coucher vertueusement, même avant le couvre-feu sonné.

— Attendons, maintenant, se dit-il alors. Il paraît que décidément j'ai été vaincu devant les juges. Mais il serait plaisant que je pusse tirer de ma défaite même les moyens de ma victoire. Attendons.

II.

LE RÉQUISITOIRE D'UN CRIMINEL CONTRE LUI-MÊME.

On comprend que, cette nuit-là, Arnauld du Thill ne dormit guères. Il resta seulement étendu sur la litière de paille, les yeux tout grands ouverts. fort occupé à évaluer ses chances, à ordonner son plan, et à combiner ses ressources. Le projet qu'il avait conçu de se substituer une dernière fois au pauvre Martin-Guerre était hardi sans doute, mais devait réussir par cette hardiesse même.

Quand le hasard le servait si merveilleusement, Arnauld se laisserait-il trahir par sa propre audace ?

Non : il eut vite pris son parti, quitte à se régler d'ailleurs sur les incidens à venir et les circonstances imprévues.

Lorsque le jour vint, il examina son costume, le trouva irréprochable, et s'appliqua à reprendre les allures et les attitudes qu'il avait autrefois étudiées sur Martin-Guerre. L'imitation était parfaite, si ce n'est qu'il exagérait un peu l'air bonasse de son Sosie. Il faut convenir que ce misérable drôle eût fait un excellent comédien.

Sur les huit heures du matin, la porte de la prison tourna sur ses gonds.

Arnauld du Thill comprima un tressaillement et se donna une apparence indifférente et tranquille.

Le geôlier de la veille reparut, introduisant le comte de Montgommery.

— Diantre ! voici la crise, se dit Arnauld du Thill. Jouons serré.

Il attendait avec anxiété le premier mot qui allait sortir de la bouche de Gabriel à sa vue.

— Bonjour, mon pauvre Martin-Guerre, dit tout d'abord Gabriel.

Arnauld du Thill respira. Le comte de Montgommery, en l'appelant Martin, l'avait bien regardé en face. Le quiproquo recommençait. Arnauld était sauvé !

— Bonjour, mon bon et cher maître, dit-il à Gabriel avec une effusion de reconnaissance qui n'était pas tout à fait feinte, en vérité.

Arnauld du Thill osa ajouter :

— Eh bien ! qu'y a-t-il de nouveau, monseigneur ?

— La sentence sera, selon toute probabilité, prononcée ce matin, dit Gabriel.

— Enfin ! Dieu soit loué ! s'écria Arnauld. J'ai hâte d'en finir, je l'avoue. Et il n'y a pas de doute et pas de crainte à concevoir, n'est-il pas vrai, monseigneur ? Le bon droit triomphera.

— Mais je l'espère, dit Gabriel en regardant Arnauld plus

fixement que jamais. Cet infâme Arnauld du Thill en est aux moyens désespérés.

— Vraiment? et que machine-t-il donc encore? demanda Arnauld.

— Le croirais-tu? dit Gabriel, le traître essaie de renouveler encore les quiproquos d'autrefois.

— Se peut-il! s'écria Arnauld en levant les bras au ciel. Et comment cela, grand Dieu?

— Mais il ose prétendre, dit Gabriel, qu'hier, à l'issue de l'audience, les gardiens se sont trompés, qu'on l'a reconduit dans la prison d'Arnauld et qu'on t'a mené dans la sienne.

— Est-il possible! dit Arnauld avec un beau mouvement de surprise et d'indignation. Et sur quoi fonde-t-il cette insolente affirmation, le malheureux?

— Voici, dit Gabriel. Il n'a pas été, non plus que toi, ramené tout de suite hier dans son cachot. Le tribunal, en entrant en délibération, aurait pu avoir besoin d'interroger l'un ou l'autre. Les gardes l'ont donc laissé dans le vestibule d'en bas, comme ils t'avaient laissé dans le préau. Or, il jure que là est la cause de l'erreur, et qu'on avait coutume de laisser Arnauld dans le vestibule et Martin dans le préau. Les geôliers, en allant chercher leurs prisonniers, ont donc, selon lui, confondu naturellement l'un avec l'autre. Quant aux gardes, ce sont les mêmes qui vous ont conduits tous deux, et ces machines humaines ne connaissent que le prisonnier sans distinguer la personne. C'est sur ces misérables raisons qu'il appuie sa prétention nouvelle. Et il pleure, et il crie, et il me demande, il veut me voir.

— L'avez-vous vu, en effet, monseigneur? demanda vivement Arnauld.

— Ma foi! non, dit Gabriel. J'ai peur de ses ruses et de ses retours. Il serait capable de me séduire et de me tromper encore. Le drôle est si spirituel et si audacieux!

— Eh quoi! monseigneur le défend à présent! reprit Arnauld du Thill feignant le mécontentement.

— Je ne le défends pas, Martin, dit Gabriel. Mais convenons que c'est un esprit plein de ressources, et que s'il avait appliqué au bien la moitié de son habileté...

— C'est un infâme ! s'écria Arnauld avec véhémence.

— Comme tu l'accables aujourd'hui ! reprit Gabriel. Cependant, je pensais en venant, je l'avoue, qu'après tout, il n'a causé la mort de personne, que, s'il est condamné dans quelques heures, il sera pendu sûrement avant huit jours, que la peine capitale est peut-être exorbitante pour ses crimes, et qu'enfin... nous pourrions, si tu voulais, demander sa grâce.

— Demander sa grâce ! répéta Arnauld du Thill avec un peu d'indécision.

— Oui, cela vaut quelque réflexion, je sais bien, dit Gabriel. Mais voyons, réfléchis, Martin, qu'en dis-tu ?

Arnauld du Thill, le menton dans la main et se grattant la joue, demeura quelques secondes pensif sans répondre, puis, enfin, prenant son parti :

— Non, non ! pas de grâce ! dit-il resolument. Pas de grâce ! cela vaut mieux.

— Oh ! oh ! reprit Gabriel, je ne te savais pas si implacable, Martin ; ce n'est guère ton habitude, et hier encore tu plaignais ton faussaire et n'aurais pas demandé mieux que de le sauver.

— Hier ! hier ! grommela Arnauld, hier il ne nous avait pas joué ce dernier tour, plus odieux, à mon avis, que tous les autres.

— C'est vrai cela, dit Gabriel. Ainsi, décidément ton avis est que le coupable meure ?

— Mon Dieu ! reprit Arnauld du Thill d'un air béat, vous savez, monseigneur, à quel point ma nature répugne à la violence, à la vengeance et aux conseils de sang. Mon âme est navrée d'être obligé d'accepter une nécessité si cruelle, mais c'est une nécessité. Considérez, monseigneur, que, tant que cet homme si pareil à moi vivra, mon existence ne pourra être tranquille. Le dernier coup d'audace qu'il risque en ce moment nous prouve bien qu'il est incorrigible. En prison, il s'échappera ; en exil, il reviendra ! et, dès lors, me voilà inquiet, tourmenté, sans cesse prêt à le voir apparaître pour troubler encore et déranger ma vie.

Mes amis, ma femme ne seront jamais certains d'avoir bien réellement affaire à moi. Ce sera une défiance perpétuelle. Il faudra toujours s'attendre à de nouveaux conflits, à d'autres contestations. Enfin, je ne pourrai jamais véritablement me dire en possession de moi-même. Je dois donc forcer mon caractère, monseigneur, avec douleur, avec désespoir ; sans doute, je serai triste le reste de mes jours d'avoir causé la mort d'un homme, mais il le faut ! il le faut ! Cette imposture d'aujourd'hui lève mes derniers scrupules. Qu'Arnauld du Thill meure ! je m'y résigne.

— Soit donc, il mourra, dit Gabriel. C'est-à-dire il mourra s'il est condamné. Car enfin l'arrêt n'est pas porté encore.

— Comment ? est-ce que la chose n'est pas certaine ? demanda Arnauld.

— Probable, oui ; certaine, non, répondit Gabriel. Ce diable d'Arnauld a tenu hier aux juges un discours bien subtil et bien persuasif.

— Double sot que j'étais ! pensa Arnauld du Thill.

— Tandis que toi, Martin, continua Gabriel, toi qui viens de me prouver avec une éloquence et une assurance admirables la nécessité de la mort d'Arnauld, tu n'as pas pu, tu t'en souviens, trouver hier devant le tribunal un seul argument, un seul fait pour le triomphe de la vérité. Tu es resté troublé et à peu près muet, malgré mes instances. On avait cependant consenti à t'instruire des moyens de défense de ton adversaire. Mais tu n'as su que dire pour les rétorquer.

— C'est que, monseigneur, reprit Arnauld, je suis à mon aise en votre présence, tandis que tous ces juges assemblés m'intimident. En outre, je vous avouerai que je comptais sur mon bon droit. Il me semblait que la justice plaiderait pour moi mieux que moi-même. Mais ce n'est pas cela qu'il faut avec ces gens de loi. Ils veulent des paroles, je le vois bien. Ah ! si c'était à recommencer ! et s'ils voulaient encore m'entendre !...

— Eh bien ! que ferais-tu, Martin?

— Eh ! je prendrais un peu sur moi-même, et je parlerais donc ! Avec cela qu'il n'est pas difficile de réduire à néant toutes les preuves et allégations de cet Arnauld du Thill.

— Oh ! ce n'est pas si facile encore ! dit Gabriel.

— Pardonnez-moi, monseigneur, reprit Arnauld. Je voyais les défauts de ses ruses aussi nettement qu'il devait les voir lui-même, et, si j'avais été moins craintif, si les mots ne m'avaient manqué, j'aurais dit aux juges...

— Que leur aurais-tu dit ? voyons, parle.

— Ce que je leur aurais dit ? fit Arnauld. Mais rien de plus simple, monseigneur ; écoutez !

Là-dessus, Arnauld du Thill se mit à réfuter d'un bout à l'autre son discours de la veille. Il débrouilla les événemens et les méprises de la double existence de Martin-Guerre et d'Arnauld avec d'autant plus de facilité qu'il les avait embrouillés de sa propre main. Le comte de Montgommery avait laissé obscurs dans l'esprit des juges quelques points qu'il n'avait pu encore bien s'expliquer à lui-même. Arnauld du Thill les éclaira avec une lucidité merveilleuse. Il montra enfin à Gabriel les deux destinées de l'honnête homme et du coquin, aussi évidemment séparées et distinctes dans leur confusion que de l'huile mêlée à de l'eau.

— Mais tu as donc pris, de ton côté, tes renseignemens à Paris ? demanda Gabriel.

— Sans nul doute, monseigneur, reprit Arnauld, et au besoin, je fournirai des preuves de ce que j'avance. Je ne me remue pas aisément ; mais quand on me pousse dans mes derniers retranchemens, je sais faire de vigoureuses sorties.

— Cependant, dit Gabriel, Arnauld du Thill a invoqué le témoignage de monsieur de Montmorency, et tu ne réponds pas à cela.

— Si fait, j'y réponds, monseigneur. Il est bien vrai que cet Arnauld a été au service du connétable, mais c'était un honteux service que le sien. Il devait être quelque chose comme son espion, et c'est justement ce qui explique comment et pourquoi il s'était attaché à vous pour vous observer et vous suivre. Mais on emploie de telles gens, on ne les avoue pas. Croyez-vous que monsieur de Montmorency veuille accepter la responsabilité des faits et gestes de son émissaire ? Non ! non ! Arnauld du Thill, mis au pied du mur, n'oserait s'adresser réellement au connétable, ou bien, s'il l'osait, en désespoir de cause, il en serait pour la honte, et monsieur de Montmorency le renierait. Donc, je me résume...

Et dans ce résumé logique et clair, Arnauld du Thill acheva de démolir pièce à pièce l'édifice d'imposture qu'il avait si habilement construit le jour précédent.

Avec cette aisance dans la conviction et cette fluidité dans l'expression, Arnauld du Thill eût fait de nos jours un avocat bien distingué. Il eut le malheur de venir au monde trois cents ans trop tôt. Plaignons son ombre !

— J'espère que tout cela est sans réplique, dit-il à Gabriel quand il eut terminé. Quel dommage que les juges ne puissent plus m'entendre ou qu'ils ne m'aient pas entendu !

— Ils t'ont entendu, dit Gabriel.

— Comment ?

— Regarde.

La porte du cachot s'ouvrit, et Arnauld, tout stupéfait et un peu effrayé, aperçut debout, immobiles et graves sur le seuil, le président du tribunal et deux des juges.

— Qu'est-ce que cela signifie ? dit Arnauld du Thill en se tournant vers Gabriel.

— Cela signifie, reprit monsieur de Montgommery, que je me défiais de la timidité de mon pauvre Martin-Guerre, et que j'ai voulu qu'à son insu ses juges pussent écouter le plaidoyer *sans réplique* qu'ils viennent d'entendre.

— A merveille, reprit Arnauld du Thill qui respira. Je vous remercie mille fois, monseigneur.

Et se tournant vers les juges.

— Puis-je croire, dit-il d'un ton qu'il essaya de rendre craintif, puis-je espérer que ma parole a vraiment établi le bon droit de ma cause pour les esprits éclairés qui sont en ce moment arbitres de ma destinée ?

— Oui, dit le président du tribunal, les preuves qui viennent de nous être fournies nous ont convaincus.

— Ah !... fit Arnauld du Thill triomphant.

— Mais, reprit le président, d'autres preuves, non moins certaines et non moins concluantes, permettent d'affirmer qu'il y a eu hier confusion dans la translation des deux prisonniers ; que Martin-Guerre a été reconduit dans votre prison, *Arnauld du Thill*, et que vous occupez à cette heure la sienne.

— Quoi !... comment ? balbutia Arnauld foudroyé. monseigneur, que dites-vous de ceci ? reprit-il en s'adressant à Gabriel.

— Je dis que je le savais, répondit Gabriel avec sévérité. Je vous répète, *Arnauld*, que j'ai voulu faire établir par vous-même les preuves de l'innocence de Martin et de votre culpabilité. Vous m'avez contraint là, malheureux, à un rôle qui me répugnait. Mais votre insolence m'a fait comprendre hier que lorsqu'on acceptait une lutte avec vos pareils, il fallait employer leurs armes, et qu'on ne pouvait vaincre les trompeurs que par la tromperie. Au reste, vous ne m'avez laissé rien à faire, et vous vous êtes tellement hâté de trahir votre propre cause, que votre lâcheté a été toute seule au devant du piége.

— Au devant du piége, répéta Arnauld. Il y a donc eu piége ? Mais en tout cas, c'est votre Martin que vous abandonnez en moi, ne vous abusez pas, monseigneur !

— N'insistez pas, Arnauld du Thill, reprit le président, L'erreur avait été combinée et ordonnée par le tribunal Vous êtes démasqué sans retour possible, vous dis-je.

— Mais, puisque vous convenez qu'il y a eu erreur, s'écria l'impudent Arnauld, qui vous assure, monsieur le président, qu'il n'y a pas eu erreur aussi dans l'exécution de vos ordres ?

— Le témoignage des gardes et des geôliers, dit le président.

— Ils se trompent, dit Arnauld du Thill, je suis bien Martin-Guerre, l'écuyer de monsieur de Montgommery ; je ne me laisserai pas condamner ainsi ! Confrontez-moi avec votre autre prisonnier, et quand nous serons à côté l'un de l'autre, osez choisir, osez distinguer Arnauld du Thill de Martin-Guerre ! le coupable de l'innocent ! Comme s'il n'y avait pas déjà assez de confusion dans cette cause, vous en avez ajouté de nouvelles. Votre conscience vous empêchera de vous en tirer. Je vous crierai jusqu'au bout et malgré tout : je suis Martin-Guerre ! et je défie qui que ce soit de me démentir et quoi que ce soit de me contredire.

Les juges et Gabriel secouaient la tête et souriaient gravement et tristement en présence de cette obstination sans pudeur ni vergogne.

— Encore une fois, Arnauld du Thill, reprit le président, n'y a plus de confusion possible entre Martin-Guerre et vous.

— Et pourquoi ? dit Arnauld ; à quoi le reconnaît-on ? quel signe nous distingue ?

— Vous allez le savoir, misérable ! dit Gabriel indigné.

Il fit un signe, et Martin-Guerre parut sur le seuil de la prison.

Martin-Guerre sans manteau ! Martin-Guerre mutilé ! Martin-Guerre avec une jambe de bois !

— Martin, mon brave écuyer, dit Gabriel à Arnauld, échappé au gibet que vous aviez fait dresser pour lui à Noyon, n'a pas échappé, sous Calais, à une vengeance trop légitime dirigée contre une de vos infamies ; il a été précipité à votre place dans un abîme, et amputé de cette jambe, qui, du moins, par la volonté mystérieuse de la Providence, juste encore lorsqu'elle paraît cruelle, sert maintenant à établir une différence entre le persécuteur et la victime. Les juges ici présens ne risquent plus de se tromper, et peuvent désormais reconnaître le criminel à son impudeur et le juste à sa blessure.

Arnauld du Thill, pâle, écrasé, anéanti sous la parole terrible et le regard foudroyant de Gabriel, n'essaya plus de se défendre et de nier : l'aspect de Martin-Guerre estropié réduisait d'avance à néant tous ses mensonges.

Il se laissa lourdement tomber à terre comme une masse inerte.

— Je suis perdu ! murmura-t-il ; perdu !

III.

JUSTICE!

Arnauld du Thill était perdu en effet. Le tribunal entra sur-le-champ en délibération, et, au bout d'un quart d'heure, l'accusé fut appelé pour entendre l'arrêt suivant que nous transcrivons textuellement sur les registres du temps :

« Vu l'interrogatoire d'Arnauld du Thill, dit Sancette,
» soi disant Martin-Guerre, prisonnier à la conciergerie
» de Rieux.
» Vu les dépositions des divers témoins, de Martin-
» Guerre, de Bertrande de Rolles, de Carbon-Barreau, etc..,
» et notamment celle de monsieur le comte de Montgom-
» mery.
» Vu les aveux de l'accusé lui-même, lequel, après avoir
» vainement essayé de le nier, confessa à la fin son crime.
» Desquels interrogatoires, dépositions et aveux il appert :
» Que ledit Arnauld du Thill est bien et dûment convaincu d'imposture, fausseté, supposition de nom et de
prénom, adultère, rapt, sacrilége, plagiat, larcins et au-
» tres.
» La cour a condamné et condamme ledit Arnauld du
» Thill :
» Premièrement, à faire amende honorable au-devan
» de l'église du lieu d'Artigues, à genoux, en chemise,
» tête et pieds nus, ayant la hart au col, et tenant en ses
» mains une torche de cire ardente.
» Ensuite de ce, à demander pardon publiquement à
» Dieu, au roi et à la justice, et auxdits Martin-Guerre et
» Bertrande de Rolles, mariés.
» Et, ce fait, sera ledit Arnauld du Thill délivré ès-mains

» de l'exécuteur de la haute justice, qui lui fera faire les
» tours par les rues et lieux accoutumés dudit lieu d'Arti-
» gues, et toujours la hart au col, l'amènera au devant de
» la maison dudit Martin Guerre.

» Pour en une potence qui, à cet effet, y sera dressée,
» être pendu et étranglé, et, après, son corps brûlé.

» Et, en outre, la cour a mis et met hors de procès le-
» dit Martin-Guerre et ladite Bertrande de Rolles, et ren-
» voie ledit Arnauld du Thill au juge d'Artigues pour faire
» mettre le présent arrêt à exécution selon sa forme et te-
neur.

» Prononcé judiciairement à Rieux, le douzième jour de
» juillet 1558. »

Arnauld du Thill écouta cette sentence prévue d'un air morne et sombre. Cependant, il renouvela ses aveux, reconnut la justice de l'arrêt et témoigna quelque repentir.

— J'implore, dit-il, la clémence de Dieu et le pardon des hommes, et suis disposé à subir ma peine en chrétien.

Martin-Guerre, présent à l'audience, donnait cependant une nouvelle preuve de son identité en fondant en larmes aux paroles, peut-être hypocrites, de son ennemi.

Il triompha même de sa timidité accoutumée pour demander au président s'il n'y aurait pas moyen d'obtenir la grâce d'Arnauld du Thill, auquel, pour sa part, il remettait de grand cœur le passé.

Mais il fut répondu au bon Martin-Guerre que le roi seul avait droit de faire grâce, et que, pour un crime si exceptionnel et si éclatant, il refuserait à coup sûr cette grâce, quand même le tribunal prendrait sur lui de la solliciter.

— Oui, murmurait Gabriel dans sa pensée, oui, le roi refuserait de faire grâce ? et pourtant il aurait bien besoin qu'à lui-même aussi grâce fût accordée ! mais il aurait raison d'être inflexible. Pas de grâce ! jamais de grâce ! justice !

Martin-Guerre ne pensait probablement point comme son maître ; car, dans son besoin de pardonner, il ouvrit tout de suite ses bras à Bertrande de Rolles, contrite et repentante.

Bertrande n'eut même pas à répéter les prières et les promesses que, par une dernière mais utile méprise, elle avait adressées au faussaire Arnauld du Thill, croyant parler à son mari. Martin Guerre ne lui laissa pas le temps de déplorer de nouveau ses erreurs et ses faiblesses. Il lui coupa d'abord la parole avec un gros baiser, et l'emmena, triomphant et joyeux, dans cette petite et bienheureuse maison d'Artigues que depuis si longtemps il n'avait pas revue.

Devant cette même maison, enfin retournée aux mains du possesseur légitime, Arnauld du Thill, huit jours après sa condamnation, subit, selon la sentence, la peine que ses crimes avaient si bien méritée.

De vingt lieues à la ronde on vint des campagnes environnantes pour assister à ce supplice, et les rues du pauvre bourg d'Artigues furent plus populeuses ce jour-là que celles de la capitale.

Le coupable, il faut le dire, montra un certain courage à ses derniers momens, et couronna, du moins, par une fin exemplaire son existence indigne.

Quand le bourreau eut crié trois fois au peuple, selon l'usage : Justice est faite ! tandis que la foule se retirait lentement, silencieuse et terrifiée, il y avait, dans la maison de la victime, un homme qui pleurait et une femme qui priait, Martin-Guerre et Bertrande de Rolles.

L'air natal, la vue des lieux où sa jeunesse s'était écoulée, l'affection des parens et des amis anciens, et surtout les soins de Bertrande, eurent en peu de jours dissipé du front de Martin-Guerre jusqu'à la trace du souci.

Un soir de ce même mois de juillet, il était assis à sa porte, sous la treille, après une journée heureuse et calme. Sa femme s'occupait dans la maison à quelques soins de ménage. Mais Martin l'entendait aller et venir, il n'était donc pas seul ! et il regardait à sa droite le soleil qui, se couchant dans tout son éclat, promettait au lendemain une journée aussi belle que celle qui venait de s'écouler.

Martin-Guerre ne vit donc pas un cavalier qui venait à sa gauche, et qui s'approcha de lui sans bruit.

Ce cavalier s'arrêta un instant à regarder avec un sourire grave la muette et tranquille contemplation de Martin. Puis, il avança vers lui la main, et, sans rien dire, le toucha à l'épaule.

Martin-Guerre se retourna vivement, porta la main à son bonnet, se leva :

— Quoi ! c'est vous, monseigneur ! dit-il tout ému. Pardonnez, je ne vous avais pas vu venir.

— Ne t'excuse pas, mon brave Martin, reprit Gabriel (car c'était lui), je n'étais pas venu pour troubler ton calme, mais pour m'en assurer au contraire.

— Oh ! bien, monseigneur n'a qu'à me regarder alors, dit Martin.

— Ainsi faisais-je, Martin, dit Gabriel. Comme cela, tu es heureux ?

— Oh ! plus heureux, monseigneur, que l'hirondelle dans l'air ou le poisson dans l'eau.

— C'est tout simple, reprit Gabriel, d'abord tu as retrouvé dans ta maison l'abondance et le repos.

— Oui, dit Martin-Guerre, c'est là sans doute une des causes de ma satisfaction. J'ai peut-être assez couru le monde, assez vu de batailles, assez veillé, assez jeûné, assez souffert de cent façons, pour avoir un peu le droit, n'est-ce pas, monseigneur, de me délasser avec plaisir pendant quelques jours. Quant à l'abondance, reprit-il en prenant un ton plus grave, j'ai trouvé en effet la maison riche et trop riche. Cet argent-là ne m'appartient pas, et je n'y veux pas toucher. C'est Arnauld du Thill qui l'a apporté, et j'entends le restituer à qui de droit. La première et la plus forte part vous en revient à vous, monseigneur ; car c'est l'argent détourné de votre rançon de Calais. La somme est mise de côté, toute prête à vous être rendue. Pour le surplus, qu'Arnauld l'ait pris ou reçu, peu m'importe ! ces écus-là doivent salir les doigts. Maître Carbon-Barreau a pensé comme moi, l'honnête homme ! et, ayant de quoi vivre, il refuse l'héritage indigne de son neveu. Les frais de justice payés, c'est donc aux pauvres du pays que ce reste-là reviendra.

— Mais alors, tu ne dois pas posséder grand'chose, mon pauvre Martin ? dit Gabriel.

— Je vous demande pardon, monseigneur, dit l'écuyer,

On n'a pas servi aussi longtemps un maître aussi généreux que vous sans qu'il en reste quelque chose. J'ai apporté de Paris dans mon sac une assez bonne somme. En outre, la famille de Bertrande avait du bien et lui a laissé quelque patrimoine. Bref, nous serons encore les richards du pays quand j'aurai acquitté nos dettes et fait nos restitutions.

—Parmi ces restitutions, dit Gabriel, j'espère, Martin, que tu ne refuseras pas venant de moi ce que tu refuserais venant d'Arnauld. Je te prie, mon fidèle serviteur, de garder, à titre de souvenir et de récompense, cette somme que tu dis m'appartenir.

— Comment, monseigneur ! fit Martin-Guerre en se récriant, à moi un présent de cette importance !

— Allons ! dit Gabriel, crois-tu que je prétende payer ton dévouement ? ne serais-je pas toujours ton débiteur ? N'aie donc point de fierté avec moi, Martin, et ne parlons plus de ceci. Il est convenu que tu acceptes ce peu que je t'offre, moins pour toi que pour moi, en vérité ; car, tu me l'as dit, tu n'as pas besoin de cet argent pour vivre riche et considéré dans ton pays, et ce n'est pas cela qui ajoutera grand'chose à ton bonheur. Ton bonheur, tu ne t'en rends peut-être pas bien fidèlement compte, mais il doit être surtout, n'est-ce pas ? dans ton retour aux lieux qui t'ont vu enfant et jeune homme.

— C'est vrai, cela, monseigneur, dit Martin-Guerre. Je me sens à l'aise depuis que je suis ici, uniquement parce que j'y suis. Je regarde avec une joie attendrie des maisons, des arbres, des chemins qu'un étranger ne doit pas seulement remarquer. Décidément, on ne respire bien, je crois, que l'air qu'on a respiré le premier jour de sa vie !

— Et tes amis, Martin ? demanda Gabriel. Je viens, te dis-je, pour m'assurer par moi-même de tous tes sujets de bonheur. As-tu retrouvé tes amis ?

— Hélas ! monseigneur, quelques-uns étaient morts, dit Martin. Mais j'ai encore retrouvé bon nombre des compagnons de mon jeune temps, et tous m'aiment comme par le passé. Eux aussi reconnaissent avec satisfaction ma sincérité, ma bonne amitié et mon dévouement. Dame ! ils sont tout honteux d'avoir pu confondre avec moi Arnauld du Thill, qui leur avait donné, à ce qu'il paraît, des échantillons d'un caractère tout différent du mien. Il y en a même deux ou trois qui s'étaient brouillés avec le faux Martin-Guerre à cause de ses mauvais procédés. Il faut voir comme ceux-là sont fiers et contens ! En résumé, ils m'accablent à qui mieux mieux de marques d'estime et d'affection, pour réparer probablement le temps perdu, et, puisque nous en sommes, monseigneur, sur mes sujets de joie, c'en est là une bien douce, je vous assure.

— Je te crois, mon bon Martin, je te crois, dit Gabriel. Ah ! çà, mais, entre ces affections qui t'entourent, tu ne me parles pas de celle de ta femme ?

— Ah ! de ma femme ?... reprit Martin-Guerre en se grattant l'oreille d'un air embarrassé.

— Sans doute, de ta femme, dit Gabriel inquiet. Eh ! quoi ! Est-ce que Bertrande te tourmente encore comme autrefois ? Son humeur ne s'est-elle pas amendée ? Est-elle donc toujours ingrate envers ta bonté et envers le sort qui lui a donné un si tendre et si loyal mari ? Comment ! Martin, va-t-elle de nouveau te contraindre par ses façons acariâtres et querelleuses à quitter une seconde fois ton pays et tes chères habitudes ?

— Eh ! tout au contraire, monseigneur, dit Martin-Guerre, elle m'attache trop à ces habitudes et à ce pays ! Elle me soigne, elle me cajole, elle me baise. Plus de caprices ni de rébellions ! Ah ! bien oui ! elle est d'une douceur et d'une égalité d'humeur dont je ne reviens pas. Je n'ai pas plutôt ouvert la bouche qu'elle court. Elle n'attend pas mes désirs, elle les prévient. C'est admirable ! et, comme naturellement je ne suis pas non plus impérieux et despotique, mais plutôt facile et débonnaire, nous avons une vie toute de miel, et formons le ménage le mieux uni qui soit au monde.

— A la bonne heure, donc ! dit Gabriel ; tu m'avais presque effrayé d'abord.

— C'est que, monseigneur, reprit Martin-Guerre, j'éprouve un peu de gêne et de confusion, s'il faut le dire, quand on met ce sujet sur le tapis. Le sentiment que je trouve dans mon cœur, si je m'interroge là-dessus, est assez singulier et me fait un peu honte. Mais, avec vous, n'est-il pas vrai? monseigneur, je puis m'exprimer en toute sincérité et naïveté?

— Assurément, dit Gabriel.

Martin-Guerre regarda craintivement autour de lui pour voir si personne ne l'écoutait, et surtout si sa femme ne pouvait l'entendre. Puis, baissant la voix :

— Eh bien! monseigneur, dit-il, non-seulement je pardonne à ce pauvre Arnauld du Thill; mais à cette heure, je le bénis. Quel service il m'a rendu! d'une tigresse il a fait une brebis, d'un démon un ange. Je recueille les bienheureux résultats de ses manières brutales sans avoir à me les reprocher. A tous les maris contrariés et tourmentés, et le nombre en est grand, dit-on, je souhaite uniquement... un Sosie, un Sosie aussi... persuasif que le mien. Enfin, monseigneur, Arnauld du Thill m'a occasionné bien des désagrémens et des chagrins, c'est vrai; mais ces peines ne seront-elles pas, et au delà, compensées, s'il a su, par son énergique système, assurer mon bonheur domestique et la tranquillité de mes derniers jours?

— C'est certain, dit en souriant le jeune comte de Montgommery.

— J'ai donc raison, conclut gaiement Martin, de bénir Arnauld, quoique en secret, puisque je jouis à toute heure des fruits fortunés de sa collaboration. J'ai, vous le savez, monseigneur, quelque philosophie dans le caractère; et je prends partout le bon côté des choses. Or, il faut convenir qu'Arnauld m'a servi en tout point plus encore qu'il ne m'a nui. Il a été par intérim le mari de ma femme; mais il me l'a rendue plus douce qu'un jour de mai. Il m'a volé momentanément mes biens et mes amis; mais, grâce à lui, ces biens me reviennent augmentés et les amitiés consolidées. Enfin, il m'a fait passer par de fort rudes épreuves, notamment à Noyon et à Calais; mais ma vie actuelle ne m'en semble que plus agréable. Je n'ai donc qu'à me louer de ce bon Arnauld, et je m'en loue.

— C'est d'un cœur reconnaissant, dit Gabriel.

— Oh! mais, dit Martin-Guerre reprenant son sérieux, celui qu'avant tout et par dessus tout doit remercier et vénérer ma reconnaissance, ce n'est pas cet Arnauld du Thill, bienfaiteur fort involontaire, c'est vous, monseigneur, vous à qui je dois réellement tous ces biens, patrie, fortune, amis et femme !

— Encore une fois, assez là-dessus, Martin ! dit Gabriel. Tout ce que je demande, c'est que ces biens tu les aies. Et tu les as, n'est-ce pas ? répète-le-moi encore, tu es heureux ?

— Je vous le répète, monseigneur, heureux comme je ne l'ai jamais été.

— C'est tout ce que je voulais savoir, dit Gabriel. Et, maintenant, je puis partir.

— Comment ! partir ! s'écria Martin. Vous pensez déjà à partir, monseigneur ?

— Oui, Martin. Rien ne m'attache ici, moi.

— Pardon, c'est juste, et quand donc partez-vous ?

— Mais dès ce soir, dit Gabriel.

— Et vous ne m'avez pas averti ! s'écria Martin-Guerre. Moi qui oubliais ! moi qui m'endormais ! fainéant ! Mais attendez, attendez, monseigneur, ce ne sera pas long, allez !

— Quoi donc ! dit Gabriel.

— Eh ! mes apprêts de départ, donc !

Il se leva, agile et empressé, et courut à la porte de sa maison.

— Bertrande ! Bertrande ! appela-t-il.

— Pourquoi appelles-tu ta femme, Martin ? demanda Gabriel.

— Pour qu'elle me fasse tout de suite mon paquet et ses adieux, monseigneur.

— Mais c'est inutile, mon bon Martin, tu ne pars pas avec moi.

— Quoi ! vous ne m'emmenez pas, monseigneur ? dit Martin-Guerre.

— Non, je pars seul, dit-Gabriel.

— Pour ne plus revenir ?

— Pour ne pas revenir de longtemps, du moins.

— Alors, qu'avez-vous donc, monseigneur, à me reprocher, demanda tristement Martin-Guerre.

— Mais, rien, Martin, tu es le plus fidèle et le plus dévoué des serviteurs.

— Pourtant, reprit Martin, il est naturel que le serviteur suive le maître, que l'écuyer suive le cavalier, et vous ne m'emmenez pas !

— J'ai trois bonnes raisons pour cela, Martin.

— Oserai-je, monseigneur, vous demander lesquelles ?

— D'abord, reprit Gabriel, il y aurait cruauté, Martin, à t'arracher à ce bonheur que tu goûtes si tardivement, et à ce repos que tu as si bien gagné.

— Oh ! quant à cela, monseigneur, mon devoir est de vous accompagner et de vous servir jusqu'à ma dernière heure, et j'abandonnerais, je crois, le paradis pour vous.

— Oui, mais c'est à moi à ne pas abuser de ce zèle dont je te remercie, dit Gabriel. En second lieu, le douloureux accident dont tu as été victime à Calais ne te permet plus, mon pauvre Martin, de me rendre des services aussi actifs que par le passé.

— Il est vrai, monseigneur, que je ne puis plus, hélas ! combattre à vos côtés ni monter à cheval avec vous. Mais à Paris, à Montgommery, ou même au camp, il est des offices de confiance, dont vous pourriez, je l'espère, encore charger le pauvre invalide, et dont il s'acquitterait de son mieux.

— Je le sais, Martin · aussi peut-être aurais-je l'égoïsme d'accepter, sans une troisième raison.

— Puis-je la connaître, monseigneur?

— Oui, reprit Gabriel avec une gravité mélancolique, mais à condition, d'abord que tu ne l'approfondiras pas, et puis que tu t'en contenteras, et que tu n'insisteras plus pour me suivre.

— C'est donc bien sérieux et bien impérieux, monseigneur?

— C'est triste et sans réplique, Martin, dit Gabriel d'une voix profonde. Jusqu'ici, ma vie a été toute d'honneur, et, si j'avais voulu laisser prononcer plus souvent mon nom, eût été toute de gloire. Je crois en effet avoir rendu à la France et au roi d'immenses services, et, pour ne parler que de Saint-Quentin et de Calais, j'ai peut-être largement et noblement payé ma dette à la patrie.

— Qui le sait mieux que moi, monseigneur? dit Martin-Guerre.

— Oui, mais, Martin, autant cette première part de mon existence aura été loyale et généreuse, et appellera le grand jour et la lumière, autant celle qui me reste à remplir sera sombre, effrayante, et cherchera le secret et les ténèbres. J'aurai sans doute la même énergie à déployer, mais pour une cause que je n'avouerai pas, vers un but que je cacherai. J'avais jusqu'ici, en champ ouvert, devant Dieu et devant les hommes, à gagner joyeusement une récompense. J'ai maintenant, dans la nuit et dans l'angoisse à venger un crime. Je me battais; je dois punir. De soldat de la France, je deviens le bourreau de Dieu.

— Jésus! s'écria Martin-Guerre en joignant les mains.

— Donc, reprit Gabriel, il faut que je sois seul pour cette œuvre sinistre où moi-même je prie le ciel d'employer mon bras et non ma volonté, où je voudrais être seulement un instrument aveugle et non une tête pensante. Et puisque je demande, puisque j'espère que mon terrible devoir ne prendra que la moitié de mon être, comment veux-tu, Martin, que je songe à t'y associer?

— C'est juste, et je comprends cela, monseigneur, dit le fidèle écuyer en baissant la tête. Je vous remercie d'avoir daigné me donner cette explication, bien qu'elle m'afflige, et je me résigne comme je vous l'avais promis.

— Et moi, je te remercie à mon tour de cette soumission, dit Gabriel; le dévouement ici est de ne point trop alourdir le pesant fardeau de responsabilité qui déjà m'accable.

— Mais quoi, monseigneur, reprit Martin-Guerre, ne puis-je absolument rien pour vous servir en cette occasion?

— Tu peux prier Dieu, Martin, pour que, selon mon souhait, il m'épargne cette initiative qui me coûte tant à aborder. Tu as un cœur pieux et une vie honnête et pure, ami, et ta prière peut m'aider ici plus que ton bras.

— Je prierai, monseigneur, je prierai; avec quelle ardeur! je n'ai pas besoin de vous le dire.

— Maintenant, adieu, Martin, reprit Gabriel ; il faut que je te quitte pour retourner à Paris, pour être prêt et présent au jour qu'il plaira à Dieu d'assigner. Toute ma vie j'ai défendu le droit en combattant pour l'équité : que le Seigneur s'en souvienne au jour suprême dont je parle ! qu'il fasse rendre justice à son serviteur comme j'ai fait rendre justice au mien !

Et les yeux au ciel, le noble jeune homme répétait :

— Justice ! justice !

Depuis six mois, quand Gabriel avait les yeux ouverts, c'était d'ordinaire pour les tenir ainsi fixés au ciel auquel il demandait justice. Quand il les refermait, c'était toujours pour revoir la sombre prison du Châtelet dans sa pensée plus sombre, qui criait alors en lui : Vengeance !

Dix minutes après, il s'arrachait à grand'peine aux adieux et aux larmes de Martin-Guerre et de Bertrande de Rolles que celui-ci avait appelée.

— Allons, adieu, adieu ! mon bon Martin, mon fidèle ami ! fit-il en dégageant presque de force ses mains de celles de son écuyer, qui les lui baisait en sanglotant. Il faut que je parte, adieu ! nous nous reverrons.

— Adieu, monseigneur, et que Dieu vous garde ! oh ! qu'il vous garde !

C'est tout ce que put dire le pauvre Martin-Guerre tout suffoqué.

Et il regarda à travers ses pleurs son maître et son bienfaiteur remonter à cheval et s'enfoncer dans les ténèbres qui commençaient à s'épaissir et qui lui dérobèrent bientôt le sombre cavalier, comme elles lui avaient dérobé depuis longtemps sa vie.

IV.

DEUX LETTRES.

A la suite de ce procès si difficile et si heureusement terminé des deux Martin-Guerre, Gabriel de Montgommery disparut de nouveau pendant plusieurs mois, et reprit son existence errante, indécise et mystérieuse. On le rencontrait encore en vingt lieux différens. Néanmoins, il ne s'éloignait jamais des environs de Paris ni de la cour, s'arrangeant dans l'ombre de manière à tout voir sans être vu.

Il guettait les événemens; mais les événemens se disposaient mal à son gré. L'âme du jeune homme, tout entière à une seule idée, n'entrevoyait pas encore l'issue qu'attendait sa juste vengeance.

Le seul fait d'importance qui se passa dans le monde politique pendant ces quelques mois, ce fut la conclusion de la paix par le traité de Cateau-Cambrésis.

Le connétable de Montmorency, jaloux des exploits du duc de Guise et des nouveaux droits que son rival acquérait chaque jour à la reconnaissance de la nation et à la faveur du maître, avait enfin arraché cette paix à Henri II par l'influence toute-puissante de Diane de Poitiers.

Le traité fut signé le 3 avril 1559. Bien que conclu en pleine victoire, il n'était guère avantageux à la France.

Elle conservait les Trois-Évêchés, Metz, Toul et Verdun, avec leurs territoires. Elle retenait Calais pour huit ans seulement et payait huit cent mille écus d'or à l'Angleterre, si la place n'était pas restituée dans cet espace de temps (mais cette clef de la France ne fut jamais rendue, et les huit cent mille écus ne furent pas payés). Enfin, la France rentrait en possession de Saint-Quentin et de Ham, et gardait provisoirement, dans le Piémont, Turin et Pignerol.

Mais Philippe II obtint en toute souveraineté les fortes

places de Thionville, Marienbourg, Hesdin. Il fit raser Thérouanne et Yvoy. Il fit rendre Bouillon à l'évêque de Liége, aux Génois l'île de Corse, à Philibert de Savoie la plus grande partie de la Savoie et du Piémont conquis sous François Ier. Enfin il stipula son mariage avec Élisabeth, fille du roi, et celui du duc de Savoie avec la princesse Marguerite. C'étaient là, pour lui, d'énormes avantages, et tels que sa victoire de Saint-Laurent ne lui en avait pas fait espérer de plus grands.

Le duc de Guise, en accourant, furieux, de l'armée, accusa hautement et non sans raison la trahison de Montmorency et la faiblesse du roi d'avoir cédé d'un trait de plume ce que les armes espagnoles n'auraient pu nous arracher après trente années de succès.

Mais le mal était fait, et le sombre mécontentement du Balafré n'y réparait rien.

Gabriel ne s'en réjouit point. Sa justice poursuivait l'homme dans le roi et non pas le roi dans la France. Il eût bien voulu se venger avec sa patrie mais non pas contre elle.

Cependant, il nota dans son esprit le ressentiment qu'avait dû concevoir et qu'avait conçu le duc de Guise en voyant les sublimes efforts de son génie déjoués par les sourdes menées de l'intrigue.

La colère d'un Coriolan princier pouvait servir dans l'occasion les desseins de Gabriel.

François de Lorraine n'était pas d'ailleurs, tant s'en faut ! le seul mécontent du royaume.

Un jour, Gabriel rencontra aux environs du Pré-aux-Clercs le baron de La Renaudie, qu'il n'avait pas revu depuis la conférence matinale de la rue Saint-Jacques.

Au lieu de l'éviter, comme il faisait chaque fois qu'un visage de connaissance se trouvait devant lui, Gabriel l'aborda.

Ces deux hommes étaient faits pour s'entendre ; ils se ressemblaient par plus d'un côté, notamment par la loyauté et l'énergie. Tous deux également étaient nés pour l'action et passionnés pour la justice.

Après les premiers complimens échangés :

— Eh bien ! dit La Renaudie résolûment, j'ai vu maître Ambroise Paré. vous êtes des nôtres, n'est-ce pas ?

— De cœur, oui, de fait, non, répondit Gabriel.

— Et quand donc enfin nous appartiendrez-vous tout à fait et ouvertement ? dit La Renaudie.

— Je ne vous tiendrai plus maintenant le langage égoïste qui vous avait peut-être indignés contre moi, reprit Gabriel. Je vous répondrai au contraire : Je veux être à vous quand vous aurez besoin de moi, et quand je n'aurai plus besoin de vous.

— C'est de la générosité ! repartit La Renaudie. Le gentilhomme vous admire, l'homme de parti ne peut vous imiter. Si vous attendez le moment où nous aurons besoin de tous nos amis, sachez que le moment est venu.

— Qu'arrive-t-il donc ? demanda Gabriel.

— Il y a un coup secret monté contre ceux de la religion, dit La Renaudie. On veut se débarrasser en une seule fois de tous les protestans.

— Quels indices vous le font présumer ?

— Mais on ne se cache guère, reprit le baron. Antoine Minard, le président au parlement, a dit tout haut, dans un conseil à Saint-Germain, « Qu'il fallait frapper un bon coup, si l'on ne voulait tomber dans une espèce de république comme les Etats suisses. »

— Quoi ! il a prononcé ce mot de *république* ? s'écria Gabriel surpris. Mais sans nul doute, pour qu'on exagérât le remède, il exagérait le danger ?

— Pas beaucoup, reprit La Renaudie en baissant la voix. Il ne l'exagérait pas beaucoup, à vrai dire. Nous aussi, allez ! nous sommes un peu changés depuis notre réunion dans la chambre de Calvin. Les théories d'Ambroise Paré ne nous sembleraient plus aujourd'hui si hardies ! et vous voyez d'ailleurs qu'on nous pousse aux partis extrêmes.

— Alors, dit vivement Gabriel, je serai peut-être des vôtres plus tôt que je ne le pensais.

— A la bonne heure, donc ! s'écria La Renaudie.

— De quel côté faut-il que j'aie les yeux ? demanda Gabriel.

— Sur le parlement, dit le baron. C'est là que la question

va s'engager. Le parti évangéliste y compte une redoutable minorité, Anne Dubourg, Henri Dufaur, Nicolas Duval, Eustache dela Porte, et vingt autres. Aux mercuriales qui requièrent l'exécution des poursuites contre les hérétiques ces partisans du calvinisme répondent en demandant la réunion du concile général, qui, aux termes des décrets Constance et de Bâle, doit résoudre les affaires religieuses. Ils ont pour eux le droit ; donc, il faudra qu'on emploie contre eux la violence. Mais nous veillons, veillez avec nous.

— Cela suffit, dit Gabriel.

— Restez à Paris, à votre hôtel, pour qu'on vous y avertisse au besoin, reprit La Renaudie.

— Cela me coûte, mais j'y resterai, dit Gabriel, pourvu que vous ne m'y laissiez pas languir trop longtemps. Vous avez assez écrit et parlé, ce me semble, il faudrait réaliser et agir.

— C'est mon avis, reprit La Renaudie. Tenez-vous prêt et soyez tranquille !

Ils se séparèrent. Gabriel s'éloigna tout pensif.

Dans l'ardeur de la vengeance, sa conscience ne se fourvoyait-elle pas ? Voilà que maintenant il poussait à la guerre civile !

Mais, puisque les événemens ne venaient pas à lui, il fallait bien qu'il allât à eux.

Ce jour même, Gabriel revint à son hôtel de la rue des Jardins-Saint-Paul.

Il n'y retrouva que sa fidèle Aloyse. Martin-Guerre n'y était plus ; André était resté près de madame de Castro ; Jean et Babette Peuquoy étaient retournés à Calais, pour, de là, rentrer à Saint-Quentin, dont le traité de Cateau-Cambrésis rouvrait les portes au tisserand patriote.

Le retour du maître dans sa maison déserte fut donc, cette fois, encore plus triste que de coutume. Mais la maternelle nourrice ne l'aimait-elle pas pour tous ? Il faut renoncer à peindre la joie de la digne femme quand Gabriel lui apprit qu'il allait demeurer sans doute pour quelque temps avec elle. Il vivrait dans la retraite la plus cachée et la solitude la plus absolue ; mais enfin il resterait, il ne sortirait que très rarement ; Aloyse le verrait, le soignerait ! Il y avait bien longtemps qu'elle ne s'était sentie aussi heureuse !

Gabriel enviait avec un sourire triste ce bonheur d'une âme aimante. Hélas! il ne pouvait plus le partager, lui. Sa vie n'était désormais pour lui-même qu'une énigme terrible dont il redoutait et désirait à la fois la solution.

Ce fut dans ces impatiences et ces appréhensions que ses jours s'écoulèrent, inquiets et ennuyés, pendant un mois et plus.

Selon sa promesse à sa nourrice, il ne quittait guère l'hôtel ; seulement, le soir, il allait quelquefois rôder autour du Châtelet, et, en revenant, il s'enfermait de longues heures dans le caveau funèbre où des ensevelisseurs inconnus avaient une nuit furtivement apporté le corps de son père.

Gabriel prenait un sombre plaisir à se reporter ainsi au jour de l'outrage pour entretenir son courage avec sa colère.

Quand il revoyait les noires murailles du Châtelet, quand il revoyait surtout la tombe de marbre où était venue aboutir la souffrance d'une si noble vie, l'effrayante matinée où il avait fermé les yeux à son père assassiné se représentait à lui dans toute son horreur.

Alors, ses poings se crispaient, ses cheveux se hérissaient, sa poitrine se gonflait, et il sortait de cette contemplation terrible avec une haine toute neuve.

Dans ces momens-là, Gabriel regrettait d'avoir mis sa vengeance à la remorque des circonstances ; attendre lui devenait insupportable.

Enfin! tandis qu'il attendait si patiemment, les meurtriers étaient triomphans et joyeux ! Ce roi trônait paisiblement dans son Louvre ! Ce connétable s'enrichissait des misères du peuple ! Cette Diane de Poitiers s'enivrait de ses amours infâmes !

Cela ne pouvait durer ! Puisque la foudre de Dieu dormait, puisque la douleur des opprimés tremblait, Gabriel se passerait de Dieu et des hommes, ou plutôt il serait l'instrument et des justices célestes et des rancunes humaines.

Là-dessus, emporté par un mouvement irrésistible, il portait la main à la poignée de son épée, il faisait un pas pour sortir...

Mais alors, sa conscience épouvantée lui rappelait la lettre de Diane de Castro, cette lettre écrite de Calais, dans laquelle sa bien-aimée le suppliait de ne pas punir par lui-même, et, à moins qu'il ne fût un instrument involontaire, de ne pas frapper, fût-ce des coupables.

Gabriel relisait cette lettre touchante, et laissait retomber son épée au fourreau.

Indigné de ses remords, il se remettait à attendre.

Gabriel, en effet, était bien de ceux qui agissent, mais non pas de ceux qui conduisent. Son énergie était admirable quand il avait avec lui une armée, un parti ou seulement un grand homme. Mais il n'était ni d'un rang, ni d'une nature à exécuter seul des choses extraordinaires, même dans le bien, à plus forte raison dans le crime. Il n'était né ni un prince puissant, ni un puissant génie. Le pouvoir et la volonté de l'initiative lui manquaient également.

A côté de Coligny et du duc de Guise, il avait accompli de surprenans exploits. Mais maintenant, comme il l'avait donné à entendre à Martin-Guerre, sa tâche était bien changée : au lieu de l'ennemi à combattre, il avait son roi à punir. Et personne, cette fois, pour l'aider dans cette œuvre terrible !

Il comptait encore, néanmoins, sur ces mêmes hommes qui lui avaient prêté déjà leur puissance, sur Coligny le protestant, sur le duc de Guise l'ambitieux.

Une guerre civile pour la défense de la vérité religieuse, une révolte pour le triomphe de l'usurpation d'un grand génie, telles étaient les espérances secrètes de Gabriel. La mort ou la déposition de Henri II, son châtiment, dans tous les cas, résultait de l'un ou de l'autre de ces soulèvemens. Gabriel s'y montrerait au second rang comme un homme du premier. Il tiendrait jusqu'au bout le serment fait au roi lui-même : il poursuivrait le parjure jusque dans ses enfans et ses petits-enfans.

Si ces deux chances lui manquaient, Gabriel, accoutumé à ne venir qu'à la suite, n'aurait plus qu'à laisser faire Dieu.

Mais ces deux chances ne parurent pas d'abord devoir lui manquer. Un jour, le 13 juin, Gabriel reçut presque en même temps deux lettres.

La première lui fut apportée, vers les cinq heures de l'après-midi, par un homme mystérieux qui ne voulut la remettre qu'à lui seul, et ne la lui remit qu'après avoir comparé les traits de son visage aux indications d'un signalement précis.

Voici en quels termes cette lettre était conçue :

« Ami et frère,

» L'heure est venue, les persécuteurs ont levé le mas-
» que. Bénissons Dieu ! Le martyre mène à la victoire.

» Ce soir même, à neuf heures, cherchez, place Mau-
» bert, une porte de couleur brune, au nº 11.

» Vous frapperez à cette porte trois coups séparés par un
» intervalle régulier. Un homme ouvrira et vous dira
» N'entrez pas, vous n'y verriez pas clair. Vous lui répon-
» drez : J'apporte ma lumière avec moi. L'homme vous
» conduira à un escalier de dix-sept marches que vous
» gravirez dans l'obscurité. En haut, un second acolyte
» vous abordera en vous disant : Que demandez-vous ?
» Répondez : Ce qui est juste. Vous serez introduit alors
» dans une chambre déserte où quelqu'un vous dira à l'o-
» reille le mot d'ordre : *Genève*. Vous répondrez par le
» mot de ralliement : *Gloire*. Aussitôt l'on vous amènera
» parmi ceux *qui ont aujourd'hui besoin de vous*.

» A ce soir, ami et frère. Brûlez ce billet. Discrétion et
» courage !

» L. R. »

Gabriel se fit apporter une lampe allumée, brûla devant le messager la lettre et lui dit pour toute réponse :

— J'irai.

L'homme salua et se retira.

— Allons ! se dit Gabriel, voilà enfin les religionnaires qui se lassent !

Sur les huit heures, comme il réfléchissait encore à cette convocation de La Renaudie, un page aux armes de Lorraine fut amené auprès de lui par Aloyse.

Le page était porteur d'une lettre ainsi conçue :

« Monsieur et cher compagnon,

» Je suis depuis six semaines à Paris, de retour de cette
» armée où je n'avais plus que faire,

» On m'assure que vous devez être aussi depuis quelque
» temps chez vous. Comment ne vous ai-je pas revu ?
» M'auriez-vous oublié aussi dans ces temps d'ingratitude
» et d'oubli ? non, je vous connais, c'est chose impossible.

» Venez donc : Je vous attendrai, si vous voulez, demain
» matin, à dix heures dans mon logement des Tournelles.

» Venez, ne fût-ce que pour nous consoler mutuellement
» de ce qu'ils ont fait de nos succès.

» Votre ami bien affectionné,

» François de Lorraine. »

— J'irai, dit encore simplement Gabriel au page.

Et, quand l'enfant se fut retiré :

— Allons ! pensa-t-il, voilà aussi l'ambitieux qui s'éveille !

Bercé par un double espoir, il se mettait en route un quart d'heure après pour la place Maubert.

V.

UN CONCILIABULE DE PROTESTANS.

La maison n° 11 de la place Maubert, où la lettre de La Renaudie donnait rendez-vous à Gabriel, était celle d'un avocat nommé Trouillard. On la citait déjà vaguement dans le peuple comme un lieu de réunion des hérétiques. Des chants lointains de psaumes entendus quelquefois le soir par les voisins avaient accrédité ces bruits dangereux. Mais ce n'étaient que des bruits, et la police du temps n'avait pas encore eu l'idée de les vérifier.

Gabriel trouva sans peine la porte brune, et, d'après les instructions de la lettre, frappa trois coups régulièrement espacés.

La porte s'ouvrit comme d'elle-même, mais une main saisit dans l'ombre la main de Gabriel, et quelqu'un lui dit :

— N'entrez pas, vous n'y verriez pas clair.

— J'apporte avec moi ma lumière, répondit Gabriel, selon la formule.

— Entrez alors, lui dit la voix, et suivez la main qui vous guide.

Gabriel obéit et fit ainsi quelques pas. Puis, on le lâcha en disant :

— Allez maintenant.

Gabriel sentit avec son pied la première marche d'un escalier. Il compta dix-sept degrés et s'arrêta.

— Que demandez-vous? lui dit une autre voix.

— Ce qui est juste, répondit-il.

Une porte s'ouvrit aussitôt devant lui, et il entra dans une chambre éclairée par une faible lumière.

Un homme s'y trouvait seul, qui s'approcha de Gabriel et lui dit tout bas :

— *Genève!*

— *Gloire!* repartit sur-le-champ le jeune comte.

L'homme alors frappa sur un timbre, et La Renaudie en personne entra par une porte dérobée.

Il vint à Gabriel et lui serra la main affectueusement

— Savez-vous ce qui s'est passé au parlement aujourd'hui? lui demanda-t-il.

— Je ne suis pas sorti de chez moi, répondit Gabriel.

—Vous allez donc tout apprendre ici, reprit La Renaudie. Vous ne vous êtes pas encore engagé avec nous, n'importe! nous nous engagerons avec vous. Vous saurez nos desseins, vous compterez nos forces ; il n'y aura plus rien de secret pour vous dans les choses de notre parti. Vous, cependant, vous resterez libre d'agir seul ou avec nous, à votre gré. Vous m'avez dit que vous étiez des nôtres d'intention, cela suffit. Je ne vous demande même pas votre parole de gentilhomme de ne rien révéler de ce que vous verrez ou entendrez. Avec vous la précaution est inutile.

— Merci de cette confiance! dit Gabriel touché. Je ne vous en ferai pas repentir.

— Entrez avec moi, reprit La Renaudie, et restez à mon côté ; je vous dirai à mesure les noms de ceux de nos frères que vous ne connaîtrez pas! Vous jugerez par vous-même du reste. Venez.

Il prit Gabriel par la main, poussa le ressort secret de la porte dérobée, et entra avec lui dans une grande salle oblongue où deux cents personnes environ étaient rassemblées.

Quelques flambeaux épars çà et là n'éclairaient qu'à demi les groupes mouvans. D'ailleurs, ni meubles, ni tentures, ni bancs : une chaire de bois grossier pour le ministre ou l'orateur : voilà tout.

La présence d'une vingtaine de femmes expliquait, mais ne justifiait nullement (hâtons-nous de le dire), les calomnies auxquelles donnaient lieu parmi les catholiques ces conciliabules nocturnes et secrets des réformés.

Personne ne remarqua l'entrée de Gabriel et de son guide. Tous les yeux et toutes les pensées étaient tournés vers celui qui occupait dans le moment la tribune : religionnaire au front triste et à parole grave.

La Renaudie le nomma à Gabriel.

— C'est le conseiller au parlement Nicolas Duval, lui dit-il tout bas. Il vient de commencer le récit de ce qui s'est passé aujourd'hui aux Augustins. Ecoutez :

Gabriel écouta.

« — Notre salle ordinaire du palais, continuait l'orateur, étant occupée par les apprêts des fêtes du mariage de la princesse Elisabeth, nous siégions provisoirement pour la première fois aux Augustins, et je ne sais, mais l'aspect de cette salle inusitée nous fit d'abord vaguement pressentir quelque événement inusité aussi.

» Cependant le président Gilles Lemaître ouvrit la séance comme de coutume, et rien ne semblait donner raison aux appréhensions de quelques-uns d'entre nous.

» On reprit la question agitée le mercredi précédent. Il s'agissait des opinions religieuses. Antoine Fumée, Paul de Foix et Eustache de la Porte parlèrent successivement en faveur de la tolérance, et leurs discours éloquens et fermes paraissaient avoir fait une vive impression sur la majorité.

» Eustache de La Porte venait de se rasseoir au milieu des applaudissemens, et Henri Dufaur prenait la parole pour emporter les suffrages encore hésitans, quand tout à coup la grande porte s'ouvrit, et l'huissier du parlement annonça tout haut : Le roi.

» Le président ne parut nullement surpris, et descendit en hâte de son siége pour aller au devant du roi. Tous les conseillers se levèrent en désordre, les uns tout stupéfaits, les autres fort calmes et comme s'attendant à ce qui arrivait.

» Le roi entra accompagné du cardinal de Lorraine et du connétable.

» — Je ne viens pas déranger vos travaux, messieurs du parlement, dit-il d'abord, je viens les seconder.

» Et, après quelques complimens insignifians, il termina en disant ;

» — La paix est conclue avec l'Espagne ; mais, à l'occasion des guerres, il y a eu de mauvaises hérésies qui se sont introduites en ce royaume ; il les faut éteindre comme la guerre. Pourquoi n'avez-vous pas entériné un édit contre les luthériens que je vous ai mandé ?... Cependant, je le répète, continuez à poursuivre librement en ma présence les délibérations commencées.

» Henri Dufaur qui avait la parole la reprit courageusement sur ce mot du roi, plaida la cause de la liberté de conscience, et ajouta même à ce hardi plaidoyer quelques avertissemens tristes et sévères sur la conduite du gouvernement du roi.

» — Vous vous plaignez des troubles? s'écria-t-il. Eh bien! nous en savons l'auteur. On pourrait répondre ce qu'Élie disait à Achab : « C'est vous qui tourmentez Israël! »

» Henri II se mordit les lèvres en pâlissant mais garda le silence.

» Alors Dubourg se leva et fit entendre des remontrances plus directes et plus sérieuses encore.

» — Je sens, dit-il, qu'il est certains crimes, Sire, qu'on doit impitoyablement punir, tels que l'adultère, le blasphème, le parjure, qu'on favorise tous les jours par le désordre et les amours coupables. Mais de quoi accuse-t-on ceux qu'on livre au bras du bourreau? De lèse-majesté? Jamais ils n'ont omis le nom du prince en leurs prières! Jamais ils n'ont ourdi de révolte ou de trahison! Quoi! parce qu'ils ont découvert par les lumières des Saintes Écritures les grands vices et les honteux défauts de la puissance romaine, parce qu'ils ont demandé qu'on y mît ordre, est-ce une licence digne du feu?

» Le roi ne bougeait toujours pas. Mais on sentait couver sourdement sa colère.

» Le président Gilles Lemaître voulut flatter bassement cette rancune muette.

» — Il s'agit des hérétiques! s'écria-t-il avec une feinte indignation. Qu'on en finisse avec eux comme avec les Albigeois : Philippe-Auguste en a fait brûler six cents le même jour.

» Ce langage violent servait peut-être encore plus la bonne cause que la fermeté modérée des nôtres. Il devenait évident qu'en définitive le résultat des opinions allait être au moins balancé.

» Henri II le comprit et voulut tout brusquer par un coup d'état.

» — Monsieur le président a raison, dit-il. Il faut en finir avec les hérétiques, où qu'ils se réfugient. Et, pour commencer, monsieur le connétable, qu'on arrête sur-le-champ ces deux rebelles.

» Il montra de la main Henri Dufaur et Anne Dubourg, et sortit précipitamment comme ne pouvant plus contenir son courroux.

» Je n'ai pas besoin de vous dire, amis et frères, que monsieur de Montmorency obéit aux ordres du roi. Dubourg et Dufaur furent enlevés et saisis au corps en plein parlement, et nous demeurâmes tous consternés.

» Gilles Lemaître trouva seul le courage d'ajouter :

» — C'est justice! Ainsi soient punis tous ceux qui oseraient manquer de respect à la majesté royale!

» Mais, comme pour le démentir, des gardes entrèrent de nouveau dans l'enceinte des lois, et, en exécution d'autres ordres qu'ils produisirent, arrêtèrent encore de Foix, Fumée et de La Porte, qui avaient parlé, eux, avant l'arrivée du roi, et s'étaient bornés à défendre la tolérance religieuse, sans articuler contre le souverain le moindre reproche.

» Il était donc certain que ce n'était pas pour leurs remontrances au roi mais bien pour leurs opinions religieuses que cinq membres inviolables du parlement venaient, au moyen d'un guet-apens odieux, de tomber sous le coup d'une accusation capitale. »

Nicolas Duval se tut. Les murmures de douleur et de colère de l'assemblée avaient interrompu vingt fois et suivirent plus énergiquement que jamais le récit de cette grande et orageuse séance qui, pour nous, à distance, semble en vérité appartenir à une autre assemblée, et a l'air de s'être passée deux cent trente ans plus tard.

Seulement, deux cent trente ans plus tard, ce n'était pas la royauté, c'était la liberté qui devait avoir le dernier mot !...

Le ministre David succéda dans la chaire à Nicolas Duval.

— Frères, dit-il, avant la délibération, pour que Dieu l'anime de son esprit de vérité, élevons ensemble vers lui par quelque psaume nos voix et nos pensées.

— Le psaume 40 ! crièrent plusieurs des réformés.

Et tous se mirent à entonner ledit psaume.

Il était singulièrement choisi pour rétablir le calme. C'était beaucoup plus, il faut l'avouer, le chant de la menace que l'hymne de la prière.

Mais l'indignation débordait en ce moment dans les âmes, et c'était d'un accent pénétré que tous chantaient ces strophes, où leur émotion remplaçait presque la poésie absente :

Gens insensés, où avez-vous les cœurs
De faire guerre à Jésus-Christ?
Pour soutenir cet Ante-Christ,
Jusques à quand serez persécuteurs?
Traîtres abominables!
Le service des diables
Vous allez soutenant;
Et de Dieu les édits
Par vous sont interdits
A tout homme vivant.

La dernière stance était surtout significative :

N'empêchez plus la prédication
De la parole et vive voix
De notre Dieu, le roi des rois!
Ou vous verrez sa malédiction
Sur vous, prompte, s'étendre,
Qui vous fera descendre
Aux enfers ténebreux,
Où vous serez punis
Des maux qu'avez commis
Par tourmens douloureux.

Le psaume terminé, comme si ce premier cri vers Dieu eût déjà soulagé les cœurs, le silence se rétablit et la déliberation put s'ouvrir.

La Renaudie prit le premier la parole pour en préciser d'abord les termes et le sens.

— Frères, dit-il de sa place, en présence d'un fait inouï qui renverse toutes les idées du droit et de l'équité, nous avons à déterminer la conduite que doit tenir le parti de la réforme? Allons-nous patienter encore, ou bien agirons-nous? et, dans ce cas, comment agirons-nous? telles sont les questions que chacun doit ici se poser et résoudre selon sa conscience. Vous voyez que nos persécuteurs ne parlent de rien moins que d'un massacre universel, et prétendent nous rayer tous de la vie comme un mot mal écrit d'un livre. Attendrons-nous docilement le coup mortel? Ou bien, puisque la justice et la loi sont violées par ceux-là mêmes dont le devoir est de les protéger, essaierons-nous de nous faire justice à nous-mêmes et de substituer pour un moment la force à la loi?... A vous de répondre, frères et amis.

La Renaudie fit une courte pause, comme pour laisser le temps au redoutable dilemme de se poser bien nettement dans tous les esprits ; puis, il reprit, voulant à la fois éclairer et hâter la conclusion :

— Deux partis divisent, nous le savons malheureusement tous, ceux que la cause de la réforme et de la vérité devrait réunir : il y a parmi nous le parti de la noblesse et le parti de Genève ; mais, devant le danger et l'ennemi commun, il sied, ce me semble, que nous n'ayons qu'un cœur et qu'une volonté. Les membres de l'une et l'autre fraction sont également invités à donner leur avis et à proposer leurs moyens. Le conseil qui offrira les meilleures chances de réussite, de quelque part qu'il vienne, doit être universellement adopté. Et maintenant, parlez, amis et frères, en toute liberté et en toute confiance.

Le discours de La Renaudie fut suivi d'une assez longue hésitation.

Ce qui manquait justement à ceux qui l'écoutaient, c'était la liberté, c'était la confiance.

Et, d'abord, malgré l'indignation dont tous les cœurs étaient réellement pleins, la royauté conservait alors un trop grand prestige pour que les réformés, conspirateurs novices, osassent exprimer tout de suite franchement et sans arrière-pensée leurs idées de rébellion armée. Ils étaient résolus et dévoués en masse ; mais chacun en particulier reculait devant la responsabilité d'une première motion. Tous voulaient bien suivre le mouvement, aucun n'osait le donner.

Puis, ainsi que La Renaudie l'avait fait entendre, ils se défiaient les uns des autres ; chacun des deux partis ne savait où l'autre le conduirait, et cependant leurs buts étaient, en vérité, trop dissemblables pour que le choix du chemin et des guides leur fût indifférent.

En effet, le parti de Genève tendait en secret à la république, et celui de la noblesse seulement à un changement de royauté.

Les formes électives du calvinisme, le principe de l'égalité que posait partout la nouvelle église, menaient directement au système républicain dans les conditions adoptées par les cantons suisses. Mais la noblesse ne voulait pas aller si loin, et se serait contenté, d'accord avec la reine Élisabeth d'Angleterre, de déposer Henri II et de le remplacer par un roi calviniste. On nommait tout bas d'avance le prince de Condé.

On voit qu'il était difficile de faire concourir à une œuvre commune deux élémens plus opposés.

Gabriel s'aperçut donc avec regret, après le discours de La Renaudie, que les deux camps presque ennemis se mesuraient d'un œil défiant, sans paraître songer à tirer les conclusions des prémisses si hardiment établies.

Une ou deux minutes se passèrent, au milieu d'un murmure confus, dans ces indécisions douloureuses. La Renaudie en était à se demander si, par sa trop brusque sincérité, il n'avait pas involontairement détruit l'effet du récit de Nicolas Duval. Mais, puisqu'il était entré dans cette voie, il voulut tout risquer pour sauver tout, et, s'adressant à un petit homme maigre et chétif, aux sourcils épais et à la mine bilieuse, qui se tenait dans un groupe voisin de lui :

— Eh bien ! Lignières, lui dit-il à voix haute, n'allez-vous pas parler à nos frères, et leur dire une fois ce que vous avez sur le cœur?

— Soit! répondit le petit homme dont le regard sombre s'enflamma. Je parlerai, mais alors sans rien céder et sans atténuer rien!

— Allez, vous êtes avec des amis, reprit La Renaudie.

Tandis que Lignières montait dans la chaire, le baron dit à l'oreille de Gabriel :

— J'emploie là un dangereux moyen. Ce Lignières est un fanatique, de bonne ou de mauvaise foi? je l'ignore, qui pousse les choses à l'extrême et provoque plus de répulsions que de sympathies. Mais n'importe! il faut à tout prix savoir à quoi nous en tenir, n'est-ce pas?

— Oui, que la vérité sorte enfin de tous ces cœurs fermés! dit Gabriel.

— Lignières et ses doctrines génevoises ne l'y laisseront pas dormir, soyez tranquille! reprit La Renaudie.

L'orateur en effet débuta fort *ex abrupto.*

— La loi elle-même vient d'être condamnée, dit-il. Quel appel nous reste? l'appel à la force et aucun autre! Vous demandez ce qu'il convient de faire? Si je ne réponds pas à cette question, voici quelque chose qui pourra y répondre à ma place.

Il éleva et montra une médaille d'argent.

— Cette médaille, reprit-il, parlera plus éloquemment que ma parole. Pour ceux qui, de loin, ne peuvent la voir, je dirai ce qu'elle représente : elle offre l'image d'une épée flamboyante qui tranche un lis dont la tige se courbe et tombe. Auprès, le sceptre et la couronne sont roulés dans la poussière.

Lignières ajouta, comme s'il eût craint de n'être pas bien compris :

— Les médailles d'ordinaire servent à la commémoration des faits accomplis : que celle-ci serve à la prophétie d'un fait à venir! Je ne dirai rien de plus.

Il en avait dit bien assez! Il descendit de la chaire au milieu des applaudissemens d'une faible portion de l'assemblée et des murmures d'un plus grand nombre.

Mais l'attitude générale ce fut le silence de la stupeur.

— Allons ! dit La Renaudie à voix basse à Gabriel, ce n'est pas cette corde-là qui vibre le plus parmi nous. A une autre.

— Monsieur le baron de Castelnau, reprit-il tout haut en nterpellant un jeune homme élégant et pensif, appuyé contre la muraille à dix pas de lui ; monsieur de Castelnau, n'avez-vous à votre tour rien à dire ?

— Je n'aurais eu rien à dire peut-être, mais j'ai à répondre, répondit le jeune homme.

— Nous écoutons, dit La Renaudie.

— Celui-ci, ajouta-t-il en se penchant à l'oreille de Gabriel, appartient au parti des gentilshommes, et vous avez dû le voir au Louvre le jour où vous avez apporté la nouvelle de la prise de Calais. Castelnau, lui, est franc, loyal et brave. Il plantera son drapeau tout aussi hardiment que Lignières, et nous verrons s'il est mieux accueilli.

Castelnau resta sur l'une des marches de la chaire, et ce fut de là qu'il parla :

— Je commencerai, dit-il, comme les orateurs qui m'ont précédé. On nous a frappés avec l'iniquité, défendons-nous avec l'iniquité. Menons en champ ouvert parmi les cuirasses la guerre qu'on a portée dans le parlement parmi les robes rouges !... Mais je diffère d'opinion sur le reste avec monsieur de Lignières. Moi aussi j'ai une médaille à vous montrer. La voici. Ce n'est pas la sienne. De loin, elle vous paraît ressembler aux écus monnayés qui sont dans nos bourses C'est vrai, elle présente aussi l'effigie d'un roi couronné. Seulement, au lieu de : *Henricus II, rex Galliæ*, l'exergue porte : *Ludovicus XIII, rex Galliæ* (1). J'ai dit.

Le baron de Castelnau quitta, le front haut, sa place. L'allusion au prince Louis de Condé était flagrante. Ceux qui avaient applaudi Lignières murmurèrent, ceux qui avaient murmuré applaudirent.

Mais la masse restait encore immobile et muette entre les deux minorités.

(1) Ces deux curieuses et étranges médailles existent au cabinet des médailles.

— Que veulent-ils donc? demanda bas Gabriel à La Renaudie.

— J'ai peur qu'ils ne veuillent rien! lui répondit le baron.

En ce moment, l'avocat Des Avenelles demanda la parole.

— Voici, je le crois, leur homme, reprit La Renaudie. Des Avenelles est mon hôte quand je suis à Paris; un esprit honnête et sage, mais trop prudent, trop timide même. Son avis fera leur loi.

Des Avenelles, dès son début, donna raison aux prévisions de La Renaudie.

— Nous venons, dit-il, d'entendre de courageuses et même d'audacieuses paroles. Mais le moment était-il réellement venu de les prononcer? Ne va-t-on pas un peu trop vite? On nous montre un but élevé, mais on ne parle pas des moyens. Ils ne peuvent être que criminels. Plus qu'aucun de ceux qui sont ici, j'ai l'âme navrée de la persécution qu'on nous fait subir. Mais quand nous avons encore tant de préjugés à vaincre, faut-il, de plus, jeter sur la cause réformée l'odieux d'un assassinat? Oui, d'un assassinat! car vous ne pourriez obtenir par une autre voie le résultat que vous osez nous montrer.

Des applaudissemens presque unanimes interrompirent Des Avenelles.

— Que disais-je? murmurait tout bas La Renaudie. Cet avocat est leur véritable expression!

Des Avenelles reprit :

— Le roi est dans la vigueur et la maturité de l'âge. Pour l'arracher du trône, il faudrait l'en précipiter. Quel homme vivant prendrait sur soi une telle violence? Les rois sont divins, Dieu seul a droit sur eux! Ah! si quelque accident, quelque mal imprévu, quelque attentat privé même, atteignait en ce moment la vie du roi et mettait la tutelle d'un roi enfant aux mains des insolens sujets qui nous oppriment!... alors, ce serait cette tutelle et non la royauté, ce seraient les Guises et non François II qu'on attaquerait. La guerre civile deviendrait louable et la révolte sainte, et je vous crierais le premier : Aux armes!

Cette énergie de la timidité frappa d'admiration l'assemblée, et de nouvelles marques d'approbation vinrent récompenser le courage prudent de Des Avenelles.

— Ah! dit tout bas La Renaudie à Gabriel, je regrette maintenant de vous avoir fait venir. Vous devez nous prendre en pitié.

Mais Gabriel pensif se disait en lui-même :

— Non, je n'ai point à leur reprocher leur faiblesse ; car elle ressemble à la mienne. Comme je comptais secrètement sur eux, il semble qu'ils comptent sur moi.

— Que prétendez-vous donc faire ? cria La Renaudie à son hôte triomphant.

— Rester dans la légalité, attendre! répondit résolûment l'avocat. Anne Dubourg, Henri Dufaur et trois de nos amis du parlement ont été arrêtés ; mais qui nous dit qu'on osera les condamner, les accuser même? M'est avis que la violence de notre part pourrait bien n'aboutir qu'à provoquer celle du pouvoir. Et qui sait si notre réserve n'est pas justement le salut des victimes ! Ayons le calme de la force et la dignité du bon droit. Mettons tous les torts du côté de nos persécuteurs. Attendons. Quand ils nous verront modérés et fermes, ils y regarderont à deux fois avant de nous déclarer la guerre, comme je vous prie, amis et frères, d'y regarder à deux fois vous-mêmes avant de leur donner le signal des représailles.

Des Avenelles se tut, et les applaudissemens recommencèrent.

L'avocat, tout glorieux, voulut constater sa victoire.

— Que ceux qui pensent comme moi lèvent la main! reprit-il.

Presque toutes les mains se dressèrent pour rendre témoignage à Des Avenelles que sa voix avait été celle de l'assemblée.

— Voilà donc, dit-il, la décision prise...

— De ne rien décider du tout, interrompit Castelnau.

— D'ajourner jusqu'à un moment plus favorable les partis extrêmes, reprit des Avenelles en jetant un regard furieux sur l'interrupteur.

Le ministre David proposa de chanter un nouveau psaume pour demander à Dieu la délivrance des pauvres prisonniers.

— Allons nous-en, dit La Renaudie à Gabriel. Tout ceci m'indigne et m'irrite, Ces gens-là ne savent que chanter. Ils n'ont de séditieux que leurs psaumes.

Quand ils furent dans la rue, ils marchèrent en silence, absorbés qu'ils étaient tous deux par leurs pensées.

Au pont Notre-Dame, ils se séparèrent, La Renaudie retournant dans le faubourg Saint-Germain, et Gabriel à l'Arsenal.

— Adieu donc, monsieur d'Exmès, dit La Renaudie. Je suis fâché de vous avoir fait perdre votre temps. Croyez, cependant, que ceci n'est pas tout à fait notre dernier mot. Le prince, Coligny, et nos meilleures têtes, nous manquaient ce soir.

— Je n'ai pas perdu mon temps avec vous, dit Gabriel. Vous vous en convaincrez peut-être avant peu.

— Tant mieux ! tant mieux ! reprit La Renaudie. Pourtant, je doute...

— Ne doutez pas, dit Gabriel. J'avais besoin de savoir si les protestans commençaient vraiment à perdre patience. Il m'est plus utile que vous ne croyez de m'être assuré qu'ils ne sont pas las encore.

VI.

AUTRE ÉPREUVE.

Le mécontentement des réformés lui faisant défaut, il restait encore à la vengeance de Gabriel une chance, celle de l'ambition du duc de Guise.

Aussi, le lendemain matin, à dix heures, fut-il exact au rendez-vous que la lettre de François de Lorraine lui avai assigné au palais des Tournelles.

Le jeune comte de Montgommery était attendu. Dès son

arrivée, il fut sur-le-champ introduit auprès de celui que, grâce à son audace, on appelait maintenant le conquérant de Calais.

Le Balafré vint avec empressement au devant de Gabriel et lui serra affectueusement les mains dans les siennes.

— Vous voilà donc enfin, oublieux ami, lui dit-il ; j'ai été forcé d'aller vous chercher, de vous poursuivre jusque dans votre retraite, et si je ne l'avais fait Dieu sait quand je vous aurais revu ! Pourquoi cela ? Pourquoi n'être pas venu me trouver depuis mon retour ?

— Monseigneur, dit Gabriel à voix basse, de douloureuses préoccupations...

— Ah ! voilà ! j'en étais sûr ! interrompit le duc de Guise. Ils ont aussi menti, n'est-ce pas ? aux promesses qu'ils vous avaient faites ? Ils vous ont trompé, mécontenté, ulcéré ? Vous le sauveur de la France ! Oh ! je me suis bien douté qu'il y avait là quelque infamie ! Mon frère, le cardinal de Lorraine, qui assistait à votre rentrée au Louvre, qui a entendu votre nom de comte de Montgommery, a deviné, avec sa finesse de prêtre, que vous alliez être la dupe ou la victime de ces gens-là. Pourquoi ne pas vous être adressé à lui ? Il eût pu vous aider en mon absence.

— Je vous remercie, monseigneur, reprit gravement Gabriel ; mais vous vous trompez, je vous assure. On a tenu le plus strictement du monde les engagemens pris avec moi.

— Oh ! vous dites cela d'un ton, ami !...

— Je dis cela comme je le sens, monseigneur ; mais je dois vous répéter que je ne me plains pas, et que les promesses sur lesquelles je comptais ont été exécutées... à la lettre. Ne parlons donc plus de moi, je vous en supplie, vous savez qu'ordinairement ce sujet d'entretien ne me plaît guère. Il m'est aujourd'hui, plus que jamais pénible. Je vous demande en grâce, monseigneur, de ne pas insister sur vos bienveillantes questions.

Le duc de Guise fut frappé de l'accent douloureux de Gabriel.

— Cela suffit, ami, lui dit-il, j'aurais peur en effet, maintenant, de toucher sans le vouloir à quelqu'une de vos cicatrices mal fermées, et je ne veux plus vous interroger sur vous-même.

— Merci, monseigneur, dit Gabriel d'un ton digne et pénétré.

— Sachez seulement, reprit le Balafré, qu'en tout lieu, en tout temps et pour quoi que ce soit, mon crédit, ma fortune et ma vie sont à vous, Gabriel, et que, si j'ai un jour cette chance que vous ayez besoin de moi en quelque chose, vous n'aurez qu'à étendre votre main pour trouver la mienne.

— Merci, monseigneur, répéta Gabriel.

— Ceci convenu entre nous, dit le duc de Guise, de quoi vous plaît-il, ami, que nous parlions ?

— Mais de vous, monseigneur, répondit le jeune homme, de votre gloire, de vos projets ; voilà ce qui m'intéresse ! voilà l'aimant qui m'a fait accourir à votre premier appel !

— Ma gloire ? mes projets ? reprit François de Lorraine en secouant la tête. Hélas ! c'est là pour moi aussi un triste sujet d'entretien.

— Oh ! que dites-vous, monseigneur ? s'écria Gabriel.

— La vérité, ami ! Oui, je croyais, je l'avoue, avoir gagné quelque réputation ; il me semblait que mon nom pouvait être actuellement prononcé avec un certain respect en France, avec une certaine terreur en Europe. Et ce passé déjà illustre me faisant un devoir de regarder l'avenir, j'arrangeais mes desseins sur ma renommée, je rêvais de grandes choses pour ma patrie et pour moi-même. Je les eusse accomplies, ce me semble !...

— Eh bien ? monseigneur ?... demanda Gabriel.

— Eh bien ! Gabriel, reprit le duc de Guise, depuis six semaines, depuis ma rentrée dans cette cour, j'ai cessé de croire à ma gloire, et j'ai renoncé à tous mes projets.

— Et pourquoi cela ? Jésus !

— Mais n'avez-vous pas vu d'abord à quel traité presque honteux ils ont fait aboutir nos victoires ! Nous aurions été forcés de lever le siége de Calais, les Anglais auraient encore en leur pouvoir les portes de la France. la défaite, enfin, nous eût, sur tous les points, démontré l'insuffisance de nos forces et l'impossibilité de continuer une lutte inégale, qu'on n'eût pas signé une paix plus désavantageuse et plus déshonorante que celle de Cateau-Cambrésis.

— C'est vrai, monseigneur, dit Gabriel, et chacun déplore qu'on ait retiré de si pauvres fruits d'une aussi magnifique moisson.

— Eh bien! reprit le duc de Guise, comment voulez-vous donc que je sème encore pour des gens qui savent si mal récolter? D'ailleurs, ne m'ont-ils pas contraint à l'inaction par leur belle conclusion de paix? Voilà mon épée condamnée pour longtemps à rester au fourreau. La guerre éteinte partout, à tout prix, éteint en même temps tous mes glorieux rêves; et c'est bien là aussi, entre nous, une des choses qu'on a cherchées.

— Mais vous n'en êtes pas moins puissant, même dans ce repos, monseigneur, dit Gabriel. La cour vous respecte, le peuple vous adore, les étrangers vous redoutent.

— Oui, je me crois aimé au dedans et craint au dehors, reprit le Balafré; mais ne dites pas, ami, qu'on me respecte au Louvre. Tandis qu'on annihilait publiquement les résultats certains de nos succès, on minait aussi en dessous mon influence privée. Quand je suis revenu de là-bas, qui ai-je trouvé plus que jamais en faveur? l'insolent vaincu de Saint-Laurent, ce Montmorency que je déteste!...

— Oh! pas plus que moi, certes! murmurait Gabriel.

C'est par lui et pour lui que cette paix, dont nous rougissons tous, a été conclue. Non content de faire paraître ainsi mes efforts moins efficaces, il a su encore soigner dans le traité ses propres intérêts, et s'y faire restituer pour la deuxième ou troisième fois, je pense, sa rançon de Saint-Laurent. Il spécule jusque sur sa défaite et sa honte!

— Et c'est là le rival qu'accepte le duc de Guise! reprit Gabriel avec un dédaigneux sourire.

— Il en frémit, ami! mais vous voyez bien qu'on le lui impose! Vous voyez que monsieur le connétable est protégé par quelque chose de plus fort que la gloire, par quelqu'un de plus puissant que le roi lui-même! Vous voyez bien que mes services ne pourront jamais égaler ceux de madame Diane de Poitiers, que la foudre écrase!

— Oh! Dieu vous entende! murmura Gabriel.

— Mais qu'a donc fait cette femme à ce roi? le savez-vous, ami? continua le duc de Guise. Le peuple a-t-il vraiment raison de parler de philtres et de sortiléges? J'imagine, pour ma part, qu'il y a entre eux un lien plus fort que l'amour. Ce ne doit pas être seulement la passion qui les enchaîne ainsi l'un à l'autre, ce doit être le crime. Il y a, j'en jurerais! parmi leurs souvenirs un remords. Ce sont plus que des amans, ce sont des complices.

Le comte de Montgommery frissonna de la tête aux pieds.

— Ne le croyez-vous pas comme moi, Gabriel? lui demanda le Balafré.

— Oui, je le crois, monseigneur, répondit Gabriel d'une voix éteinte.

— Et, pour comble d'humiliation, reprit le duc de Guise, savez-vous, ami, outre le monstrueux traité de Cateau-Cambrésis, savez-vous la récompense que j'ai trouvée ici en revenant de l'armée? ma révocation immédiate de la dignité de lieutenant général du royaume. Ces fonctions extraordinaires devenaient inutiles en temps de paix, m'a-t-on dit. Et sans me prévenir, sans me remercier, on m'a rayé ce titre, comme on met au rebut un meuble qui ne sert plus à rien.

— Est-il possible? On ne vous a pas témoigné plus d'égards que cela? reprit Gabriel qui voulait attiser le feu de cette âme courroucée.

— A quoi bon plus d'égards pour un serviteur superflu! dit en serrant les dents le duc de Guise. Quant à monsieur de Montmorency, c'est autre chose. Il est et il reste connétable! C'est un honneur qu'on ne reprend pas, celui-là, et qu'il a bien gagné par quarante ans d'échecs! Oh! mais, par la croix de Lorraine! si le vent de la guerre souffle de nouveau, qu'on vienne encore me supplier, m'adjurer, me nommer le sauveur de la patrie! je les renverrai à leur connétable. Que celui-là les sauve s'il peut! C'est son emploi et le devoir de sa charge. Pour moi, puisqu'ils me condamnent à l'oisiveté, j'accepte la sentence, et jusqu'à des temps meilleurs, je me repose.

Gabriel, après une pause, reprit gravement.

— Cette détermination de votre part est fâcheuse, monseigneur, et je la déplore. Car je venais précisément vous faire une proposition...

— Inutile, ami! inutile! dit le Balafré. Mon parti est pris. Aussi bien, la paix, je vous le répète et vous le savez aussi, nous ôte tout prétexte de gloire.

— Pardon, monseigneur, reprit Gabriel, c'est justement la paix qui fait ma proposition exécutable.

— Vraiment? dit François de Lorraine tenté. Et c'est quelque chose de hardi comme le siége de Calais?...

— C'est quelque chose de plus hardi, monseigneur.

— Comment cela? reprit le duc de Guise étonné. Vous excitez vivement ma curiosité, je l'avoue.

— Vous me permettez donc de parler? dit Gabriel.

— Sans doute, et je vous en prie.

— Nous sommes bien seuls ici?

— Tout seuls! et âme qui vive ne peut nous entendre.

— Eh bien! monseigneur, reprit résolûment Gabriel, voici ce que j'avais à vous dire. Ce roi, ce connétable veulent se passer de vous; passez-vous d'eux! Ils vous ont retiré ce titre de lieutenant général du royaume, reprenez-le!

— Comment? Expliquez-vous! dit le duc de Guise.

— Monseigneur, les princes étrangers vous redoutent, le peuple vous aime, l'armée est tout à vous : vous êtes déjà plus roi en France que le roi. Vous êtes roi par le génie; lui ne l'est que par la couronne. Osez parler en maître, et tous vous écouteront en sujets. Henri II sera-t-il plus fort dans son Louvre que vous dans votre camp? Celui qui vous parle serait heureux et fier de vous y appeler le premier Votre Majesté.

— Voilà, en effet, un audacieux dessein, Gabriel, dit le duc de Guise.

Mais il n'avait pas l'air bien irrité. Il souriait même sous sa feinte surprise.

— J'apporte un dessein audacieux à une âme extraordinaire, reprit fermement Gabriel. Je parle pour le bien de la France. Il lui faut un grand homme pour roi. N'est-ce pas désastreux que toutes vos idées de grandeur et de conquête soient ignominieusement entravées par les caprices d'une courtisane et la jalousie d'un favori ? Si vous étiez une fois libre et maître, où s'arrêterait votre génie ? Vous renouvelleriez Charlemagne !

— Vous savez que la maison de Lorraine descend de lui ! dit vivement le Balafré.

— Que nul n'en doute en vous voyant agir, reprit Gabriel. Soyez à votre tour pour les Valois un Hugues Capet.

— Oui, mais si je n'étais qu'un connétable de Bourbon ? dit le duc de Guise.

— Vous vous calomniez, monseigneur. Le connétable de Bourbon avait appelé à son aide les étrangers, les ennemis. Vous ne vous serviriez que des forces de la patrie.

— Mais ces forces dont je pourrais, selon vous, disposer, où sont-elles ? demanda le Balafré.

— Deux partis s'offrent à vous, dit Gabriel.

— Lesquels donc ? car, en vérité, je vous laisse parler comme si tout ceci n'était pas une chimère. Quels sont ces deux partis ?

— L'armée et la Réforme, monseigneur, répondit Gabriel. Vous pouvez d'abord être un chef militaire.

— Un usurpateur ! dit le Balafré.

— Dites un conquérant ! Mais, si vous l'aimez mieux, monseigneur, soyez le roi des Huguenots.

— Et le prince de Condé ? dit en souriant le duc de Guise.

— Il a le charme et l'habileté, mais vous avez la grandeur et l'éclat. Croyez-vous que Calvin hésiterait entre vous deux. Or, il faut l'avouer, c'est le fils du tonnelier de Noyon qui dispose de son parti. Dites un mot, et demain vous avez à vos ordres trente mille religionnaires.

— Mais je suis un prince catholique, Gabriel.

— La religion des hommes comme vous, monseigneur, c'est la gloire.

— Je me brouillerais avec Rome.

— Ce sera un prétexte pour la conquérir.

— Ami, ami ! reprit le duc de Guise en regardant fixement Gabriel, vous haïssez bien Henri II !

— Autant que je vous aime, j'en conviens, répondit le jeune homme avec une noble franchise.

— J'estime cette sincérité, Gabriel, repartit sérieusement le Balafré, et pour vous le prouver, je veux à mon tour vous parler à cœur ouvert.

— Et mon cœur à moi se refermera pour toujours sur la confidence, dit Gabriel.

— Ecoutez donc, reprit François de Lorraine. J'ai déjà, j'en conviendrai, envisagé quelquefois, dans mes songes, le but que vous me montrez aujourd'hui. Mais vous m'accorderez sans doute, ami, que lorsqu'on se met en marche vers un tel but, il faut être au moins sûr de l'atteindre, et que, risquer prématurément une telle partie, c'est vouloir la perdre ?...

— Cela est vrai, dit Gabriel.

— Eh bien ! reprit le duc de Guise, estimez-vous réellement que mon ambition soit mûre et que les temps soient favorables ? Il faut préparer de longue main de si profondes secousses ! Il faut que les esprits soient déjà tout prêts à les accepter ! Or, croyez-vous qu'on soit, dès aujourd'hui, habitué d'avance, pour ainsi dire, à la pensée d'un changement de règne ?

— On s'y habituerait ! dit Gabriel.

— J'en doute, reprit le duc de Guise. J'ai commandé des armées, j'ai défendu Metz et pris Calais, j'ai deux fois été lieutenant général du royaume. Mais ce n'est pas assez encore. Je ne me suis pas encore assez approché du pouvoir royal ! Il y a des mécontens sans doute. Mais des partis ne sont pas un peuple. Henri II est jeune, intelligent et brave. Il est le fils de François Ier. Il n'y a pas péril en la demeure pour qu'on songe à le déposséder.

— Ainsi, vous hésitez, monseigneur ? demanda Gabriel.

— Je fais plus, ami, je refuse, répondit le Balafré. Ah ! si demain, par accident ou maladie, Henri II mourait subitement...

— Et lui aussi pense à cela ! se dit Gabriel. Eh bien ! si

ce coup imprévu se réalisait, monseigneur, dit-il tout haut, que feriez-vous ?

— Alors, reprit le duc de Guise, sous un roi jeune, inexpérimenté, tout à ma discrétion, je deviendrais en quelque sorte le régent du royaume. Et si la reine-mère ou bien monsieur le connétable s'avisaient de faire de l'opposition contre moi ; si les réformés se révoltaient ; si enfin l'Etat en danger exigeait une main ferme au gouvernail, les occasions naîtraient d'elles-mêmes, je serais presque nécessaire ! Alors, je ne dis pas, vos projets seraient peut-être les bien-venus, ami, et je vous écouterais.

— Mais jusque-là, dit Gabriel, jusqu'à cette mort, bien improbable, du roi?...

— Je me résignerai, ami. Je me contenterai de préparer l'avenir. Et si les rêves semés dans ma pensée ne germent en faits que pour mon fils, c'est que Dieu l'aura voulu ainsi.

— C'est votre dernier mot, monseigneur ?

— C'est mon dernier mot, dit le duc de Guise. Mais je ne vous en remercie pas moins, Gabriel, d'avoir eu cette confiance dans ma destinée.

— Et moi, monseigneur, dit Gabriel, je vous remercie d'avoir eu cette confiance dans ma discrétion.

— Oui, reprit le duc, tout ceci est mort entre nous, c'est entendu.

— Maintenant, ajouta Gabriel en se levant, je me retire.

— Eh ! quoi, déjà ! dit le duc de Guise.

— Oui, monseigneur, j'ai su ce que je voulais savoir. Je me souviendrai de vos paroles. Elles sont en sûreté dans mon cœur, mais je m'en souviendrai. Excusez-moi, j'avais besoin de m'assurer que la royale ambition du duc de Guise était encore assoupie. Adieu, monseigneur.

— Au revoir, ami.

Gabriel quitta les Tournelles plus triste et plus inquiet encore qu'il n'y était entré.

— Allons ! se dit-il, des deux auxiliaires humains sur esquels je voulais compter, aucun ne m'aidera. Il me reste Dieu !

VII

UNE DANGEREUSE DÉMARCHE.

Diane de Castro, dans son Louvre royal, vivait toujours au milieu de douleurs et de transes mortelles. Elle aussi attendait. Mais son rôle tout passif était peut-être plus cruel encore que celui de Gabriel.

Tout lien ne s'était pas rompu cependant entre elle et celui qui l'avait tant aimée. Presque chaque semaine le page André venait rue des Jardins-Saint-Paul, et s'informait de Gabriel auprès d'Aloyse.

Les nouvelles qu'il reportait à Diane n'étaient guère rassurantes. Le jeune comte de Montgommery était toujours aussi taciturne, aussi sombre, aussi inquiet. La nourrice ne parlait de lui que les larmes aux yeux et la pâleur au visage.

Diane hésita longtemps. Enfin un matin de ce mois de juin, elle prit un parti décisif pour en finir avec ses craintes.

Elle s'enveloppa d'un manteau fort simple, cacha son visage sous un voile, et, à l'heure où l'on s'éveillait à peine au château, sortit du Louvre, accompagnée du seul André, pour se rendre auprès de Gabriel.

Puisqu'il l'évitait, puisqu'il se taisait, elle irait à lui, elle ! Une sœur pouvait bien visiter son frère ! son devoir n'était-il même pas de l'avertir ou de le consoler?

Malheureusement, tout le courage qu'avait dépensé Diane pour se résoudre à cette démarche devait être inutile.

Gabriel, pour ses courses vagabondes, dont il n'avait pas tout à fait perdu l'habitude, cherchait aussi les heures solitaires. Quand Diane, d'une main émue, vint frapper à la porte de son hôtel, il était déjà sorti depuis plus d'une demi-heure,

L'attendre ? On ne savait jamais quand il rentrerait. Et une trop longue absence du Louvre pouvait exposer Diane à des calomnies...

N'importe ! elle attendrait au moins le temps qu'elle eût voulu lui consacrer.

Elle demanda Aloyse. Aussi bien elle avait besoin de la voir, de l'interroger elle-même.

André fit entrer sa maîtresse dans une pièce écartée, et courut prévenir la nourrice.

Depuis des années, depuis les jours heureux de Montgommery et de Vimoutiers, Aloyse et Diane, la femme du peuple et la fille du roi, ne s'étaient pas revues.

Mais leur vie à toutes deux avait été remplie par la même pensée ; mais la même inquiétude remplissait encore leurs jours de craintes et leurs nuits d'insomnies.

Aussi, quand Aloyse, entrant en hâte, voulut s'incliner devant madame de Castro, Diane, comme autrefois, se jeta dans les bras de la bonne femme et l'embrassa en disant, comme autrefois aussi :

— Chère nourrice !...

— Quoi ! madame, dit Aloyse émue aux larmes, vous vous souvenez donc encore de moi ? vous me reconnaissez ?...

— Si je me souviens de toi ! si je te reconnais ! reprit Diane ; c'est comme si je ne devais pas me souvenir de la maison d'Enguerrand ! c'est comme si je pouvais ne pas reconnaître le château de Montgommery !

Cependant Aloyse contemplait Diane avec plus d'attention, et joignant les mains :

— Etes-vous belle ! s'écria-t-elle en souriant et en soupirant à la fois.

Elle souriait ; car elle avait bien aimé la jeune fille devenue une si belle dame. Elle soupirait ; car elle mesurait toute la douleur de Gabriel.

Diane comprit ce regard en même temps mélancolique et ravi d'Aloyse, et se hâta de dire en rougissant un peu :

— Ce n'est pas de moi que je suis venu parler, nourrice.

— Est-ce de lui ? dit Aloyse.

— Et de qui serait-ce ? devant toi, je puis ouvrir mon cœur. Quel malheur que je ne l'aie pas trouvé ! Je venais le consoler en me consolant. Comment est-il ? bien morne et bien désolé, n'est-ce pas ? pourquoi n'est-il pas venu me voir une seule fois au Louvre ? Que dit-il ? que fait-il ? parle ! parle donc, nourrice !

— Hélas ! madame, reprit Aloyse, vous avez bien raison de croire qu'il est morne et désolé. Figurez-vous...

Diane interrompit la nourrice.

— Attends, bonne Aloyse, lui dit-elle ; avant que tu ne commences, j'ai une recommandation à te faire. Je resterais ici jusqu'à demain à t'écouter, vois-tu ; sans me lasser, sans m'apercevoir de la fuite du temps. Il faut pourtant que je rentre au Louvre avant qu'on n'y ait remarqué mon absence. Promets-moi une chose : quand il y aura une heure que je serai ici avec toi, qu'il soit rentré ou non, avertis-moi, renvoie-moi ?

— Mais c'est que, madame, dit Aloyse, je suis bien capable d'oublier l'heure, moi aussi ; et je ne me fatiguerais pas plus à vous parler que vous à m'entendre, savez-vous!

— Comment donc faire ? reprit Diane, je crains nos deux faiblesses.

— Chargeons de la dure commission une troisième personne, dit Aloyse.

— C'est cela !... André.

Le page, qui était resté dans la pièce voisine, promit de frapper à la porte lorsqu'il y aurait une heure d'écoulée.

— Et maintenant, dit Diane en revenant s'asseoir près de la nourrice, causons à notre aise et tranquillement, sinon gaîment, hélas !

Mais cet entretien, bien attachant à la vérité pour ces deux femmes attristées, offrait cependant nombre de difficultés et d'amertumes.

— D'abord, aucune des deux ne savait au juste jusqu'où l'autre était dans la confidence des terribles secrets de la maison de Montgommery.

En outre, dans ce qu'Aloyse connaissait de la vie précédente de son jeune maître, il y avait bien des lacunes inquiétantes qu'elle avait peur pour elle-même de commenter. De quelle façon expliquer ses absences, ses retours soudains, ses préoccupations et son silence même ?

Enfin la nourrice dit à Diane tout ce qu'elle savait, tout ce qu'elle voyait du moins, et Diane, en écoutant la nourrice, trouvait sans doute une grande douceur à entendre parler de Gabriel, mais une grande douleur à en entendre parler si tristement.

En effet, les révélations d'Aloyse n'étaient pas faites pour calmer les angoisses de madame de Castro, mais bien plutôt pour les raviver, et ce témoin vivant et passionné des déchiremens et des défaillances du jeune comte, rendait présens pour ainsi dire à Diane tous les tourmens de cette vie agitée.

Diane put se persuader de plus en plus que, si elle voulait sauver ceux qu'elle aimait, il était grandement temps qu'elle intervînt.

Même dans les plus pénibles confidences, une heure est bien vite passée. Diane et Aloyse tressaillirent tout étonnées en entendant André frapper à la porte.

— Eh quoi ! déjà ! s'écrièrent-elles en même temps.

— Oh ! bien, tant pis! reprit Diane, je vais rester encore un petit quart d'heure.

— Madame, prenez garde ! dit la nourrice.

— Tu as raison, nourrice, je dois, je veux partir. Un mot seulement : Dans tout ce que tu m'as dit de Gabriel, tu as omis... il m'a semblé... enfin, il ne parle donc jamais de moi ?

— Jamais, madame, j'en conviens.

— Oh ! il fait bien ! dit Diane avec un soupir.

— Et il ferait mieux encore de ne jamais songer à vous non plus.

— Tu crois donc qu'il y songe, nourrice, demanda vivement madame de Castro.

— J'en suis trop sûre, madame, dit Aloyse.

— Pourtant, il m'évite avec soin, il évite le Louvre.

— S'il évite le Louvre, madame, dit Aloyse en secouant la tête, ce ne doit pas être à cause de ce qu'il aime.

— Je comprends, pensa Diane en frémissant : c'est à cause de ce qu'il hait.

— Oh !... dit-elle tout haut, il faut que je le voie ; il le faut absolument.

— Voulez-vous, madame, que je lui dise de votre part d'aller vous trouver au Louvre.

— Non ! non ! pas au Louvre ! dit Diane avec terreur ; qu'il ne vienne pas au Louvre ! Je verrai, je guetterai une occasion comme celle de ce matin. Je reviendrai ici, moi.

— Mais s'il est sorti encore ! dit Aloyse ; quel jour, quelle semaine sera-ce ? le savez-vous à peu près ? Il attendrait ; vous pensez bien.

— Hélas ! dit Diane, pauvre fille de roi que je suis, comment pourrais-je prévoir à quel instant, à quel jour je serai libre. Mais, s'il se peut, j'enverrai André d'avance.

Le page, en ce moment, craignant de n'avoir pas été entendu, frappa une seconde fois à la porte.

— Madame, cria-t-il, les rues et les alentours du Louvre commencent à se peupler.

— J'y vais, j'y vais, répondit madame de Castro.

— Allons ! il faut nous séparer, bonne nourrice, dit-elle tout haut à Aloyse. Embrasse-moi bien fort, tu sais, comme lorsque j'étais enfant, comme lorsque j'étais heureuse.

Et tandis qu'Aloyse, sans pouvoir rien dire, la tenait étroitement embrassée :

— Veille bien sur lui, soigne-le bien, lui dit-elle à l'oreille.

— Comme lorsqu'il était enfant, comme lorsqu'il était heureux, dit la nourrice.

— Mieux ! oh ! mieux encore, Aloyse ; dans ce temps-là il n'en avait pas autant besoin.

Diane quitta l'hôtel sans que Gabriel fût rentré.

Une demi-heure après, elle se retrouvait sans encombre dans son logement du Louvre. Mais si les suites de la démarche qu'elle avait risquée ne l'inquiétaient plus, elle n'en sentait que plus vivement son angoisse au sujet des projets inconnus de Gabriel.

Les pressentimens d'une femme qui aime sont la plus évidente et la plus claire des prophéties.

Gabriel ne rentra chez lui qu'assez avant dans la journée.

La chaleur était grande ce jour-là. Il était fatigué de corps, plus fatigué d'esprit.

Mais quand Aloyse eut prononcé le nom de Diane et lui eut dit sa visite, il se redressa, il se ranima, tout vibrant et palpitant.

— Que voulait-elle ?... qu'a-t-elle dit ? qu'a-t-elle fait ?... Oh ! pourquoi n'étais-je pas là ! Mais parle, dis-moi tout, Aloyse, toutes ses paroles, tous ses gestes.

Ce fut à son tour d'interroger avidement la nourrice en lui laissant à peine le temps de répondre.

— Elle veut me voir ? s'écria t-il. Elle a quelque chose à me dire ? mais elle ne sait quand elle pourra revenir ? Oh ! je ne puis pas attendre dans cette incertitude, tu conçois cela, Aloyse. Je vais aller sur-le-champ au Louvre.

— Au Louvre, Jésus ! s'écria Aloyse épouvantée.

— Eh ! sans doute, répondit Gabriel avec calme. Je ne suis pas banni du Louvre, je suppose, et celui qui a délivré à Calais madame de Castro a bien le droit d'aller lui présenter ses hommages à Paris.

— Assurément, dit Aloyse toute tremblante. Mais madame de Castro a bien recommandé que vous ne veniez pas la trouver au Louvre.

— Aurais-je quelque chose à y craindre ? dit Gabriel fièrement. Ce serait une raison pour y aller.

— Non, reprit la nourrice, c'est probablement pour elle-même que madame de Castro redoutait ?...

— Sa réputation aurait bien plus à souffrir d'une démarche secrète et furtive si elle était découverte, que d'une visite publique et au grand jour comme celle que je compte lui faire, que je lui ferai aujourd'hui, à l'instant même.

Et il appela pour qu'on vînt le changer d'habits.

— Mais, monseigneur, dit la pauvre Aloyse à bout de ses raisons, vous-même jusqu'ici vous évitiez le Louvre, madame de Castro l'a remarqué. Vous n'avez pas voulu aller la voir une seule fois depuis votre retour.

— Je n'allais pas voir madame de Castro quand elle ne m'appelait pas, dit Gabriel. J'évitais le Louvre quand je n'avais aucun motif d'y aller. Mais aujourd'hui, sans que mon action soit intervenue en rien, quelque chose d'irrésistible m'invite, madame de Castro désire me voir. J'ai juré, Aloyse, de laisser dormir en moi ma volonté, mais de laisser toujours faire la destinée et Dieu, et je vais me rendre au Louvre sur l'heure.

Ainsi, la démarche de Diane allait produire le contraire de ce qu'elle avait souhaité.

VIII.

L'IMPRUDENCE DE LA PRÉCAUTION.

Gabriel pénétra sans opposition dans le Louvre. Depuis la prise de Calais, le nom du jeune comte de Montgommery avait été prononcé trop souvent pour qu'on pensât à lui refuser l'entrée des appartemens de madame de Castro.

Diane, dans le moment, s'occupait seule avec une de ses femmes à quelque ouvrage de broderie. Bien souvent elle laissait sa main retomber, et, songeuse, se rappelait son entretien de la matinée avec Aloyse.

Tout à coup André entra tout effaré.

— Madame, monsieur le vicomte d'Exmès! annonça-t-il. (L'enfant ne s'était pas déshabitué de donner ce nom à son ancien maître.)

— Qui? monsieur d'Exmès! ici! répéta Diane bouleversée.

— Madame, il est sur mes pas, dit le page. Le voici.

Gabriel parut sur la porte, maîtrisant son émotion de son mieux. Il salua profondément madame de Castro qui, tout interdite, ne lui rendit pas d'abord son salut.

Mais elle congédia du geste le page et la suivante.

Quand Diane et Gabriel furent seuls, ils allèrent l'un à l'autre, se tendirent et se serrèrent la main.

Ils restèrent ainsi les mains unies une minute à se contempler en silence.

— Vous avez bien voulu venir chez moi, Diane, dit enfin Gabriel d'une voix profonde. Vous aviez à me voir, à me parler. Je suis accouru.

— Est-ce donc ma démarche qui vous a appris que j'avais besoin de vous voir, Gabriel, et ne le saviez-vous pas bien sans cela ?

— Diane, reprit Gabriel avec un sourire triste, j'ai fait ailleurs mes preuves de courage, je puis donc dire qu'en venant ici au Louvre, j'aurais eu peur !

— Peur de qui? demanda Diane qui avait peur elle-même de sa question.

— Peur de vous !... peur de moi !... répondit Gabriel,

— Et voilà pourquoi, reprit Diane, vous avez préféré oublier notre ancienne affection ?... je parle du côté légitime et saint de cette affection ! se hâta-t-elle d'ajouter.

— J'aurais préféré tout oublier, j'en conviens, Diane, plutôt que de rentrer de moi-même dans ce Louvre. Mais, hélas ! je ne l'ai pas pu. Et la preuve...

— La preuve ?

— La preuve, c'est que je vous cherche toujours et partout, c'est que, tout en redoutant votre présence, j'aurais donné tout au monde pour vous entrevoir une minute de loin. La preuve, c'est qu'en rôdant à Paris, à Fontainebleau, à Saint-Germain, autour des châteaux royaux, au lieu de désirer ce que j'étais censé guetter, c'est vous, c'est votre aspect charmant et doux, c'est votre robe aperçue entre les arbres ou sur quelque terrasse que je souhaitais, que j'appelais, que je voulais ! La preuve enfin, c'est que vous n'avez eu qu'à faire un pas vers moi, pour que, prudence, devoir, terreurs, tout fût oublié par moi. Et me voici dans ce Louvre que je devrais fuir ! Et je réponds à toutes vos questions ! Et je sens que tout cela est dangereux et insensé, et cependant je fais tout cela ! Diane, avez-vous assez de preuves ainsi ?

— Oui, oui, Gabriel, dit précipitamment Diane toute tremblante.

— Ah ! que j'aurais été plus sage, reprit Gabriel, de

persister dans mon ferme dessein, de ne plus vous voir, de m'enfuir si vous m'appeliez, de me taire si vous m'interrogiez! Cela eût bien mieux valu pour vous et pour moi croyez-le bien, Diane. Je savais ce que je faisais. Je préférais encore pour vous des inquiétudes à des douleurs. Pourquoi, mon Dieu! suis-je sans force contre votre voix, contre votre regard ?...

Diane commençait à comprendre qu'en effet elle pouvait avoir eu tort de vouloir sortir de son indécision mortelle. Tout sujet d'entretien était une souffrance, toute question était un péril. Entre ces deux êtres que Dieu avait créés, pour le bonheur peut-être, il ne pouvait plus y avoir, grâce aux hommes, que défiance, danger et malheur.

Mais, puisque Diane avait ainsi provoqué le sort, elle ne voulait plus le fuir, tant pis! Elle sonderait tout l'abîme qu'elle avait tenté, dût-elle ne trouver au fond que le désespoir et la mort!

Après un silence plein de pensées, elle reprit donc :

— Je tenais, moi, à vous voir pour deux raisons, Gabriel: j'avais d'abord une explication à vous donner, et puis, j'avais à vous en demander une.

— Parlez, Diane, repartit Gabriel. Ouvrez et déchirez à votre gré mon cœur. Il est à vous.

— J'avais premièrement besoin de vous faire savoir, Gabriel, pourquoi, dès votre message reçu, je n'avais pas pris tout de suite ce voile que vous me renvoyiez, et n'étais pas entrée sur-le-champ dans quelque couvent, ainsi que je vous en avais xprimé le vœu à Calais dans notre dernière et douloureuse entrevue.

— Vous ai-je adressé le moindre reproche à ce sujet, Diane? reprit Gabriel. Je vous avais fait dire par André que je vous rendais votre promesse. Ce n'était point de ma part une vaine parole mais une intention réelle.

— C'était aussi mon intention réelle de me faire religieuse, Gabriel, et cette intention n'est encore qu'ajournée, sachez-le bien.

— Pourquoi, Diane? pourquoi renoncer à ce monde pour lequel vous êtes faite?

— Que votre conscience se tranquillise sur ce point,

ami, reprit Diane : ce n'est pas tant pour obéir au serment que je vous avais juré, mais pour contenter le secret désir de mon âme, que je veux quitter ce monde où j'ai tant souffert. J'ai bien besoin de paix et de repos, allez ! et ne saurais maintenant trouver le calme qu'avec Dieu. Ne m'enviez pas ce dernier refuge.

— Oh ! si, je vous l'envie ! dit Gabriel.

— Seulement, continua Diane, je n'ai pas tout de suite accompli mon irrévocable dessein, pour une raison : je voulais veiller à ce que vous accomplissiez la demande contenue dans ma dernière lettre, à ce que vous ne vous fassiez pas juge et punisseur, à ce que vous ne préveniez pas Dieu.

— Si jamais on le prévient ! murmura Gabriel.

— J'espérais enfin, continua Diane, pouvoir au besoin me jeter entre ceux que j'aime et qui se haïssent, et qui sait? peut-être empêcher un malheur ou un crime. M'en voulez-vous de cette pensée, Gabriel ?

— On ne peut en vouloir aux anges de ce qui est de leur nature, Diane. Vous avez été généreuse, et c'est tout simple.

— Eh ! s'écria madame de Castro, sais-je même si j'ai été généreuse? sais-je du moins jusqu'à quel point je le suis. Je pardonne dans l'ombre et au hasard ! Et c'est justement là-dessus que j'ai à vous interroger, Gabriel ; car je veux connaître dans toute son horreur ma destinée.

— Diane ! Diane ! c'est une curiosité fatale ! dit Gabriel.

— N'importe ! reprit Diane. Je ne resterai pas un jour de plus dans cette horrible perplexité ! Dites-moi, Gabriel, avez-vous acquis enfin la conviction que j'étais réellement votre sœur? ou bien avez-vous perdu absolument tout espoir de savoir la vérité sur cet étrange secret ? Répondez ! je vous le demande, je vous en supplie.

— Je répondrai, dit tristement Gabriel. Diane, il y a un proverbe espagnol qui dit que : Toujours, il faut caver au pire. Je me suis donc habitué, depuis notre séparation, à vous regarder dans ma pensée comme ma sœur. Mais la vérité est que je n'en ai pas acquis de nouvelles preuves.

Seulement, comme vous le disiez, je n'ai plus aucun espoir, aucun moyen d'en acquérir.

— Dieu du ciel ! s'écria Diane. Le... celui qui devait vous fournir ces preuves n'existait-il déjà plus lors de votre retour de Calais ?

— Il existait, Diane.

— Alors, je le vois, c'est qu'on ne vous a pas tenu la promesse sacrée qu'on vous avait faite ? Qui donc m'avait dit pourtant que le roi vous avait admirablement reçu ?...

— On a tenu rigidement, Diane, tout ce qu'on m'avait promis.

— Oh ! Gabriel ! avec quel air sinistre vous me dites cela ! Quelle effrayante énigme y a-t-il encore là-dessous, sainte Mère de Dieu !

— Vous l'avez exigé, vous allez tout savoir, Diane, dit Gabriel. Vous allez porter jusqu'au bout la moitié de mon secret d'épouvante. Aussi bien, je suis aise de voir ce que vous penserez de ma révélation, si vous persisterez, après l'avoir entendue, dans votre clémence, et si votre air, votre figure, vos gestes, ne démentiront point du moins vos paroles de pardon. Ecoutez !

— J'écoute et je tremble, Gabriel, dit Diane.

Alors Gabriel, d'une voix haletante et frémissante, raconta tout à madame de Castro, la réception du roi, comment Henri II lui avait encore renouvelé sa promesse, les représentations que madame de Poitiers et le connétable avaient paru lui faire, quelle nuit d'angoisse et de fièvre lui, Gabriel, il avait alors passée ; sa seconde visite au Châtelet, sa descente dans l'enfer de la prison pestiférée, le récit lugubre de monsieur de Sazerac, tout enfin !

Diane écoutait sans interrompre, sans s'écrier, sans bouger, muette et raide comme une statue de pierre, les yeux fixes dans leur orbite, les cheveux hérissés sur le front.

Il y eut une longue pause quand Gabriel eut achevé sa lugubre histoire. Puis, Diane voulut parler, elle ne le put pas. Sa voix restait dans sa poitrine émue. Gabriel regardait avec une sorte de joie terrible son trouble et son épouvante. Enfin, elle put jeter ce cri :

— Grâce pour le roi !

— Ah ! s'écria Gabriel, vous demandez grâce? vous le jugez donc criminel aussi ! Grâce? ah! c'est une condamnation ! Grâce? il mérite la mort, n'est-ce pas?

— Oh ! je n'ai pas dit cela, reprit Diane éperdue.

— Si fait ! vous l'avez dit! vous êtes de mon avis, je le vois, Diane ! Vous pensez, vous sentez comme moi. Seulement, nous concluons différemment selon nos natures. La femme demande grâce et l'homme demande justice !

— Ah ! s'écria Diane, imprudente et folle que je suis ! pourquoi vous ai-je fait venir au Louvre?

Au même instant, quelqu'un frappa doucement à la porte.

— Qui est là? que me veut-on encore? mon Dieu! dit madame de Castro.

André entr'ouvrit la porte.

— Excusez-moi, madame, dit-il, c'est un message du roi.

— Du roi ! répéta Gabriel dont le regard s'alluma.

— Pourquoi m'apporter cette lettre, André?

— Madame, elle est, m'a-t-on dit, pressée.

— Donnez, voyons. Que me veut le roi? Allez, André. S'il y a une réponse, je vous appellerai.

André sortit. Diane décacheta la lettre royale, et lut tout bas ce qui suit avec une terreur croissante :

« Ma chère Diane,

» On me dit que vous êtes au Louvre ; ne sortez pas, je
» vous prie, avant que je ne sois allé chez vous. Je suis au
» conseil qui va s'achever d'un moment à l'autre. En le
» quittant, je me rendrai sur-le-champ et sans suite à votre
» logement. Attendez-moi à toute minute.

» Il y a si longtemps que je ne vous ai vue seule ! Je
» suis triste, et j'aurais besoin de causer quelques instans
» avec ma fille bien-aimée. A tout à l'heure, donc.

» HENRI. »

Diane pâlissante froissa cette lettre dans sa main crispée, quand elle eut achevé de la lire.

Que devait-elle faire?

Congédier tout de suite Gabriel? Mais s'il rencontrait en s'en allant le roi qui, à tout instant, pouvait venir?

Retenir près d'elle le jeune homme? Mais le roi allait le trouver en entrant!

Prévenir le roi, c'était exciter des soupçons. Prévenir Gabriel, c'était provoquer sa colère en paraissant la craindre.

Un choc entre ces deux hommes si dangereux l'un pour l'autre semblait maintenant inévitable, et c'était elle, Diane, elle qui eût voulu les sauver au prix de son sang, qui avait amené cette rencontre fatale!

— Que vous mande le roi, Diane? demanda Gabriel avec un calme affecté que démentait le tremblement de sa voix.

— Rien, rien, en vérité! répondit Diane. Une recommandation pour la réception de ce soir.

— Je vous dérange peut-être, Diane, dit Gabriel. Je me retire.

— Non, non! restez! s'écria Diane vivement. Après cela pourtant, reprit-elle, si quelque affaire vous appelle au dehors sur-le-champ, je ne voudrais pas vous retenir.

— Cette lettre vous a troublée, Diane. Je crains de vous être importun et vais prendre congé de vous.

— Vous, importun, ami! le pouvez-vous penser! dit madame de Castro. N'est-ce pas moi qui suis allée vous chercher, en quelque sorte? Hélas! peut-être bien imprudemment, j'en ai peur. Je vous reverrai encore, mais non plus ici, chez vous. Dès que je pourrai m'échapper, j'irai vous voir, j'irai reprendre cet entretien terrible et doux. Je vous le promets. Comptez sur moi. Pour le moment, vous aviez raison, je vous avoue que je suis un peu préoccupée, un peu souffrante... J'ai comme la fièvre...

— Je le vois, Diane, et je vous quitte, reprit tristement Gabriel.

— A bientôt, ami, dit-elle. Allez, allez!

Elle marcha avec lui jusqu'à la porte de la chambre.

— Si je le retiens, pensait-elle en le reconduisant, il est certain qu'il verra le roi; s'il s'éloigne dans l'instant, il y a du moins une chance pour qu'il ne le rencontre pas.

Cependant elle hésitait, doutait et tremblait encore.

— Pardon, un dernier mot, Gabriel, dit-elle toute hors d'elle-même, sur le seuil de la porte. Mon Dieu ! votre récit m'a tellement bouleversée !... j'ai peine à rassembler mes idées... Que voulais-je vous demander ?... Ah ! j'y suis. Un mot seulement, un mot d'importance. Vous ne m'avez toujours pas dit ce que vous aviez intention de faire ? J'ai crié grâce ! et vous criez justice ! Cette justice comment espérez vous donc l'obtenir ?

— Je n'en sais rien encore, dit Gabriel d'un air sombre. Je me fie à Dieu, à l'événement et à l'occasion.

— A l'occasion ? répéta Diane en frissonnant. A l'occasion ? Qu'entendez-vous par là ? Oh ! rentrez, rentrez ! Je ne veux pas vous laisser partir, Gabriel, que vous ne m'ayez expliqué ce mot : à l'occasion. Restez, je vous en conjure.

Et, le prenant par la main, elle le ramenait dans la chambre.

— S'il rencontre le roi hors d'ici, pensait la pauvre Diane, ils seront seul à seul, le roi sans suite, Gabriel l'épée au côté. Du moins, si je suis là, je pourrai me précipiter entre eux, supplier Gabriel, me jeter au devant du coup. Il faut que Gabriel reste.

— Je me sens mieux, dit-elle tout haut. Restez, Gabriel, reprenons cette conversation, donnez-moi l'explication que j'attends. Je me sens beaucoup mieux.

— Non, Diane, vous êtes encore plus agitée que tout à 'heure, reprit Gabriel. Et savez-vous quelle pensée me vient à l'esprit, et quelle cause je devine à vos terreurs ?

— Non, vraiment, Gabriel, comment voulez-vous que je sache ?...

— Eh bien ! dit Gabriel, si tout à l'heure votre cri de grâce avouait que pour vous le crime était patent, vos appréhensions de maintenant, Diane, déclarent qu'à vos yeux la punition serait légitime. Vous redoutez pour le coupable ma vengeance ; donc, vous la comprendriez. ous me retenez ici pour prévenir des représailles possies q i vous effraient, mais qui ne vous étonneraient pas, dites? qui vous sembleraient toutes simples, n'est-ce pas?

Diane tressaillit, tant le coup avait frappé juste!

Néanmoins, rassemblant toute son énergie :

— Oh! Gabriel, dit-elle, comment croyez-vous que je puisse concevoir de vous de telles pensées? Vous, mon Gabriel, un meurtrier! Vous, frapper par surprise quelqu'un qui ne se défendrait pas! C'est impossible! Ce serait plus qu'un crime, ce serait une lâcheté! Vous vous imaginez que je vous retiens? Erreur! Allez! partez! je vous ouvre les portes. Je suis bien tranquille, mon Dieu! Bien tranquille sur ce point, du moins. Si quelque chose me trouble, ce n'est pas une pareille idée, je vous en réponds. Quittez-moi, quittez le Louvre en paix. Je retournerai chez vous achever notre entretien. Allez, mon ami, allez. Vous voyez comme je veux vous garder!

En parlant ainsi, elle l'avait conduit jusque dans l'antichambre.

Le page s'y trouvait. Diane pensa bien à lui ordonner d'accompagner Gabriel jusque hors du Louvre. Mais cette précaution eût encore trahi sa défiance.

Arrivée là cependant, elle ne put s'empêcher d'appeler André d'un signe, et de lui demander à l'oreille :

— Savez-vous si le conseil est terminé?

— Pas encore, madame, répondit tout bas André. Je n'ai pas vu sortir les conseillers de la grand'chambre.

— Adieu, Gabriel, reprit tout haut Diane avec vivacité. Adieu, ami. Vous me forcez à vous renvoyer presque, pour vous prouver que je ne vous retiens pas. Adieu, mais à bientôt.

— A bientôt, dit avec un sourire mélancolique le jeune homme en lui serrant la main.

Il partit. Elle resta à le regarder jusqu'à ce que la dernière porte se fût refermée sur lui.

Puis, rentrant dans sa chambre, elle tomba à genoux, les yeux en pleurs, le cœur palpitant, devant son prie-Dieu.

— O mon Dieu! mon Dieu! disait-elle, veillez, au nom de Jésus! sur celui qui est peut-être mon frère, sur celui qui est peut-être mon père. Préservez l'un de l'autre les êtres que j'aime, ô mon Dieu! Vous seul le pouvez maintenant.

IX.

OCCASION.

Malgré les efforts qu'elle avait faits pour l'empêcher, ou plutôt à cause de ces efforts, ce que madame de Castro avait prévu et craint se réalisa.

Gabriel était sorti de chez elle tout triste et tout troublé. La fièvre de Diane l'avait gagné en quelque sorte, et offusquait ses yeux, confondait ses pensées.

Il allait machinalement par les escaliers et les corridors connus du Louvre, sans faire beaucoup attention aux objets extérieurs.

Néanmoins, sur le point d'ouvrir la porte de la grande galerie, il se rappela qu'à son retour de Saint-Quentin, c'était là qu'il avait rencontré Marie Stuart et que l'intervention de la jeune reine-dauphine lui avait permis d'arriver jusqu'au roi, auprès duquel l'attendait une première déception.

Car on ne l'avait pas trompé et outragé qu'une fois! c'était à plusieurs reprises qu'on avait frappé de mort son espérance! Après une première duperie, il eût bien dû s'habituer et s'attendre à ces interprétations exagérées et lâches de la lettre d'un traité sacré!

Tandis que Gabriel roulait dans son esprit ces irritans souvenirs, il ouvrait la porte, et entrait dans la galerie.

Tout à coup il frémit, recula d'un pas et s'arrêta comme pétrifié.

A l'autre extrémité de la galerie, la porte parallèle venait de s'ouvrir.

Un homme était entré.

Cet homme, c'était Henri II, Henri, l'auteur, ou du moins

le principal complice de ces criminelles déceptions qui avaient à jamais désolé et perdu l'âme et la vie de Gabriel !

Le roi s'avançait seul, sans armes et sans suite.

L'offenseur et l'offensé, pour la première fois depuis l'outrage, se trouvaient en présence, seuls et séparés l'un de l'autre par une distance de cent pas à peine, qu'en vingt secondes et en vingt bonds l'on pouvait franchir.

Nous avons dit que Gabriel s'était arrêté court, immobile et glacé comme une statue, comme la statue de la *Vengeance* ou de la *Haine*.

Le roi aussi s'arrêta, en apercevant subitement celui que, depuis près d'un an, il n'avait encore revu que dans ses songes.

Ces deux hommes demeurèrent ainsi près d'une minute sans bouger, comme fascinés l'un par l'autre.

Dans le tourbillon de sensations et d'idées qui remplissaient de ténèbres le cœur de Gabriel, le jeune homme éperdu ne savait choisir aucune réflexion, trouver aucune résolution. Il attendait.

Quant à Henri, malgré son courage éprouvé, ce qu'il ressentait, oui, c'était bien de l'effroi !

Pourtant il redressa le front à cette idée, chassa toute lâche velléité et prit son parti.

Appeler c'eût été craindre, se retirer c'eût été fuir.

Il s'avança vers la porte où Gabriel restait cloué.

Aussi bien, une force supérieure, une sorte d'entraînement invincible et fatal l'appelait, le poussait vers ce pâle fantôme qui semblait l'attendre !

Il commençait à subir le vertige de sa destinée.

Gabriel le voyait marcher ainsi vers lui avec une espèce de satisfaction aveugle et instinctive, mais il ne parvenait à dégager aucune pensée des nuages qui obscurcissaient son esprit.

Il mit seulement la main sur la garde de son épée.

Quand le roi ne fut plus qu'à quelques pas de Gabriel, cette crainte qu'il avait déjà repoussée le reprit, et lui serra le cœur comme dans un étau.

Il se disait vaguement que sa dernière heure était venue, et que c'était juste.

Pourtant, il s'approchait toujours. Ses pieds semblaient le porter en avant d'eux-mêmes, et sans que sa volonté endormie y eût part. Les somnambules doivent marcher ainsi.

Lorsqu'il se trouva tout à fait devant Gabriel. qu'il put entendre son souffle et qu'il eut pu toucher sa main, il porta, dans son trouble étrange, la main à sa toque de velours, et salua le jeune homme.

Gabriel ne lui rendit pas ce salut. Il garda son attitude de marbre, et sa main pétrifiée ne quitta pas son épée pour son chapeau.

Pour le roi, Gabriel n'était plus un sujet, mais un représentant de Dieu devant lequel on s'incline.

Pour Gabriel Henri n'était plus un roi, mais un homme qui avait tué son père. et auquel il ne pouvait devoir que de la haine.

Cependant, il le laissa passer sans rien lui faire et sans rien lui dire.

Le roi, de son côté, passa sans se retourner, sans s'étonner du manque de respect.

Quand la porte se fut refermée entre ces deux hommes, et que le charme fut rompu, chacun d'eux se réveilla, se frotta les yeux et se demanda :

— N'était-ce pas un rêve?

Gabriel sortit lentement du Louvre. Il ne regrettait pas l'occasion perdue, il ne se repentait pas de l'avoir laissé échapper.

Il éprouvait plutôt une espèce de joie confuse.

— Voici ma proie qui vient à moi, pensait-il, la voilà qui tourne autour de mes filets, et qui se rapproche de mon épieu.

Il dormit cette nuit à comme il n'avait pas dormi depuis longtemps.

Le roi n'était pas si tranquille! Il se rendit chez Diane qui l'attendait, et qui le reçut, on devine avec quels transports!

Mais Henri fut distrait et inquiet. Il n'osa parler du comte de Montgommery. Il se disait pourtant que Gabriel sortait sans doute de chez sa fille quand il l'avait rencontré. Mais il ne voulut point approfondir cela : seulement, lui qui était venu pour une effusion de confiance, il conserva pendant toute sa visite un air de défiance et de contrainte.

Puis il rentra chez lui sombre et triste. Il se sentait mécontent de lui-même et des autres. Il ne dormit pas de la nuit.

Il lui semblait qu'il était entré dans un labyrinthe d'où il ne sortirait pas vivant.

— Cependant, se disait-il, je m'offrais en quelque sorte aujourd'hui à l'épée de cet homme. Il est donc certain qu'il ne veut pas me tuer !

Le roi, pour se distraire et s'étourdir, ne voulut pas rester à Paris. Pendant les jours qui suivirent cette rencontre du comte de Montgommery, il alla successivement à Saint-Germain, à Chambord et chez Diane de Poitiers, au château d'Anet.

Vers la fin de ce mois de juin, il était à Fontainebleau.

Et partout il déployait le plus d'activité possible, et semblait vouloir éteindre sa pensée dans le bruit, le mouvement et l'action.

Les fêtes prochaines du mariage de sa fille Elisabeth avec le roi Philippe II donnaient à ce besoin fébrile d'activité un aliment et un prétexte.

A Fontainebleau, il voulut offrir à l'ambassadeur d'Espagne le spectacle d'une grande chasse à courre dans la forêt. Cette chasse fut fixé par lui au 23 juin.

La journée s'annonça comme devant être chaude et lourde. Le temps était à l'orage.

Henri ne contremanda pas néanmoins les ordres donnés. Une tempête c'est encore du bruit.

Il voulut monter son cheval le plus impétueux et le plus rapide, et se livra à la chasse avec une sorte de fureur.

Il y eut même un moment où, emporté par son ardeur et l'ardeur de son cheval, il dépassa tous ceux qui le suivaient, perdit la chasse de vue et s'égara dans la forêt.

Les nuages s'amoncelaient au ciel, de sourds grondemens retentissaient au loin. L'orage allait éclater.

Henri, penché sur son cheval écumant, dont il n'essayait pas de ralentir la course, mais qu'il pressait plutôt de la voix et de l'éperon, allait, allait, plus vite que le vent, parmi les arbres et les pierres ; ce galop vertigineux lui plaisait, et il riait tout haut et tout seul.

Pendant quelques instans, il avait oublié.

Tout à coup son cheval se cabra, effrayé ; un éclair venait de déchirer la nue, et le fantôme soudain d'une de ces roches blanches qui abondent dans la forêt de Fontainebleau s'était dressé à l'angle d'un sentier.

Le tonnerre en éclatant redoubla la peur du cheval ombrageux. Il s'élança tout effaré. Son brusque mouvement en arrière avait cassé la bride près du mors. Henri n'en était plus maître.

Alors commença une course furieuse, terrible, insensée.

Le cheval à la crinière raidie, aux flancs fumans, aux jarrets d'acier, fendait l'air comme un flèche.

Le roi, penché sur son cou pour ne pas tomber, les cheveux hérissés, les habits au vent, cherchait vainement à reprendre la bride qui lui eût d'ailleurs été inutile.

Si quelqu'un les eût vu passer ainsi dans la tempête, il les eût pris à coup sûr pour une vision infernale et n'eût pensé qu'à faire le signe de la croix.

Mais personne n'était même là ! pas une âme vivante, pas une chaumière habitée. Cette dernière chance de salut qu'offre à l'homme en péril la présence de son semblable, manquait au cavalier couronné.

Pas un bûcheron, pas un mendiant, pas un braconnier, pas un voleur pour sauver ce roi !

Et la pluie ruisselante, et les coups de plus en plus rapprochés de la foudre, accéléraient de plus en plus le galop éperdu du cheval terrifié.

Henri, de ses yeux égarés, tâchait vaguement de reconnaître le sentier de la forêt que suivait sa course mortelle.

Il se reconnut à certaine éclaircie d'arbres, et il frémit.

Le sentier menait droit au sommet d'une roche escarpée, qui surplombait à pic sur un trou profond, un abîme !

Le roi s'efforça d'arrêter le cheval de la main, de la voix. Rien n'y fit.

Se laisser tomber, c'était aller se briser le front sur quelque tronc d'arbre ou quelque saillie de granit. Mieux valait n'employer qu'au dernier moment cette ressource désespérée.

Mais en tout cas, Henri se sentait perdu, et déjà recommandait à Dieu son âme pleine de remords et pleine d'épouvante.

Il ne savait même pas au juste à quel endroit du sentier il se trouvait, et si le précipice était près ou loin.

Mais il devait être près, et le roi, à tous risques, allait se laisser glisser à terre...

En jetant devant lui un dernier regard au loin, il aperçut, au bout du sentier, un homme, à cheval comme lui, mais arrêté à l'abri sous un chêne.

Cet homme, il ne pouvait le reconnaître à cette distance. D'ailleurs, un manteau long et un chapeau à larges bords cachaient ses traits et sa tournure. Mais c'était sans nul doute quelque gentilhomme égaré aussi dans la forêt.

Dès-lors Henri était sauvé. Le sentier était étroit, et l'inconnu n'avait qu'à pousser son cheval en avant pour barrer le passage à celui du roi, ou seulement à allonger la main pour l'arrêter dans sa course.

Rien de plus facile, et, quand même il y aurait eu à cela quelque danger, l'homme, en reconnaissant le roi, ne devait pas hésiter à courir ce danger pour sauver son maître.

En vingt fois moins de temps qu'on n'en met à lire ceci, les trois ou quatre cents pas qui séparaient Henri de son sauveur avaient été franchis.

Henri, pour l'avertir, jeta vers lui un cri de détresse en agitant son bras levé.

L'homme le vit et fit un mouvement. Il s'apprêtait sans doute.

Mais, ô terreur ! le cheval emporté passa devant lui sans que l'étrange cavalier fît pour le retenir le plus imperceptible geste.

Il sembla même s'être un peu reculé pour éviter tout choc possible.

Le roi poussa un second cri non plus d'appel et de prière, cette fois, mais de rage et de désespoir.

Cependant il croyait sentir sous les pieds de fer de son cheval sonner la pierre et non plus le sol.

Il était arrivé au rocher fatal.

Il prononça le nom de Dieu, dégagea son pied de l'étrier, et, à tout hasard, se laissa aller à terre.

La secousse l'envoya rouler à quinze pas de là. Mais, par un vrai miracle, il tomba sur un tertre de mousse et d'herbe, et ne se fit point de mal. Il était temps ! l'abîme s'ouvrait à vingt pas de là.

Quant à son cheval, étonné de ne plus sentir son fardeau, il parut ralentir un peu son élan ; si bien qu'arrivé sur le bord du gouffre, il eut le temps de le mesurer, et, par un dernier instinct, de se rejeter violemment en arrière, l'œil agrandi, les naseaux fumans, la crinière échevelée.

Mais si le roi l'eût monté encore, ce temps subit d'arrêt l'eût justement précipité dans l'abîme.

Aussi, après avoir élevé vers Dieu, qui l'avait si évidemment protégé, une fervente action de grâce ; après avoir rejoint, calmé et remonté son cheval; la première pensée de Henri fut de courir, plein de colère, sur cet homme qui, sans l'intervention divine, l'eût laissé si lâchement périr.

L'inconnu était resté à la même place, toujours immobile sous les plis de son manteau noir.

— Misérable ! lui cria en s'approchant le roi quand il fut à portée de se faire entendre. N'as-tu donc pas vu mon danger ? Ne m'as-tu pas reconnu, régicide ? Et, quand ce n'eût pas été ton roi, ne devais-tu pas sauver tout homme en un tel péril, puisque tu n'avais pour cela qu'à étendre le bras, infâme !

L'homme ne bougea pas, ne répondit pas ; il releva seulement un peu sa tête que dérobait aux yeux de Henri son large feutre.

Le roi frémit en reconnaissant la figure pâle et morne de Gabriel. Dès lors, il se tut, et, courbant le front :

— Le comte de Montgommery ! murmura-t-il tout bas : alors je n'ai rien à dire.

Et, sans ajouter une parole, il donna de l'éperon à son cheval, et rentra au galop dans la forêt.

— Il ne me tuerait pas, se disait-il pris d'un frisson mortel, mais il paraît qu'il me laisserait mourir.

Pour Gabriel, resté seul, il se répéta avec un sourire lugubre:

— Je sens ma proie venir et l'heure s'approcher.

X.

ENTRE DEUX DEVOIRS.

Les contrats de mariage d'Elisabeth et de Marguerite de France devaient être signés le 28 juin au Louvre. Le roi, dès le 25, était donc de retour à Paris, plus triste et plus préoccupé que jamais.

Depuis cette dernière apparition de Gabriel surtout, sa vie était devenue un supplice. Il fuyait la solitude et voulait constamment des distractions à la sombre pensée dont il était pour ainsi dire possédé.

Il n'avait cependant parlé non plus de cette seconde rencontre à personne. Mais il avait à la fois envie et peur de s'épancher là-dessus avec quelqu'un de dévoué et de fidèle. Car pour lui il ne savait plus que croire et que résoudre, et l'idée funeste, à force d'être regardée par lui en face, s'était entièrement brouillée dans son esprit.

Il se décida à s'en ouvrir avec Diane de Castro.

Diane avait certainement revu Gabriel ; c'était de chez elle que le jeune comte sortait, sans nul doute, quand il l'avait vu la première fois. Diane savait donc peut-être ses desseins. Elle pouvait, elle devait ou rassurer sur ce point ou prévenir son père ! Et Henri, malgré les doutes amers dont il était sans cesse assailli, ne croyait pas sa fille bien-aimée coupable ou complice d'une trahison envers lui.

Un secret instinct semblait l'avertir que Diane n'était pas moins troublée que lui. Madame de Castro, en effet, si elle ignorait les deux chocs étranges qui venaient d'avoir lieu déjà entre les destinées du roi et de Gabriel, ignorait aussi ce qu'était devenu depuis quelques jours ce dernier. André, qu'elle avait envoyé plusieurs fois à l'hôtel de la rue des Jardins-Saint-Paul pour y prendre des informations, n'en avait rapporté aucune. Gabriel avait de nouveau disparu de Paris. Nous l'avons vu sur les traces du roi à Fontainebleau.

Dans l'après-midi du 26 juin, Diane était seule, toute pensive, dans sa chambre. Une de ses femmes, accourant précipitamment, lui annonça la visite du roi.

Henri était grave comme à son ordinaire. Après les premiers complimens, il entra tout de suite en matière, comme pour se débarrasser d'abord de ces importuns soucis.

— Ma chère Diane, dit-il en plongeant ses yeux dans les yeux de sa fille, il y a bien longtemps que nous n'avons parlé ensemble de monsieur le vicomte d'Exmès, qui a pris maintenant le titre de comte de Montgommery. Y a-t-il aussi longtemps que vous ne l'avez vu, dites?

Diane, au nom de Gabriel, pâlit et frémit. Mais se remettant de son mieux :

— Sire, répondit-elle, j'ai revu une seule fois monsieur d'Exmès depuis mon retour de Calais.

— Et où l'avez-vous vu, Diane? demanda le roi.

— Au Louvre, ici même, Sire.

— Il y a quinze jours environ, n'est-il pas vrai? dit Henri.

— En effet, Sire, répondit madame de Castro, il peut y avoir quinze jours.

— Je m'en doutais, reprit le roi.

Il fit une pause comme pour reconnaître ses nouvelles pensées...

Diane le regardait avec attention et crainte, en essayant de deviner le motif de cet interrogatoire inattendu.

Mais la physionomie sérieuse de son père lui parut impénétrable.

— Sire, excusez-moi, dit-elle alors rassemblant tout son courage, oserai-je demander à Votre Majesté pourquoi, après le long silence qu'elle a en effet gardé avec moi sur celui qui m'a sauvé à Calais de l'infamie, aujourd'hui, à cette heure, elle me fait l'honneur de cette visite tout exprès, j'imagine, pour me questionner sur son compte?

— Vous désirez le savoir, Diane? dit le roi.

— Sire, j'ai cette audace, reprit-elle.

— Soit donc, vous saurez tout, poursuivit Henri, et je souhaite que ma confiance invite et provoque la vôtre. Vous m'avez dit souvent que vous m'aimiez, mon enfant?

— Je l'ai dit et je le répète, Sire, s'écria Diane ; je vous aime comme mon roi, comme mon bienfaiteur et comme mon père.

— Je puis tout révéler à ma tendre et loyale fille, dit le roi ; or, écoutez-moi bien, Diane.

— Je vous écoute avec toute mon âme, Sire.

Henri raconta alors ses deux rencontres avec Gabriel : la première dans la galerie du Louvre, la seconde dans la forêt de Fontainebleau. Il dit à Diane l'étrange attitude de rébellion muette qu'avait gardée le jeune homme, et comment la première fois il n'avait pas voulu saluer son roi, comment la seconde il n'avait pas voulu le sauver.

Et Diane à ce récit ne sut point dissimuler sa tristesse et son effroi. Le conflit qu'elle redoutait tant entre Gabriel et le roi s'était déjà produit dans deux occasions, et pouvait se reproduire plus dangereux et plus terrible encore.

Henri, sans paraître s'apercevoir de l'émotion de sa fille, termina en disant :

— Ce sont là de graves offenses, n'est-il pas vrai, Diane? Ce sont presque des crimes de lèse-majesté! Et cependant, j'ai caché à tous ces injures et dissimulé mon ressentiment, parce que ce jeune homme a souffert à cause de moi dans le temps, malgré les glorieux services qu'il avait rendus à mon royaume, et dont il aurait dû sans doute être mieux récompensé...

Et fixant sur Diane son regard pénétrant :

— J'ignore, continua le roi, je veux ignorer, Diane, si vous avez eu connaissance de mes torts envers monsieur d'Exmès ; je veux seulement que vous sachiez que mon silence m'a été dicté par le sentiment et le regret de ces torts... Mais ce silence n'est-il pas imprudent aussi ? Ces outrages n'en présagent-ils pas d'autres plus graves encore? Ne dois-je pas enfin prendre garde à monsieur d'Exmès? C'est là-dessus, Diane, que j'ai voulu amicalement venir vous consulter.

— Je vous remercie de cette confiance, Sire, répondit douloureusement madame de Castro, ainsi placée entre les devoirs de deux affections.

— Cette confiance est toute naturelle, Diane, reprit le roi. Eh bien?... ajouta-t-il, voyant que sa fille hésitait.

— Eh bien ! Sire, reprit Diane avec effort, je crois que Votre Majesté a raison... et qu'elle agira peut-être sagement... en faisant attention à monsieur d'Exmès...

— Pensez-vous donc, Diane, que ma vie coure des dangers? dit Henri.

— Oh ! je ne dis pas cela, Sire ! s'écria Diane vivement. Mais enfin monsieur d'Exmès paraît avoir été blessé profondément, et l'on peut craindre...

La pauvre Diane s'arrêta toute tremblante et le front baigné de sueur. Cette espèce de dénonciation, que lui arrachait la contrainte morale, répugnait à ce noble cœur.

Mais Henri interpréta sa souffrance d'une toute autre façon.

— Je vous comprends Diane ! dit-il en se levant et en marchant à grands pas dans la chambre. Oui, je le pressentais bien ; vous voyez, il faut que je me défie de ce jeune homme... Mais vivre sans cesse avec cette épée de Damoclès sur ma tête, c'est impossible. Les rois ont d'autres obligations que les autres gentilshommes. Je vais faire en sorte que l'on s'assure de monsieur d'Exmès.

Et il fit un pas comme pour sortir ; mais Diane se jeta au devant de lui.

Quoi ! Gabriel allait être accusé, livré, fait prisonnier peut-être ! Et c'était elle, Diane, qui l'aurait trahi !... Elle ne put supporter cette idée. Après tout, les paroles de Gabriel n'avaient pas été si menaçantes !...

— Sire, un moment !... s'écria-t-elle. Vous vous méprenez, je vous jure que vous vous méprenez ! Je n'ai pas dit le moins du monde qu'il y eût péril pour votre tête deux fois sacrée. Rien, dans les confidences de monsieur d'Exmès, n'a pu me faire supposer la pensée d'un crime. Sans cela, grand Dieu ! ne vous aurais-je pas tout révélé ?

— C'est juste, dit Henri en s'arrêtant. Mais alors que vouliez-vous dire, Diane ?

— Je voulais dire seulement, Sire, que Votre Majesté ferait bien d'éviter autant que possible ces rencontres fâcheuses où un sujet offensé pourrait oublier le respec dû à son roi. Mais d'un manque de respect à un régicide, il y a loin, Sire. Sire, serait-il digne de vous de réparer un premier tort par une autre iniquité ?...

— Non, certes, ce n'était point mon intention, dit le roi; la preuve en est que je me suis tû. Et puisque vous dissipez mes soupçons, Diane, que vous répondez de ma sûreté devant votre conscience et Dieu, et que, selon vous, je puis être tranquille...

— Être tranquille ! interrompit Diane en frémissant. Mais je ne me suis pas non plus avancée jusque-là , Sire. De quelle terrible responsabilité m'accablez-vous ? Votre Majesté devra peut-être au contraire veiller, se tenir sur ses gardes...

— Non, dit le roi, je ne puis toujours craindre et toujours trembler ? Depuis deux semaines je n'existe plus. Il faut en finir. De deux choses l'une : ou, confiant en votre parole, Diane, je vais m'abandonner tranquille à mon sort et à ma vie, penser au royaume et non à mon ennemi, ne plus du tout m'occuper enfin du vicomte d'Exmès ; ou bien je vais faire mettre l'homme qui m'en veut hors d'état de me nuire, dénoncer à qui de droit ses insultes, et, trop haut placé et trop fièrement inspiré pour me défendre moi-même, laisser ce soin à ceux dont le devoir est de garder ma personne.

— Qui sont donc ceux-là, Sire ? demanda Diane.

— Mais, dit le roi, monsieur de Montmorency d'abord, connétable et chef de l'armée.

— Monsieur de Montmorency ! répéta Diane en frissonnant.

Ce nom abhorré de Montmorency lui rappelait à la fois tous les malheurs du père de Gabriel, sa longue et dure captivité et sa mort. Si Gabriel, à son tour, tombait entre les mains du connétable, un sort pareil lui était promis, il était perdu !

Diane vit devant les yeux de sa pensée celui qu'elle avait tant aimé plongé dans un cachot sans air, y mourant en une nuit, ou, chose plus terrible ! en vingt ans, et mourant en accusant Dieu, les hommes et surtout Diane, qui, sur quelques paroles incertaines et équivoques, l'aurait lâchement livré.

Rien ne prouvait que la vengeance de Gabriel voulût ou put atteindre le roi ; il était certain que la rancune de monsieur de Montmorency n'épargnerait pas Gabriel.

Diane, en quelques secondes, se représenta à l'esprit tout cela, et quand le roi, posant définitivement la question, lui demanda :

— Eh bien ! Diane, quel conseil me donnez-vous ? Comme vous pouvez mieux que moi conjecturer les dangers que je cours, votre parole sera ma loi. Dois-je ne plus m'occuper de monsieur d'Exmès, ou m'en occuper au contraire ?

— Sire, répondit Diane qu'effraya l'accent de ces dernières paroles du ro ,je n'ai pas à donner à Votre Majesté d'autre conseil que celui de sa conscience. Si tout autre qu'un homme offensé par vous, Sire, vous eût manqué de respect sur votre chemin ou vous eût abandonné traîtreusement à votre danger, vous ne seriez pas venu me consulter, je pense, pour tirer un juste châtiment du coupable. Quelque impérieux motif a donc engagé Votre Majesté au silence du pardon. Or, je ne vois pas de raison pour qu'elle cesse d'agir comme elle a commencé de le faire. Car, enfin, monsieur d'Exmès, si la pensée d'un crime pouvait lui être venue, ne pourrait, ce me semble, attendre deux occasions meilleures que celles qui se sont offertes à lui dans une galerie solitaire du Louvre, et dans la forêt de Fontainebleau, sur le bord d'une fondrière...

— Cela suffit, Diane, dit Henri, et je ne vous demandais pas autre chose. Vous avez effacé de mon âme un grave souci, je vous en remercie, chère enfant. Ne parlons plus de ceci. Je vais pouvoir songer en toute liberté d'esprit aux fêtes de nos mariages. Je veux qu'elles soient splendides, je veux aussi que vous y soyez splendide, entendez-vous, Diane ?

— Que Votre Majesté m'excuse, dit Diane, mais je voulais lui demander justement la permission de ne point paraître à ces réjouissances. J'aimerais mieux, s'il faut l'avouer, rester dans ma solitude.

— Eh quoi ! dit le-roi, mais ne savez-vous pas, Diane, que ce sera une pompe toute royale ? Il y aura des jeux et des tournois les plus beaux du monde, et je serai moi-même un des tenans de la lice. Quelle affaire peut donc vous écarter de ces spectacles magnifiques, ma fille aimée ?

— Sire, reprit Diane d'un ton grave, j'ai à prier...

Quelques minutes après, le roi quittait madame de Castro, l'âme allégée d'une partie de ses angoisses.

Mais ces angoisses, il les laissait toutes au cœur de la pauvre Diane.

XI.

PRÉSAGES.

Le roi, dès-lors, à peu près délivré des inquiétudes qui l'attristaient, pressa de toute son activité les préparatifs de ces fêtes magnifiques qu'il voulait donner à sa bonne ville de Paris, à l'occasion des heureux mariages de sa fille Elisabeth avec Philippe II, et de sa sœur Marguerite avec le duc de Savoie.

Mariages bien heureux, en effet, et qui méritaient certes d'être célébrés par tant de réjouissance ! Le poëte de *don Carlos* a dit de façon qu'il n'y ait plus à le redire où aboutit le premier. Nous allons voir ce qu'amenèrent les préliminaires du second.

Le contrat de ce mariage de Philibert Emmanuel avec la

princesse Marguerite de France devait être signé le 28 juin.

Henri annonça que ce 28, et les deux jours suivans, il y aurait aux Tournelles lice ouverte pour tournois et autres jeux chevaleresques.

Et, sous prétexte de mieux honorer les deux époux, mais en réalité dans le but de satisfaire son goût passionné pour ces sortes de joutes, le roi déclara qu'il serait lui-même au nombre des tenans.

Mais le matin du 28 juin, la reine Catherine de Médicis, qui pourtant ne sortait guère en ce temps-là de sa retraite, fit demander avec instance un entretien au roi.

Henri, cela va sans dire, acquiesça tout d'abord à ce désir de sa femme et de sa dame.

Catherine entra tout émue dans la chambre du roi.

— Ah ! cher Sire, s'écria-t-elle, dès qu'elle le vit, au nom de Jésus ! je vous en conjure, jusqu'à la fin de ce mois de juin, ne sortez pas du Louvre.

— Et pourquoi cela, madame ? demanda Henri, étonné de ce brusque débat.

— Sire, il doit vous arriver malheur ces jours-ci, reprit la Florentine.

— Qui vous a dit cela ? fit le roi.

— Votre étoile, Sire, observée cette nuit par moi et mon astrologue italien, avec les signes les plus menaçans de danger, de danger mortel.

Il faut savoir que Catherine de Médicis commençait dès lors à se livrer à ces pratiques de magie et d'astrologie judiciaire, qui, s'il faut en croire les mémoires du temps, lui mentirent rarement dans tout le cours de sa vie.

Mais Henri II était fort incrédule à l'endroit des astres, et répondit à la reine, en riant :

— Eh ! madame, si mon étoile m'annonce un danger, il m'atteindra aussi bien ici que dehors.

— Non, Sire, répondit Catherine, c'est sous le ciel et à l'air libre que le péril vous attend.

— Vraiment ? c'est peut-être alors quelque coup de vent, dit Henri.

— Sire, ne plaisantez pas sur ces choses ! reprit la reine. Les astres sont la parole écrite de Dieu.

— Eh bien ! il faut convenir alors, dit Henri, que l'écriture divine est en général bien obscure et bien embrouillée.

— Comment cela Sire ?

— Les ratures y rendent, je pense, le texte inintelligible ; de telle sorte que chacun peut y déchiffrer à peu près ce qu'il veut. Vous avez vu, n'est-il pas vrai, madame, dans le grimoire céleste, que ma vie était menacée si je quittais le Louvre ?

— Oui, Sire.

— Eh bien ! Forcatel y a vu, le mois passé, autre chose. Vous estimez Forcatel, je crois, madame ?

— Oui, dit la reine, c'est un savant homme ! qui lit déjà là où nous ne faisons encore qu'épeler.

— Apprenez donc, madame, reprit le roi, que Forcatel a lu pour moi, dans vos astres, ce beau vers qui n'a d'autre défaut que d'être inintelligible :

« Si ce n'est Mars, redoutez son image. »

— En quoi cette prédiction infirme-t-elle celle que je vous apporte ? dit Catherine.

— Attendez, madame ! reprit Henri. J'ai là quelque part ma nativité qui fut composée l'an dernier. Vous rappelez-vous ce qu'elle me présage ?

— Mais assez vaguement, Sire.

— D'après cette nativité, madame, il est écrit que je mourrai en duel : ce qui sera rare et nouveau pour un roi, assurément ! Mais un duel, ce n'est pas l'image de Mars, il me semble, c'est bien Mars lui-même, à mon humble avis.

— Que concluez-vous, Sire, de ceci ? dit Catherine.

— Mais, madame, que, puisque toutes les prédictions sont contradictoires, il est plus sûr de ne croire à aucune d'elles. Ces menteuses se démentent les unes les autres, vous voyez bien !

— Et Votre Majesté quittera le Louvre ces jours-ci ? demanda Catherine.

— En toute autre circonstance, dit le roi, je serais heureux, madame, de vous être agréable en y demeurant avec vous. Mais j'ai promis et annoncé publiquement que j'irais à ces fêtes : je dois y aller.

— Au moins, Sire, vous ne descendrez pas dans la lice? reprit Catherine.

— Ici encore, ma parole donnée m'oblige, à mon grand regret, de vous refuser, madame. Mais quel danger y a-t-il dans ces jeux? Je vous suis reconnaissant du fond du cœur de votre sollicitude ; pourtant, laissez-moi vous dire que de telles craintes sont chimériques, et qu'y céder serait faire croire faussement aux périls de ces gentils et plaisans tournois, que je ne veux pas du tout qu'à cause de moi l'on abolisse.

— Sire, reprit Catherine de Médicis vaincue, je suis habituée à céder à votre volonté. Encore aujourd'hui je me résigne, mais avec la douleur et l'effroi dans le cœur.

— Et vous viendrez aux Tournelles, n'est-ce pas, madame? dit le roi en baisant la main de Catherine, ne fût-ce que pour applaudir à mes coups de lance, et vous convaincre par vous-même de l'aveuglement de vos craintes.

— Je vous obéirai jusqu'au bout, Sire, lui dit la reine en se retirant.

Catherine de Médicis assista, en effet, avec toute la cour, moins Diane de Castro, à ce premier tournoi, où, tout le jour, le roi courut des lances contre tout venant.

— Eh bien! madame, les étoiles avaient donc tort! dit-il en riant, le soir, à la reine.

Catherine secoua tristement la tête.

— Hélas! le mois de juin n'est pas fini, dit-elle.

Mais le second jour, 29 juin, ce fut de même : Henri ne quitta pas la lice, et il y eut autant de bonheur que de hardiesse.

— Vous voyez, madame, que les astres se trompaient aussi pour aujourd'hui, dit-il encore à Catherine lorsqu'ils rentrèrent au Louvre.

— Ah! Sire, je n'en redoute que plus le troisième jour! s'écria la reine.

Ce dernier jour des tournois, 30 juin, un vendredi, devait être le plus beau et le plus brillant des trois, et clore dignement ces premières fêtes.

Les quatre tenans étaient :

Le roi, qui portait pour livrée blanc, et noir les couleurs de madame de Poitiers

Le duc de Guise, qui portait blanc et incarnat;

Alphonse d'Este, duc de Ferrare, qui portait jaune et rouge.

Jacques de Savoie, duc de Nemours, qui portait jaune et noir.

« C'étaient là, dit Brantôme, quatre princes des meilleurs hommes d'armes qu'on eût pu trouver, non pas seulement en France, mais en autres contrées. Aussi firent-ils tout ce jour-là merveilles, et ne savait-on à qui donner la gloire, encore que le roi fût un des plus excellens et des adroits à cheval de son royaume. »

Les chances, en effet, se partagèrent belles entre ces quatre habiles et renommés tenans, et les courses se succédaient, la journée s'avançait, sans qu'on pût dire à qui appartiendrait l'honneur du tournoi.

Henri II en était tout animé et tout enfiévré. Il était, dans ces jeux et passes d'armes, comme dans son élément, et il tenait à vaincre là autant peut-être que sur de vrais champs de bataille.

Cependant le soir venait, et les trompettes et clairons sonnèrent la dernière course.

Ce fut monsieur de Guise qui la fournit, et il le fit aux grands applaudissemens des dames et de la foule assemblée.

Puis la reine, qui respirait enfin, se leva.

C'était le signal du départ.

— Quoi ! est-ce donc fini ? s'écria le roi excité et jaloux. Attendez, mesdames, attendez ! n'est-ce pas à mon tour à courir ?

M. de Vieilleville fit observer au roi qu'il avait ouvert la lice le premier, que les quatre tenans avaient fourni un pareil nombre de courses, que l'avantage était, il est vrai, resté égal entre eux, et qu'il n'y avait pas de vainqueur; mais qu'enfin la lice était fermée et la journée finie.

— Eh ! reprit Henri avec impatience, si le roi entre le premier, il doit sortir le dernier. Je ne veux pas que cela finisse ainsi. Aussi bien voilà encore deux lances entières.

— Mais, Sire, reprit monsieur de Vieilleville, il n'y a plus d'assaillans.

— Si fait, dit le roi, tenez, celui-là qui a toujours tenu sa visière baissée et n'a pas couru encore. Qui est-ce, Vieilleville ?

— Sire, je ne sais pas..... je n'avais pas remarqué, dit Vieilleville.

— Eh ! monsieur ! dit Henri en s'avançant vers l'inconnu, vous allez, s'il vous plaît, rompre une lance, cette dernière lance avec moi.

L'homme fut un peu de temps sans répondre, puis enfin, d'une voix grave, profonde et émue :

— Que Votre Majesté, dit-il, me permette de refuser cet honneur.

Sans que Henri pût s'en rendre compte, le son de cette voix mêla un trouble étrange à l'impatience fébrile dont il était agité.

— Vous permettre de refuser ! non, je ne permets pas cela, monsieur, dit-il avec un mouvement nerveux de colère.

Alors l'inconnu leva silencieusement sa visière.

Et, pour la troisième fois depuis quinze jours, le roi put voir le visage pâle et morne de Gabriel de Montgommery.

XII

TOURNOI FATAL.

A l'aspect de cette sombre et solennelle figure du jeune comte de Montgommery, le roi avait senti un frémissement de surprise et peut-être de terreur courir par toutes ses veines.

Mais il ne voulut pas s'avouer à lui-même, encore moins laisser voir aux autres, ce premier mouvement qu'il réprima aussitôt. Son âme réagit contre son instinct, et, justement parce qu'il avait eu peur une seconde, il se montra brave et même téméraire.

Gabriel dit une seconde fois de sa voix lente et grave :

— Je supplie Votre Majesté de ne pas persister dans sa volonté !

— J'y persiste cependant, monsieur de Montgommery, répondit le roi.

Henri, la vue éblouie par tant d'émotions contraires, croyait deviner une sorte de défi dans les paroles et l'accent de Gabriel. Effrayé par le retour de ce trouble étrange que Diane de Castro avait un moment dissipé, il se raidissait énergiquement contre sa faiblesse, et voulait en finir avec ces lâches inquiétudes qu'il jugeait indignes de lui, Henri II, un fils de France, un roi !

Il dit donc encore à Gabriel avec une fermeté presque exagérée :

— Apprêtez-vous, monsieur, à courir contre moi.

Gabriel, l'âme aussi bouleversée pour le moins que celle du roi, s'inclina sans répondre.

En ce moment, monsieur de Boisy, le grand-écuyer, s'approcha et dit au roi que la reine l'envoyait conjurer de sa part Sa Majesté de ne plus courir pour l'amour d'elle.

— Répondez à la reine, dit Henri, que précisément c'est pour l'amour d'elle que je veux encore courir cette lance.

Et, se tournant vers monsieur de Vieilleville :

— Allons ! monsieur de Vieilleville, armez-moi sur-le-champ, dit-il.

Dans sa préoccupation, il demandait à monsieur de Vieilleville un service qui rentrait dans les attributions de la charge du grand-écuyer, monsieur de Boisy. Monsieur de Vieilleville surpris le lui fit respectueusement remarquer.

— C'est juste ! dit le roi en se frappant le front. Où donc ai-je la tête ?

Il rencontra le regard froid et immobile de Gabriel, et reprit avec impatience :

— Mais si? j'avais raison! Ne faut-il pas que monsieur de Boisy aille achever la commission de la reine et lui reporter mes paroles? Je savais bien ce que je faisais et ce que disais! Armez-moi, monsieur de Vieilleville.

— Cela étant, Sire, dit monsieur de Vieilleville, et puisque Votre Majesté veut absolument rompre encore cette dernière lance, je lui ferai observer que c'est à moi de la courir contre elle, et je réclame mon droit. En effet, monsieur de Montgommery ne s'est pas présenté au commencement dans la lice, et n'y est entré que lorsqu'il la croyait fermée.

— Vous avez raison, monsieur, dit vivement Gabriel, et je me retire pour vous céder ma place.

— Mais dans cet empressement du comte de Montgommery à éviter tout combat avec lui, le roi s'obstinait à voir les ménagemens insultans d'un ennemi qui s'imaginait lui faire peur.

— Non! non! répondit-il à monsieur de Vieilleville en frappant du pied la terre. C'est contre monsieur de Montgommery et non contre un autre que je veux courir cette fois! et voilà bien assez de délais! Armez-moi.

Il échangea un regard hautain et fier contre le regard fixe et grave du comte, et, sans rien ajouter, il avança le front pour que monsieur de Vieilleville lui mît l'armet.

Evidemment son destin l'aveuglait.

Monsieur de Savoie vint encore le supplier de quitter le champ au nom de Catherine de Médicis.

Et, comme le roi ne répondait même plus à ses instances, il ajouta tout bas :

— Madame Diane de Poitiers, Sire, m'a dit aussi de vous prévenir en secret de prendre garde avec qui vous alliez disputer cette fois la partie.

Au nom de Diane, Henri tressaillit comme malgré lui, mais réprima encore ce tressaillement.

— Vais-je donc avoir l'air de craindre devant ma dame! se dit-il.

Et il garda toujours le silence hautain d'un homme importuné et déterminé.

Cependant, monsieur de Vieilleville, tout en l'armant, lui disait de son côté à voix basse :

— Sire, je jure le Dieu vivant qu'il y a plus de trois nuits que je ne fais que songer qu'il vous doit arriver quelque malheur aujourd'hui, et que ce dernier juin vous est fatal (1).

Mais le roi ne parut pas même l'avoir entendu : il était déjà armé et il saisit sa lance.

Gabriel tenait la sienne et comparaissait aussi en lice.

Les deux champions montèrent à cheval et prirent champ.

Il se fit alors dans la foule un silence étrange et profond. Tous les yeux étaient attentifs, toutes les respirations suspendues.

Pourtant, le connétable et Diane de Castro étant absens, chacun, à l'exception de madame de Poitiers, ignorait qu'il y eût entre le roi et le comte de Montgommery des motifs de haine et des sujets de vengeance. Nul ne prévoyait clairement à un combat simulé une issue sanglante. Le roi, habitué à ces jeux sans danger, s'était montré cent fois, depuis trois jours, dans l'arène, dans des conditions en apparence semblables à celles qui se présentaient encore.

Et cependant, dans cet adversaire resté mystérieux jusqu'au bout, dans ses refus significatifs de combattre, dans l'obstination aveugle du roi, on sentait vaguement quelque chose d'inusité et de terrible, et, devant ce danger inconnu, on se taisait et on attendait. Pourquoi ? personne n'aurait pu le dire ! Mais un étranger qui fût arrivé en ce moment, à voir l'air de tous les visages, se serait dit : Quelque événement suprême va certainement avoir lieu !

Il y avait de l'effroi dans l'air.

Une circonstance remarquable donna un signe évident de cette disposition sinistre des pensées de la foule :

(1) Mémoires de Vincent Carloix, secrétaire de M. de Vieilleville.

Aux courses ordinaires, et tant qu'elles duraient, les clairons et les trompettes sonnaient de continuelles et étourdissantes fanfares. C'était comme la voix éclatante et joyeuse du tournoi.

Mais lorsque le roi et Gabriel entrèrent dans la lice, les trompettes se turent tout à coup et toutes ensemble ; il n'y en eut plus une seule qui chantât, et, sans qu'on s'en rendît compte, l'attente et l'horreur générales, dans ce silence inaccoutumé, redoublèrent.

Les deux champions, bien plus encore que les assistans, ressentaient ces impressions extraordinaires de trouble qui remplissaient pour ainsi dire l'atmosphère.

Gabriel ne pensait plus, ne voyait plus, ne vivait plus, presque. Il allait machinalement et comme dans un rêve, faisant d'instinct ce qu'il avait déjà fait dans des circonstances pareilles, mais conduit en quelque sorte par une secrète et puissante volonté qui, à coup sûr, n'était pas la sienne.

Le roi était plus passif et plus égaré encore. Il avait aussi devant les yeux une espèce de nuage, et, pour lui-même, avait l'air d'agir et de se mouvoir dans une fantasmagorie inouïe qui n'était ni la réalité ni le songe.

Il y eut toutefois un éclair de sa pensée où il revit nettement et à la fois les prédictions que la reine lui avait apportées l'avant-veille au matin, celles de sa nativité, et celles de Forcatel. Tout à coup, éclairé par je ne sais quelle lueur terrible, il comprit et le sens et les corrélations de ces sinistres augures. Une sueur froide l'inonda de la tête aux pieds. Il eut un instant l'envie de sortir de la lice et de renoncer à ce combat. Mais quoi ! ces milliers d'yeux attentifs pesaient sur lui et le clouaient à sa place !

D'ailleurs, monsieur de Vieilleville venait de donner le signal du départ.

Le sort en est jeté. En avant ! et que Dieu fasse ce qu'il lui plaira !

Les deux chevaux partirent au galop, en ce moment plus intelligens et moins aveugles peut-être que leurs lourds cavaliers bardés de fer.

Gabriel et le roi se rencontrèrent au milieu de l'arène.

Leurs lances à tous deux se choquèrent et se rompirent sur leurs cuirasses, et ils se dépassèrent sans aucun accident.

Les pressentimens d'épouvante avaient donc eu tort! Il y eut comme un grand murmure de joie qui s'échappa à la fois de toutes les poitrines soulagées. La reine éleva vers Dieu un regard reconnaissant.

Mais on se réjouissait trop tôt!

Les cavaliers, en effet, étaient encore dans la lice. Après avoir touché chacun l'extrémité opposée à celle par où ils étaient entrés, ils devaient revenir au galop à leur point de départ, et, par conséquent, se rencontrer une seconde fois.

Seulement, quel danger pouvait-on craindre encore? ils se croisaient sans se toucher.

Mais soit dans son trouble, soit avec intention, soit par malheur, qui sut jamais la cause hormis Dieu? Gabriel, en revenant, ne jeta pas, selon la coutume, le tronçon de la lance brisée qui lui était resté dans la main. Il le porta baissé devant lui.

Et, en courant, emporté par son cheval lancé au galop, il rencontra au retour avec ce tronçon la tête de Henri II!

La visière du casque fut relevée par la violence du coup. et l'éclat de la lance entra profondément dans l'œil du roi et sortit par l'oreille.

Il n'y eut que la moitié des spectateurs déjà distraits et levés pour le départ qui vit ce coup terrible. Mais ceux-là poussèrent un grand cri qui avertit les autres.

Cependant, Henri avait lâché la bride, s'était attaché au col de son cheval, et avait achevé ainsi la carrière au bout de laquelle le reçurent messieurs de Vieilleville et de Boisy.

— Ah! je suis mort! ce fut la première parole du roi.

Il murmura encore :

— Qu'on n'inquiète pas monsieur de Montgommery!... c'était juste... je lui pardonne.

Et il s'évanouit.

Nous ne peindrons pas le trouble qui suivit. On entraîna Catherine de Médicis à demi morte. Le roi fut transporté sur-le-champ dans sa chambre des Tournelles, sans qu'il eût repris connaissance un seul instant.

Gabriel était descendu de cheval, et restait debout contre la barrière, immobile, pétrifié, et comme frappé lui-même par le coup qu'il avait porté.

Les dernières paroles du roi avaient été entendues et répétées. Nul n'osait donc l'inquiéter. Mais on chuchotait autour de lui, et on le regardait à l'écart avec une sorte d'effroi.

L'amiral de Coligny, qui avait assisté au tournoi, eut seul le courage de s'approcher du jeune homme, et, passant près de lui, à sa gauche, lui dit à voix basse :

— Voilà un accident terrible, ami ! Je sais bien que le hasard a tout fait ; nos idées et les discours que vous avez entendus, à ce que m'a dit La Renaudie, au conciliabule de la place Maubert, ne sont assurément pour rien dans cette fatalité ! N'importe ! bien qu'on ne puisse vous accuser d'un accident, soyez sur vos gardes. Je vous donne le conseil de disparaître pour un temps, et de quitter Paris et même la France. Comptez sur moi toujours. Au revoir.

— Merci, répondit Gabriel sans changer d'attitude.

Un triste et faible sourire avait effleuré ses lèvres pâles, tandis que le chef protestant lui parlait.

Coligny lui fit un signe de tête et s'éloigna.

Quelques momens après, le duc de Guise, qui venait de voir emporter le roi, s'avança à son tour du côté de Gabriel en donnant quelques ordres.

Il passa aussi près du jeune comte, à sa droite, et, en passant, lui dit à l'oreille :

— Un coup bien malheureux, Gabriel ! Mais on ne peut vous en vouloir : il faut seulement vous plaindre. Voyez donc pourtant ! si quelqu'un avait entendu la conversation que nous avons eue aux Tournelles, quelles affreuses conjectures tireraient les méchans de ce simple mais bien funeste hasard ! C'est égal, me voici puissant, et je suis tout à vous, vous le savez. Ne vous montrez pas pendant quelques jours, mais ne quittez pas Paris, c'est inutile. Si quelqu'un osait se porter votre accusateur, vous vous souvenez de ce que je vous ai dit : comptez sur moi partout, toujours, et pour quoi que ce soit.

— Merci, monseigneur, dit encore Gabriel du même ton et avec le même mélancolique sourire.

Il était évident que le duc de Guise et Coligny avaient, non une conviction certaine, mais un vague soupçon que l'accident qu'ils feignaient de déplorer n'était pas tout à fait un accident. Au fond, le protestant et l'ambitieux, sans vouloir en convenir vis-à-vis de leur conscience, présumaient bien, celui-ci que Gabriel avait saisi à tout hasard l'occasion de servir la fortune d'un protecteur admiré, celui-là que le fanatisme du jeune huguenot avait pu l'entraîner à délivrer ses frères opprimés de leur persécuteur.

Tous deux s'étaient donc cru obligés de venir dire quelques bonnes paroles à leur discret et dévoué auxiliaire, et voilà pourquoi ils s'étaient rapprochés de lui tour à tour; et voilà pourquoi Gabriel avait accueilli leur double erreur avec ce triste sourire.

Cependant le duc de Guise était rentré dans les groupes troublés qui l'entouraient. Gabriel jeta enfin les yeux autour de lui, vit cette curiosité effrayée dont il était l'objet, soupira et se détermina à s'éloigner du lieu fatal.

Il revint à son hôtel de la rue des Jardins-Saint-Paul, sans que personne l'arrêtât ou l'interpellât même.

Aux Tournelles, la chambre du roi était fermée à tout le monde, excepté à la reine, à ses enfans, et aux chirurgiens accourus pour assister le royal blessé.

Mais Fernel et tous les autres médecins reconnurent bien vite qu'il n'y avait plus d'espoir, et qu'ils ne pourraient sauver Henri II.

Ambroise Paré était à Péronne. Le duc de Guise ne pensa pas à l'envoyer chercher.

Le roi resta quatre jours sans connaissance.

Le cinquième jour, il ne revint un peu à lui que pour donner quelques ordres, pour commander notamment qu'on célébrât sur-le-champ le mariage de sa sœur.

Il vit aussi la reine et lui fit ses recommandations touchant ses enfans et les affaires du royaume.

Puis, la fièvre le prit, et le délire, et l'agonie.

Enfin, le 10 juillet 1559, le lendemain du jour où, selon sa dernière volonté, sa sœur Marguerite en larmes avait épousé le duc de Savoie, Henri II expira, après onze longs jours d'agonie.

Le même jour, madame Diane de Castro était partie ou plutôt s'était enfuie pour son ancien couvent des Bénédictines de Saint-Quentin, rouvert depuis la paix de Cateau-Cambrésis.

RÈGNE DE FRANÇOIS II.

XIII.

NOUVEL ÉTAT DES CHOSES.

Pour la favorite comme pour le favori d'un roi, la vraie mort ce n'est pas la mort, c'est la disgrâce.

Le fils du comte de Montgommery devait donc avoir suffisamment vengé sur le connétable et sur Diane de Poitiers l'horrible mort de son père, si, par lui, les deux coupables tombaient de la puissance dans l'exil, et de l'éclat dans l'oubli.

C'est ce résultat que Gabriel attendait encore dans la morne et songeuse solitude de son hôtel, où il s'était enseveli, après le coup fatal du 30 juin. Ce n'était point son propre supplice qu'il redoutait, si Montmorency et sa complice restaient au pouvoir, c'était leur absolution. Et il attendait.

Durant les onze jours d'agonie de Henri II, le connétable de Montmorency avait mis tout en œuvre pour conserver sa part d'influence dans le gouvernement. Il avait écrit aux princes du sang, les exhortant à venir prendre leur place dans le conseil du jeune roi. Ses instances s'étaient adressées surtout à Antoine de Bourbon, roi de Navarre, le plus proche héritier du trône après les frères du roi. Il lui avait mandé de se hâter, et que le moindre délai allait donner à des étrangers une supériorité qu'on ne pourrait plus leur ravir. Enfin, il avait envoyé courrier sur courrier, excité les uns, sollicité les autres, et n'avait négligé rien pour former un parti capable de tenir tête à celui desGuise.

Diane de Poitiers, malgré sa douleur, l'avait aidé de son mieux dans ses efforts ; car sa fortune, à elle aussi, était maintenant attachée à celle de son vieil amant.

Avec lui elle pouvait régner encore, sinon directement, efficacement du moins.

En effet, quand, le 10 juillet 1559, l'aîné des fils de Henri II fut proclamé roi par le héraut d'armes, sous le nom de François II, le jeune prince n'avait que seize ans, et, bien que la loi le déclarât majeur, son âge, son inexpérience et la faiblesse de santé le condamnaient à abandonner pour plusieurs années la conduite des affaires à un ministre plus puissant sous son nom que lui-même.

Or, quel serait ce ministre ou plutôt ce tuteur ? Le duc de Guise ou le connétable ? Catherine de Médicis ou Antoine de Bourbon ?

Là était la question pendante le lendemain du jour de la mort de Henri II.

Ce jour-là, François II devait recevoir à trois heures les députés du parlement. Celui qu'il leur présenterait comme son ministre pouvait, en conscience, être salué par eux comme leur véritable roi.

Il s'agissait donc d'emporter la partie, et le matin de ce 12 juillet, Catherine de Médicis et François de Lorraine s'étaient rendus, chacun de son côté, auprès du jeune roi, sous prétexte de lui apporter leurs condoléances, mais, en réalité, afin de lui souffler leurs conseils.

La veuve de Henri II avait même enfreint, pour ce but important, l'étiquette qui lui ordonnait de rester quarante jours sans se montrer.

Catherine de Médicis, opprimée et laissée à l'écart par son mari, avait senti, depuis douze jours, s'éveiller en elle cette vaste et profonde ambition qui remplit le reste de sa vie.

Mais, puisqu'elle ne pouvait être la régente d'un roi majeur, sa seule chance était de régner par un ministre dévoué à ses intérêts.

Le connétable de Montmorency ne devait pas être ce ministre, il n'avait pas peu contribué sous le précédent règne à écarter l'influence légitime de Catherine, pour y substituer celle de Diane de Poitiers. La reine-mère ne lui pardonnait pas ces menées, et ne songeait plutôt qu'à le punir de ses procédés, toujours durs, et souvent barbares envers elle.

Antoine de Bourbon eût été dans sa main un instrument plus docile. Mais il était de la religion réformée; mais Jeanne d'Albret, sa femme, était une ambitieuse, elle aussi ; mais enfin son titre de prince du sang, joint à ce pouvoir effectif, pouvait lui inspirer de dangereuses velléités.

Restait le duc de Guise. Seulement, François de Lorraine allait-il reconnaître de bonne grâce l'autorité morale de la reine-mère, ou bien se refuser à tout partage de la puissance?

C'était ce dont Catherine de Médicis était bien aise de s'assurer. Aussi accepta-t-elle avec joie l'espèce d'entrevue qu'en présence du roi, dans la matinée de ce jour décisif, le hasard avait amenée entre elle et François de Lorraine.

Elle allait trouver ou créer des occasions d'éprouver le Balafré, et de sonder ses dispositions à son égard.

Mais le duc de Guise, de son côté, n'était pas moins habile en politique qu'à la guerre, et il se tint soigneusement sur ses gardes.

Ce prologue avant la pièce se passait au Louvre, dans la chambre royale où François II avait été installé la veille, et n'avait pour acteurs que la reine-mère, le Balafré, le jeune roi, et Marie Stuart.

François et sa jeune reine, à côté de ces ambitions déjà

égoïstes et froides de Catherine et du duc de Guise, n'étaient, eux, que des enfans charmans, naïfs et amoureux, dont la confiance devait appartenir au premier venu qui saurait adroitement s'emparer de leurs âmes.

Ils pleuraient sincèrement la mort du roi leur père, et Catherine les trouva tout tristes et désolés.

— Mon fils, dit-elle à François, c'est bien à vous de donner ces larmes à la mémoire de celui que, le premier de tous, vous devez regretter. Vous savez si je partage cette amère douleur? Cependant, songez aussi que vous n'avez pas seulement des devoirs de fils à remplir. Vous êtes père à votre tour, père de votre peuple! Après avoir accordé au passé ce légitime tribut de regrets, tournez-vous vers l'avenir. Souvenez-vous enfin que vous êtes roi, mon fils, ou plutôt Votre Majesté, pour me conformer à un langage qui vous rappelle en même temps et vos obligations et vos droits.

— Hélas! dit François II en secouant la tête, c'est, madame, un bien lourd fardeau que le sceptre de France pour des mains de seize ans, et rien ne m'avait préparé à penser qu'un tel poids dût accabler sitôt ma jeunesse sans expérience et sans gravité.

— Sire, reprit Catherine, acceptez, avec résignation et reconnaissance à la fois, la charge que Dieu vous impose; ce sera ensuite à ceux qui vous entourent et qui vous aiment à l'alléger de tout leur pouvoir, et à joindre leurs efforts aux vôtres pour vous aider à la soutenir dignement.

— Madame... je vous remercie... murmura le jeune roi embarrassé de la réponse à faire à ces avances.

Et machinalement il tournait ses regards du côté du duc de Guise comme pour demander des conseils à l'oncle de sa femme.

Au premier pas dans la royauté, et même vis-à-vis de sa mère, le pauvre adolescent couronné sentait déjà instinctivement des embûches sur son chemin.

Mais le duc de Guise lui dit alors sans hésiter :

— Oui, sire, Votre Majesté a raison ; remerciez, remerciez avec effusion la reine de ses bonnes et encourageantes paroles. Mais ne vous contentez pas de la remercier. Dites-lui aussi avec hardiesse que parmi ceux qui vous aiment et que vous aimez, elle est au premier rang enfin, et que, par ainsi, vous devez compter et vous comptez sur son efficace et maternel concours dans la tâche difficile que vous êtes appelé si jeune à remplir.

— Mon oncle de Guise a été l'interprète fidèle de mes pensées, madame, dit alors tout ravi le jeune roi à sa mère, et si, de peur de les affaiblir, je ne vous répète point ses expressions, tenez-les cependant pour dites par moi-même, madame et mère bien aimée, et daignez promettre à ma faiblesse votre précieux appui.

La reine-mère avait jeté déjà au duc de Guise un coup d'œil de bienveillance et d'assentiment.

— Sire, répondit-elle à son fils, le peu de lumières que je possède est à vous, et je serai heureuse et fière chaque fois que vous me consulterez. Mais je ne suis qu'une femme, et il faut à côté de votre trône un défenseur qui puisse tenir une épée. Ce bras fort, cette énergie virile, Votre Majesté saura les trouver sans doute parmi ceux-là mêmes que l'alliance et la parenté font ses soutiens naturels.

Catherine de Médicis payait tout de suite au duc de Guise sa dette de bons procédés.

Ce fut entre eux comme un pacte muet conclu par un seul regard, mais qui, avouons-le, n'était sincère ni d'un côté ni de l'autre, et ne devait pas, on le verra, être fort durable.

Le jeune roi comprit sa mère, et, encouragé par un regard de Marie, tendit sa main timide au Balafré.

Dans ce serrement de main, il lui donnait le gouvernement de la France.

Toutefois Catherine de Médicis ne voulut pas laisser son fils s'engager trop avant, jusqu'à ce que le duc de Guise lui eût donné à elle-même des gages certains de son bon vouloir.

Elle devança donc le jeune roi, qui allait probablement confirmer par quelque promesse formelle son geste de confiance, et prit la parole la première :

— En tout cas, avant que vous ayez un ministre, Sire,

dit-elle, votre mère a non pas une faveur à vous demander, mais une réclamation à vous faire.

— Dites un ordre à me donner, madame, répondit François II. Parlez, je vous prie.

— Eh bien ! mon fils, reprit Catherine, il s'agit d'une emme qui m'a fait beaucoup de mal, et en a fait plus encore à la France. Ce n'est pas à nous à blâmer les faiblesses de celui qui nous est plus que jamais sacré. Mais enfin votre père n'est malheureusement plus, Sire ; sa volonté ne règne plus dans ce château, et cependant cette femme, que je ne veux même pas nommer, ose y demeurer encore et m'inflige jusqu'au bout l'insulte de sa présence. Pendant la longue léthargie du roi, on lui avait déjà représenté qu'il n'était pas convenable qu'elle restât au Louvre. — Le roi est-il mort ? a-t-elle demandé. —Non, il respire encore.— Eh bien ! personne que lui n'a d'ordre à me donner. Et elle est impudemment restée.

Le duc de Guise interrompit avec respect la reine-mère et se hâta de dire :

— Pardon, madame ; mais je crois connaître les intentions de Sa Majesté au sujet de celle dont vous parlez.

Et, sans autre préambule, il frappa sur un timbre pour appeler. Un valet parut.

— Qu'on fasse prévenir madame de Poitiers, lui dit-il, que le roi veut lui parler à l'instant.

Le valet s'inclina et sortit pour accomplir l'ordre.

Le jeune roi ne paraissait pas le moins du monde s'étonner ou s'inquiéter de cette autorité qu'on prenait ainsi de ses mains sans son aveu. Le fait est qu'il était ravi de tout ce qui pouvait diminuer sa responsabilité et lui épargner la peine d'ordonner et d'agir.

Toutefois, le Balafré voulut donner à sa démarche la sanction de l'acquiescement royal.

— Je ne crois pas trop présumer, n'est-ce pas, Sire, reprit-il, en me disant certain des désirs de Votre Mateste sur cette question ?

— Non, certes, notre cher oncle, reprit François avec empressement. Allez ! faites ! je sais d'avance que ce que vous ferez sera bien fait.

— Et ce que vous dites est bien dit, mon mignon, glissa doucement Marie Stuart à l'oreille de son mari.

François rougit de satisfaction et d'orgueil. Pour un mot, pour un regard d'approbation de sa Marie adorée, il eût, à vrai dire, compromis et livré tous les royaumes de la terre.

La reine-mère attendait avec une curiosité impatiente le parti qu'allait prendre le duc de Guise.

Elle crut cependant devoir ajouter, autant pour remplir le silence que pour mieux marquer son intention :

—Celle que vous venez de mander, Sire, peut bien d'ailleurs, ce me semble, laisser le Louvre sans partage à la seule reine légitime du passé, aussi bien qu'à la charmante reine du présent, ajouta-t-elle en s'inclinant gracieusement vers Marie Stuart. L'opulente et belle dame n'a-t-elle pas pour refuge et consolation son superbe château royal d'Anet, plus royal et plus superbe, certes, que ma simple maison de Chaumont-sur-Loire.

Le duc de Guise ne répondit rien, mais il nota dans son esprit cette insinuation.

Il faut l'avouer, il ne détestait pas moins Diane de Poitiers que ne le faisait Catherine de Médicis. C'est madame de Valentinois qui, jusque-là, pour plaire à son connétable, avait entravé de tout son pouvoir la fortune et les desseins du Balafré ; c'est elle qui l'eût, sans doute, à tout jamais relégué dans l'ombre, si la lance de Gabriel n'eût brisé, avec la vie de Henri II, le pouvoir de l'enchanteresse.

Mais le jour de la revanche était arrivé enfin pour François de Lorraine, et il savait aussi bien haïr qu'il savait aimer.

Dans ce moment, l'huissier annonça à haute voix :

— Madame la duchesse de Valentinois.

Diane de Poitiers entra, évidemment troublée, mais hautaine encore.

XIV.

SUITES DES VENGEANCES DE GABRIEL.

Madame de Valentinois s'inclina légèrement devant le jeune roi, plus légèrement encore devant Catherine de Médicis et Marie Stuart, et ne parut même pas s'apercevoir de la présence du duc de Guise.

— Sire, dit-elle, Votre Majesté m'a fait ordonner de comparaître devant elle...

Elle s'arrêta. François II, à la fois irrité et troublé par la fière attitude de l'ex-favorite, hésita, rougit, et finit par dire :

— Notre oncle de Guise a bien voulu se charger de vous faire connaître nos intentions, madame.

Et il se remit à causer à voix basse avec Marie Stuart.

Diane se retourna lentement vers le Balafré, et voyant le sourire fin et moqueur qui errait sur ses lèvres, essaya d'y opposer le plus impérieux de ses regards de Junon courroucée.

Mais le Balafré était beaucoup moins facile à intimider que son royal neveu.

— Madame, dit-il à Diane après un profond salut, le roi a su le chagrin sincère que vous avait causé le terrible malheur qui nous a frappés tous. Il vous en remercie. Sa Majesté croit aller au-devant de votre plus cher désir en vous permettant de quitter la cour pour la solitude. Vous pourrez partir aussitôt que vous le jugerez convenable, ce soir par exemple.

Diane dévora une larme de rage dans son œil enflammé.

— Sa Majesté remplit en effet mon souhait intime, dit-elle. Qu'aurais-je à faire ici maintenant? Je n'ai rien tant à cœur que de me retirer dans mon exil, et cela, monsieur, le plus tôt possible, soyez tranquille !

— Tout est donc pour le mieux, reprit légèrement le duc de Guise en jouant avec les nœuds de son manteau de velours. Mais, madame, ajouta-t-il plus sérieusement et en donnant à sa parole l'accent et la signification d'un ordre, votre château d'Anet, que vous tenez des bontés du feu roi, est peut-être une retraite bien mondaine, bien ouverte et bien joyeuse pour une solitaire désolée comme vous. Voici donc madame la reine Catherine qui vous offre en échange son château de Chaumont-sur-Loire, plus éloigné de Paris, et partant plus conforme à vos goûts et à vos besoins du moment, je présume. Il sera mis à votre disposition dès que vous le souhaiterez.

Madame de Poitiers comprit fort bien que cet échange prétendu déguisait seulement une confiscation arbitraire. Mais que faire ? comment résister ? Elle n'avait plus ni crédit, ni pouvoir ! Tous ses amis de la veille étaient ses ennemis du jour ! Il fallait céder en frémissant. Elle céda.

—Je serai heureuse, dit-elle d'une voix sourde, d'offrir à la reine le magnifique domaine que je dois en effet à la générosité de son noble époux.

— J'accepte cette réparation, madame, dit sèchement Catherine de Médicis en jetant à Diane un froid regard, et un regard reconnaissant au duc de Guise.

Il semblait que ce fût lui qui fît présent d'Anet.

— Le château de Chaumont-sur-Loire est à vous, madame, ajouta-t-elle, et sera mis en état de recevoir dignement sa nouvelle propriétaire.

— Et là, poursuivit le duc de Guise pour opposer du moins une innocente raillerie aux furieux coups d'œil dont le foudroyait Diane, là, dans le calme, vous pourrez, madame, vous reposer à loisir des fatigues que vous ont occasionnées, m'a-t-on dit, durant ces derniers jours, les nombreuses correspondances et conférences tenues par vous de concert avec monsieur de Montmorency…

— Je ne croyais pas mal servir celui qui alors encore était le roi, reprit Diane, en m'entendant avec le grand homme d'Etat, le grand homme de guerre de son règne, pour tout ce qui concernait le bien du royaume.

Mais, dans son empressement à rendre un mot piquant

pour un mot piquant, madame de Poitiers ne songeait pas qu'elle fournissait des armes contre elle-même, et rappelait à la rancune de Catherine de Médicis son autre ennemi, le connétable.

— C'est vrai, dit l'implacable reine-mère, monsieur de Montmorency a rempli de sa gloire et de ses travaux deux règnes tout entiers! et il est bien temps, mon fils, ajouta-t-elle en s'adressant au jeune roi, que vous songiez à lui assurer aussi l'honorable retraite qu'il a si laborieusement gagnée.

— Monsieur de Montmorency, reprit Diane avec amertume, s'attend comme moi à cette récompense de ses longs services! Il était chez moi tout à l'heure quand Sa Majesté m'a demandée. Il y doit être encore, je vais l'y rejoindre et lui annoncer les bonnes dispositions où l'on est à son égard ; il va pouvoir venir présenter tout de suite au roi ses remerciemens avec ses adieux. Et il est homme, lui, il est connétable, il est un des puissans seigneurs du royaume! sans nul doute, il trouvera tôt ou tard l'occasion de témoigner mieux que par des paroles sa profonde reconnaissance à un roi si pieux envers le passé, et aux nouveaux conseillers qui concourent si utilement à l'œuvre de justice et d'intérêt public qu'il veut accomplir.

— Une menace! se dit le Balafré. La vipère se redresse encore sous le talon. Eh bien, tant mieux! j'aime mieux cela!

— Le roi est toujours prêt à recevoir monsieur le connétable, reprit la reine-mère toute pâle d'indignation. Et, si monsieur le connétable a des réclamations ou des observations à adresser à Sa Majesté, il n'a qu'à venir! on l'écoutera, et, comme vous dites, madame, on lui fera justice.

— Je vais l'envoyer, repartit madame de Poitiers d'un air de défi.

Elle fit de nouveau au roi et aux deux reines son salut superbe, et sortit, le front haut mais l'âme brisée, l'orgueil sur le visage et la mort dans le cœur.

Si Gabriel eût pu la voir, il se fût trouvé déjà assez vengé d'elle.

Catherine de Médicis elle-même, au prix de cette humiliation, consentait à ne plus autant en vouloir à Diane!...

Seulement la reine-mère avait remarqué avec inquiétude qu'au nom du connétable le duc de Guise s'était tu, et n'avait plus relevé les insolentes provocations de madame de Poitiers.

Le Balafré craignait-il donc monsieur de Montmorency et voulait-il le ménager? Conclurait-il au besoin une alliance avec ce vieil ennemi de Catherine?

Il était important pour la Florentine de savoir à quoi s'en tenir là-dessus avant de laisser tomber sans résistance le pouvoir aux mains de François de Lorraine.

Donc, pour le sonder et pour sonder en même temps le roi, elle reprit après la sortie de Diane :

— Madame de Poitiers est bien impertinente, et paraît bien forte avec son connétable! Au fait, il est certain que si vous rendez à monsieur de Montmorency quelque autorité, mon fils, ce sera donner à madame Diane la moitié de cette autorité.

Le duc de Guise garda encore le silence.

— Quant à moi, poursuivit Catherine, si j'ai un avis à ouvrir à Votre Majesté, c'est celui de ne pas partager votre confiance entre plusieurs, c'est d'avoir pour seul ministre ou monsieur de Montmorency, ou votre oncle de Guise, ou votre oncle de Bourbon, à votre choix. Mais l'un ou l'autre et non pas les uns et les autres. Une seule volonté dans l'Etat, avec celle du roi conseillé par le petit nombre de personnes qui n'ont intérêt qu'à son salut et à sa gloire... n'est-ce pas là votre opinion, monsieur de Lorraine?

— Oui, madame, si c'est la vôtre, répondit le duc de Guise comme avec condescendance.

— Allons! se dit Catherine, je devinais juste! il pensait à s'appuyer sur le connétable. Mais entre lui et moi il faut qu'il se décide, et je ne crois pas qu'il y ait lieu d'hésiter.

— Il me semble, monsieur de Guise, reprit-elle tout haut, que vous devez d'autant mieux partager mon avis qu'il vous sert ; car, le roi connaît ma pensée, ce n'est ni le connétable de Montmorency, ni Antoine de Navarre que je lui voudrais pour conseiller. Et, quand je me déclare pour l'exclusion, ce n'est pas contre vous que je me déclare.

— Madame, dit le duc de Guise, croyez, en même temps qu'à ma profonde reconnaissance, à mon dévouement non moins exclusif.

Le fin politique appuya sur ces derniers mots comme s'il eût pris son parti et sacrifié décidément le connétable à Catherine.

— A la bonne heure ! reprit la reine-mère. Quand ces messieurs du parlement vont arriver, il est bien qu'ils trouvent parmi nous cette rare et touchante unanimité de vues et de sentimens.

— C'est moi surtout qui suis réjoui de ce bon accord ! s'écria le jeune roi en battant des mains. Avec ma mère pour conseiller et mon oncle pour ministre, je commence à me réconcilier avec cette royauté qui m'effrayait tant d'abord.

— Nous gouvernerons en famille, ajouta gaîment Marie Stuart.

Catherine de Médicis et François de Lorraine souriaient à ces espérances ou plutôt à ces illusions de leurs jeunes souverains. Chacun d'eux avait pour le moment ce qu'il souhaitait, lui, la certitude que la reine-mère ne s'opposerait pas à ce que la toute-puissance lui fût confiée ; elle, la croyance que le ministre partagerait cette toute-puissance avec elle.

Cependant, on annonça monsieur de Montmorency.

Le connétable, il faut le dire, fut d'abord plus digne et plus calme que madame de Valentinois. Sans doute aussi il avait été prévenu par elle et voulait du moins tomber avec honneur.

Il s'inclina respectueusement devant François II, et prit le premier la parole.

— Sire, dit-il, je me doutais bien d'avance que le vieux serviteur de votre père et de votre aïeul aurait près de vous peu de faveur. Je ne me plains pas de ce revirement de fortune que j'avais prévu. Je me retire sans un murmure. Si jamais le roi ou la France ont encore besoin de moi, on me trouvera à Chantilly, sire, et mes biens, mes enfans, ma propre vie, tout ce que je possède sera toujours au service de Votre Majesté.

Cette modération parut toucher le jeune roi, qui, plus embarrassé que jamais, se tourna vers sa mère avec une sorte de détresse.

Mais le duc de Guise, pressentant bien que sa seule intervention allait faire tourner en colère la réserve du vieux connétable, dit alors avec les formes de la plus excessive politesse :

— Puisque monsieur de Montmorency quitte la cour, il voudra bien, je pense, remettre, avant son départ, à Sa Majesté, le cachet royal que lui avait confié le feu roi e dont nous avons besoin dès aujourd'hui.

Le Balafré ne s'était pas trompé. Ces simples paroles excitèrent au plus haut point l'ire du jaloux connétable.

— Ce cachet, le voici ! dit-il avec aigreur en le tirant de dessous son pourpoint. J'allais, sans qu'il fût besoin de m'en prier, le rendre à Sa Majesté ; mais Sa Majesté, je le vois, est entourée de gens disposés à lui conseiller l'affront envers ceux qui n'auraient droit qu'à la reconnaissance.

— De qui veut parler monsieur de Montmorency? demanda d'un air hautain Catherine.

— Eh? j'ai parlé de ceux qui entourent Sa Majesté, madame, reprit le connétable revenant à sa nature bourrue et brutale.

Mais il avait mal choisi son temps, et Catherine n'attendait que cette occasion pour éclater.

Elle se leva et, dispensée de tout ménagement, commença à reprocher au connétable les façons rudes et dédaigneuses dont il avait toujours usé avec elle, son hostilité pour tout ce qui était florentin, la préférence qu'il avait publiquement donnée à la maîtresse sur la femme légitime. Elle n'ignorait pas que c'était à lui qu'il fallait attribuer toutes les humiliations souffertes par les émigrés qui l'avaient suivie ! Elle savait que, pendant les premières années de son mariage, Montmorency avait osé proposer à Henri II de la répudier comme stérile, que, depuis, il l'avait lâchement calomniée !...

A cela, le connétable furieux, et peu accoutumé aux reproches. répondit par un ricanement qui était une nouvelle insulte.

Cependant, le duc de Guise avait eu le temps de prendre à voix basse les ordres de François II, ou plutôt de lui dicter ces ordres, et, à son tour, élevant tranquillement la voix, il foudroya son rival, à la plus grande satisfaction de Catherine de Médicis.

— Monsieur le connétable, lui dit-il avec sa politesse narquoise, vos amis et créatures qui siégeaient avec vous au conseil, Bochetel, l'Aubespine et les autres, notamment Son Éminence le garde des sceaux Jean Bertrandi, voudront probablement vous imiter dans vos désirs de retraite. Le roi vous charge de les remercier en effet de sa part. Dès demain ils seront entièrement libres et déjà remplacés.

— C'est bien! murmura monsieur de Montmorency entre ses dents.

— Quant à monsieur de Coligny, votre neveu, qui est à la fois gouverneur de la Picardie et de l'Ile-de-France, poursuivit le Balafré, le roi considère qu'il y a là une double besogne vraiment trop lourde pour un seul, et veut bien décharger monsieur l'amiral de l'un des gouvernemens, à son choix. Vous aurez, n'est-il pas vrai? la bonté de l'en avertir.

— Comment donc! reprit le connétable avec un douloureux ricanement.

— Pour vous, monsieur le connétable... continua paisiblement le duc de Guise.

— Me reprend-on aussi le bâton de connétable? interrompit avec aigreur monsieur de Montmorency.

— Oh! repartit François de Lorraine, vous savez bien que la chose est impossible, et que la charge de connétable n'est pas comme celle de lieutenant général du royaume : elle est inamovible. Mais n'est-elle pas incompatible aussi avec celle de grand-maître dont vous êtes également revêtu? C'est l'opinion de Sa Majesté, qui vous redemande cette dernière charge, monsieur, et veut bien me l'accorder, à moi qui n'en ai pas d'autre.

— C'est au mieux ! reprit Montmorency qui grinçait des dents. Est-ce tout? monsieur.

— Mais oui, je pense, dit le duc de Guise en se rasseyant.

Le connétable sentit qu'il lui serait difficile de contenir plus longtemps sa rage, qu'il allait éclater peut-être, manquer de respect au roi, de disgrâcié devenir rebelle... Il ne voulut pas donner cette joie à son ennemi triomphant. Il salua brièvement et se disposa à partir.

Pourtant, avant de s'éloigner, et comme se ravisant :

— Sire, un dernier mot seulement, dit-il encore au jeune roi, un dernier devoir à remplir envers la mémoire de votre glorieux père. Celui qui l'a frappé du coup mortel, l'auteur de notre désolation à tous, n'a peut-être pas été uniquement maladroit, Sire, j'ai du moins tout lieu de le croire. Dans ce funeste hasard, il a bien pu entrer, selon moi, une intention criminelle. L'homme que j'accuse devait, je le sais, se croire lésé par le roi. Votre Majesté ordonnera sans doute une sévère enquête à ce sujet...

Le duc de Guise frémit de cette accusation formelle et dangereuse contre Gabriel. Mais Catherine de Médicis se chargea cette fois de répondre.

— Sachez, monsieur, dit-elle au connétable, qu'il n'était pas besoin de votre intervention pour appeler sur un tel fait l'attention de ceux auxquels n'était pas moins précieuse qu'à vous l'existence royale si cruellement interrompue. Moi, la veuve de Henri II, je ne puis laisser à personne au monde l'initiative dans un soin pareil. Soyez donc tranquille, monsieur, vous avez été devancé dans votre sollicitude. Vous pouvez vous retirer en paix sur ce point.

— Je n'ai rien à ajouter alors, dit le connétable.

Il ne lui était même pas permis de satisfaire personnellement sa profonde rancune contre le comte de Montgommery, et de se porter le dénonciateur du coupable et le vengeur de son maître.

Suffoqué de honte et de colère, il sortit désespéré.

Il partait le soir même pour son domaine de Chantilly.

Ce jour-là madame de Valentinois quittait aussi ce

Louvre, où elle avait régné plus que la reine, pour le morne et lointain exil de Chaumont-sur-Loire, d'où elle ne devait plus revenir jusqu'à sa mort.

Vis-à-vis de Diane de Poitiers la vengeance de Gabriel fut donc accomplie.

Il est vrai que de son côté l'ex-favorite en gardait une terrible à celui qui l'avait ainsi précipitée de sa grandeur.

Pour le connétable, Gabriel n'en avait pas fini avec lui, et devait le retrouver le jour où il regagnerait son crédit.

Mais n'anticipons pas sur les événemens, et revenons en hâte au Louvre où l'on vient d'annoncer à François II les députés du parlement.

XV.

CHANGEMENT DE TEMPÉRATURE.

Selon le vœu émis par Catherine de Médicis, les envoyés du parlement trouvèrent au Louvre l'accord le plus parfait. François II, ayant à sa droite sa femme, et sa mère à sa gauche, leur présenta le duc de Guise comme lieutenant général du royaume, le cardinal de Lorraine comme superintendant des finances, et François Olivier comme garde des sceaux. Le Balafré triomphait, la reine-mère souriait à son triomphe, tout allait pour le mieux ! Et nul symptôme de mésintelligence ne semblait troubler les fortunés auspices d'un règne qui promettait d'être aussi long qu'heureux.

Un des conseillers au parlement pensa sans doute qu'une idée de clémence ne serait pas mal venue dans ce bonheur, et, en passant devant le roi, cria du milieu d'un groupe :

— Grâce pour Anne Dubourg !

Mais ce conseiller oubliait quel zélé catholique était le nouveau ministre. Le Balafré, selon sa manière, feignit d'avoir mal entendu, et, sans même consulter le roi ni la reine-mère, tant il était sûr de leur assentiment ! répondit d'une voix haute et ferme :

— Oui, messieurs, oui, le procès d'Anne Dubourg et de ses coaccusés sera poursuivi et promptement terminé, soyez tranquilles !

Sur cette assurance, les membres du parlement quittèrent le Louvre, joyeux ou tristes suivant leur opinion, mais persuadés tous que jamais gouvernans n'avaient été plus unis et mieux satisfaits les uns des autres que ceux qu'ils venaient de saluer.

Après leur départ en effet le duc de Guise vit encore sur les lèvres de Catherine de Médicis le sourire qui, chaque fois qu'elle le regardait, y semblait maintenant stéréotypé.

Pour François II, il se leva déjà fatigué par toute cette représentation.

— Nous voilà enfin quittes pour aujourd'hui, j'espère, de ces affaires et de ces cérémonies, dit-il. Ma mère, mon oncle, est-ce que nous ne pourrons pas un de ces jours laisser un peu Paris, et aller finir le temps de notre deuil à Blois, par exemple, au bord de cette Loire que Marie aime tant ! Ne le pourrons-nous pas, dites ?

— Oh ! tâchez tous que cela se puisse ! dit Marie Stuart. Par ces beaux jours d'été, Paris est si ennuyeux et les champs sont si gais !

— Monsieur de Guise verra cela, dit Catherine. Mais pour aujourd'hui, mon fils, votre tâche n'est pas encore tout à fait achevée. Avant de vous laisser au repos, j'ai encore à vous demander une demi-heure de votre temps, et il vous reste à remplir un devoir sacré.

— Lequel donc, ma mère ? demanda François.

— Un devoir de justicier, Sire, dit Catherine, celui dans l'accomplissement duquel monsieur le connétable s'imaginait m'avoir devancée. Mais la justice de l'épouse est plus prompte que celle de l'ami.

— Que veut-elle dire ? se demanda le duc de Guise, alarmé.

— Sire, reprit Catherine, votre auguste père est mort de

mort violente. Celui qui l'a frappé n'est il que malheureux ou bien est-il coupable? Je penche, quant à moi, pour cette dernière supposition... Mais, en tout cas, la question, ce me semble, vaut la peine d'être posée. Si nous acceptions avec indifférence un pareil attentat, sans prendre même le soin de demander s'il était volontaire ou non, quels dangers ne courraient pas tous les rois, vous le premier, Sire? Une enquête sur ce qu'on appelle l'accident du 30 juin est donc nécessaire.

— Mais alors, dit le Balafré, il faudrait, à votre avis, madame, faire arrêter sur-le-champ monsieur de Montgommery comme prévenu de régicide?

— Monsieur de Montgommery est arrêté depuis ce matin, dit Catherine.

— Arrêté! et sur l'ordre de qui? s'écria le duc de Guise.

— Sur le mien, reprit la reine-mère. Aucune autorité n'était constituée encore. J'ai pris sur moi cet ordre. Monsieur de Montgommery pouvait à tout instant prendre la fuite, il était urgent de le prévenir. Il a été conduit au Louvre sans bruit et sans scandale. Je vous demande, mon fils, de l'interroger.

Sans autre permission, elle frappa sur un timbre pour appeler, comme avait fait le duc de Guise, deux heures auparavant.

Mais cette fois, le Balafré fronça le sourcil. L'orage se préparait.

— Faites amener le prisonnier, dit Catherine de Médicis à l'huissier qui parut.

Il y eut, quand l'huissier fut sorti, un silence embarrassant. Le roi paraissait indécis, Marie Stuart inquiète, le duc de Guise mécontent. La reine-mère, seule, affectait la dignité et l'assurance.

Le duc de Guise laissa seulement tomber cette simple parole:

— Il me semble que si monsieur de Montgommery eût voulu s'échapper, rien ne lui eût été plus facile depuis quinze jours.

Catherine n'eut pas le temps de répondre; car Gabriel fut amené au même moment.

Il était pâle, mais calme. Ce matin-là, de grand matin, quatre estafiers étaient venus le chercher à son hôtel, au grand effroi d'Aloyse. Il les avait suivis sans résistance aucune ; depuis, il attendait sans trouble apparent.

Lorsque Gabriel entra d'un pas ferme et d'un air tranquille, le jeune roi changea de couleur, soit émotion de voir celui qui avait frappé son père, soit effroi d'avoir pour la première fois à remplir ce devoir de justicier dont sa mère venait de lui parler : le devoir le plus terrible en effet qu'ait imposé aux rois le Seigneur.

Aussi, ce fut d'une voix qu'on entendit à peine qu'il dit à Catherine, en se tournant vers elle :

— Parlez, madame, à vous de parler.

Catherine de Médicis usa sur-le-champ de la permission. Elle se croyait maintenant certaine de sa toute-puissante influence sur François II et sur son ministre. Elle s'adressa donc à Gabriel, d'un ton magistral et superbe :

— Monsieur, lui dit-elle, nous avons voulu, avant toute information, vous faire comparaître devant Sa Majesté elle-même, et vous interroger de notre propre bouche, pour qu'il n'y eût même pas besoin, vis-à-vis de vous, d'une réparation si nous vous trouvions innocent; pour que la justice fût plus éclatante, si nous vous trouvions coupable. Les délits extraordinaires veulent des juges extraordinaires. Etes-vous prêt à nous répondre, monsieur?

— Je suis prêt à vous entendre, madame, dit Gabriel.

Catherine fut plutôt irritée que persuadée par ce calme de l'homme qu'elle haïssait déjà avant qu'il ne l'eût rendue veuve, qu'elle haïssait de tout l'amour qu'elle avait pu ressentir un moment pour lui.

Elle reprit donc avec une sorte d'amertume offensante :

— De singulières circonstances s'élèvent contre vous, monsieur, et vous accusent : vos longues absences de Paris, votre exil volontaire de la cour depuis près de deux ans, votre présence et votre attitude mystérieuse au fatal tournoi, vos refus même d'entrer en lice contre le roi. Comment se fait-il, vous habitué à ces jeux et passes d'armes, que vous ayez omis la précaution accoutumée et nécessaire de jeter au retour le tronçon de votre lance? Comment expliquez-vous cet étrange oubli? Répondez enfin. Qu'avez-vous à dire à tout cela?

— Rien, madame, dit Gabriel.

— Rien? fit la reine-mère étonnée.

— Absolument rien.

— Comment! reprit Catherine, vous convenez donc?... vous avouez donc?...

— Je n'avoue rien, je ne conviens de rien, madame

— Alors, vous niez?

— Je ne nie rien non plus. Je me tais.

Marie Stuart laissa échapper un geste d'approbation; François II écoutait et regardait avec une sorte d'avidité; le duc de Guise restait muet et immobile.

Catherine reprit d'un ton de plus en plus âpre :

— Monsieur, prenez garde! Vous feriez mieux peut-être d'essayer de vous défendre et de vous justifier. Apprenez une chose : monsieur de Montmorency, qu'au besoin on entendrait comme témoin, affirme, qu'à sa connaissance, vous pouviez avoir contre le roi certains griefs, des motifs d'animosité personnelle.

— Lesquels, madame? Monsieur de Montmorency a-t-il dit lesquels?

— Pas encore, mais il les dirait sans doute.

— Eh bien! qu'il les dise, s'il l'ose! reprit Gabriel avec un sourire fier et paisible.

— Ainsi, vous refusez tout à fait de parler? insista Catherine.

— Je refuse.

— La torture aurait peut-être raison de cet orgueilleux silence, savez-vous?

— Je ne crois pas, madame.

— Et puis, de cette façon-là, vous risquez votre vie, je vous en préviens.

— Je ne la défendrais pas, madame. Elle n'en vaut plus la peine.

— Vous êtes bien décidé, monsieur? Pas un mot?

— Pas un seul, madame, dit Gabriel en secouant la tête.

— Eh bien! c'est bien! s'écria Marie Stuart comme entraînée par un élan irrésistible. C'est noble et grand, ce silence ! c'est d'un gentilhomme qui ne veut même pas repousser le soupçon, de peur que le soupçon ne le touche. Je dis, moi, que ce silence est la plus éloquente des justifications!

Cependant, la vieille reine regardait la jeune reine d'un air sévère et courroucé.

— Oui, j'ai peut-être tort de parler ainsi, reprit Marie Stuart ; mais tant pis ! je dis ce que je sens et ce que je pense. Mon cœur ne pourra jamais faire taire ma bouche. Il faut que mes impressions et mes émotions se fassent jour. Mon instinct, c'est ma politique à moi. Or, il me crie ici que monsieur d'Exmès n'a pas froidement conçu et exécuté volontairement un tel crime, qu'il n'a été que l'instrument aveugle de la fatalité, qu'il se croit au-dessus de toute supposition contraire, et qu'il dédaigne de se justifier. Mon instinct crie cela en moi, et je le crie tout haut. Pourquoi pas?

Le jeune roi regardait avec amour et joie sa mignonne, comme il l'appelait, s'exprimer avec cette éloquence, et cette animation qui la faisaient vingt fois plus jolie encore que de coutume.

Pour Gabriel, il s'écria d'une voix émue et profonde ;

— Oh ? merci, madame, je vous remercie ! Et vous faites bien ! non pour moi, mais pour vous, vous faites bien d'agir ainsi.

— Tiens ! je le sais bien ! reprit Marie avec l'accent le plus gracieux qui se pût rêver.

— En avons-nous fini avec ces enfantillages de sentiment ? s'écria Catherine irritée.

— Non, madame, dit Marie Stuart blessée dans son amour-propre de jeune femme, et de jeune reine, non ! si vous en avez fini avec ces enfantillages-là, vous, nous qui sommes jeunes, Dieu merci ! nous ne faisons que de commencer. N'est-il pas vrai, mon doux sire ? ajouta-t-elle en se tournant gentiment vers son jeune époux.

Le roi ne répondit pas, mais il effleura de ses lèvres le bout de ces doigts rosés que lui tendait Marie.

La colère de Catherine, jusque là contenue, éclata. Elle n'avait pu s'habituer encore à traiter en roi un fils presque enfant ; de plus, elle se croyait forte de l'appui du duc de Guise, qui ne s'était pas prononcé jusque-là, et qu'elle ne savait pas un protecteur dévoué, et, pour ainsi dire, un complice tacite, pour le comte de Montgommery. Elle osa donc franchement se mettre en colère.

— Ah ! c'est ainsi ! dit-elle aux dernières paroles légèrement moqueuses de Marie. Je réclame un droit, et l'on me raille ! Je demande, en toute modération, que le meurtrier de Henri II soit au moins interrogé, et, quand il refuse de se justifier, on approuve son silence, bien plus, on le loue ; Eh bien ! puisque les choses vont de cette sorte, plus de lâches réserves et de demi-mesures. Je me porte hautement l'accusatrice du comte de Montgommery. Le roi refusera-t-il justice à sa mère parce qu'elle est sa mère ?... On entendra le connétable, on entendra, s'il le faut, madame de Poitiers ! la vérité se fera jour ; et, si l'Etat a des secrets compromis dans cette affaire, nous aurons des jugemens, une condamnation secrète. Mais la mort d'un roi traîtreusement assassiné en présence de tout son peuple sera du moins vengée.

Pendant cette sortie de la reine-mère, un sourire triste et résigné errait sur les lèvres de Gabriel.

Il se rappelait, à part lui, les deux derniers vers de la prédiction de Nostradamus :

..... Enfin, l'aimera, puis, las ! le tuera
Dame du roy.

Allons ! la prédiction, jusque là si exacte, devait s'accomplir jusqu'au bout ! Catherine ferait condamner et périr celui qu'elle avait aimé ! Gabriel s'y attendait, Gabriel était prêt.

Cependant la Florentine, jugeant peut-être elle-même qu'elle allait bien loin, s'arrêta un instant, et se tournant de sa meilleure grâce vers le duc de Guise toujours taciturne :

— Mais vous ne dites rien, monsieur de Guise ? fit-elle. Vous êtes de mon avis, n'est-il pas vrai ?

— Non, madame, reprit lentement le Balafré, non, je ne

suis pas de votre avis, je l'avoue, et voilà pourquoi je ne disais rien.

— Ah ! vous aussi !... vous vous mettez contre moi ! reprit Catherine d'une voix sourde et menaçante.

— J'ai pour cette fois ce regret, madame, dit le duc de Guise. Vous voyez cependant que jusqu'ici j'avais été avec vous, et que, pour ce qui concernait le connétable e madame de Valentinois, je suis entré tout à fait dans vos vues.

— Oui, parce qu'elles servaient les vôtres, murmura Catherine de Médicis. Je le vois à présent et trop tard.

— Mais quant à monsieur de Montgommery, continua tranquillement le Balafré, je ne puis en conscience partager votre sentiment, madame. Il me semble impossible de rendre responsable d'un accident tout fortuit un brave et loyal gentilhomme. Un procès serait pour lui un triomphe, pour ses accusateurs une confusion. Et quant aux périls que ferait, selon vous, madame, courir à la vie des rois une indulgence qui veut plutôt croire au malheur qu'au crime, je trouve au contraire que le danger serait d'habituer trop le peuple à cette idée que les existences royales ne sont pas pour le monde aussi invulnérables et sacrées qu'il le suppose...

— Voilà de hautes maximes politiques sans doute ? reprit Catherine avec amertume.

— Je les estime du moins vraies et sensées, madame, ajouta le Balafré, et pour toutes ces raisons et d'autres encore, je suis d'opinion que ce qui nous reste à faire c'est de nous excuser vis à vis de monsieur de Montgommery d'une arrestation arbitraire, demeurée heureusement secrète, heureusement pour nous plus encore que pour lui ! et ces excuses acceptées, nous n'aurons plus qu'à le renvoyer libre, honorable et honoré comme il l'était hier, comme il le sera demain, comme il le sera toujours. J'ai dit.

— A merveille ! reprit en ricanant Catherine.

Et, s'adressant brusquement au jeune roi :

— Et cette opinion, voyons ! est-ce aussi la vôtre, par hasard, mon fils ? lui demanda-t-elle.

L'attitude de Marie Stuart, dont le regard et le sourire remerciaient le duc de Guise, ne devait pas laisser d'hésitation dans l'esprit de François II.

— Oui, ma mère, dit-il, je conviens que l'opinion de mon oncle est la mienne.

— Ainsi vous trahissez la mémoire de votre père ? reprit Catherine d'une voix tremblante et profonde.

— Je la respecte, au contraire, madame, dit François II. La première parole de mon père après sa blessure ne fut-elle point pour demander qu'on n'inquiétât pas monsieur de Montgommery ? N'a-t-il pas, dans un des momens lucides de son agonie, réitéré cette demande ou plutôt cet ordre ? Permettez, madame, à son fils d'y obéir.

— Bien ! et vous méprisez, en attendant et pour commencer, la volonté sainte de votre mère !...

— Madame, interrompit le duc de Guise, laissez-moi vous rappeler à vous-même vos propres paroles. Une seule volonté dans l'État !

— Mais j'ai dit, monsieur, que celle du ministre ne devait venir qu'après celle du roi, s'écria Catherine.

— Oui, madame, reprit Marie Stuart, mais vous avez ajouté que celle du roi pouvait être éclairée par les personnes dont le seul intérêt était évidemment celui de son salut et de sa gloire. Or, personne plus que moi, sa femme, n'a cet intérêt, je présume. Et je lui conseille, avec mon oncle de Guise, de croire plutôt à la loyauté qu'à la perfidie d'un sujet éprouvé et vaillant, et de ne pas inaugurer son règne par une iniquité.

— C'est à de telles suggestions que vous adhérez, mon fils ! dit encore Catherine.

— Je cède à la voix de ma conscience, ma mère, répondit le jeune roi avec plus de fermeté qu'on n'eût pu en attendre de lui.

— Est-ce votre dernier mot, François ? reprit Catherine. Prenez-y garde ! Si vous refusez à votre mère la première demande qu'elle vous adresse, si vous vous posez ainsi d'abord pour elle en maître indépendant et pour d'autres en instrument docile, vous pourrez bien régner seul, avec ou sans vos fidèles ministres ! je ne m'occupe plus de rien qui ait rapport au roi ou au royaume, je vous retire les conseils de mon expérience et de mon dévoûment, je rentre dans ma retraite, et vous abandonne, mon fils. Songez-y ! songez-y bien !

— Nous déplorerions cette retraite, mais nous nous y résignerions, murmura à voix basse Marie Stuart que François II seul entendit.

Mais l'amoureux et imprudent jeune homme, comme un écho fidèle, répéta tout haut :

— Nous déplorerions cette retraite, mais nous nous y résignerions, madame.

— C'est bon !.., dit seulement Catherine.

Elle ajouta à voix basse en désignant Gabriel :

— Quant à celui-ci, je le retrouverai tôt ou tard.

— Je le sais, madame, lui répondit le jeune homme qui pensait encore à la prédiction.

Mais Catherine ne l'entendit pas.

Furieuse, elle enveloppa le royal et charmant couple et le duc de Guise dans un regard vipérin, sanglant et terrible, regard fatal où l'on eût pu pressentir déjà tous les crimes de l'ambition de Catherine et toute la sombre histoire des derniers Valois !...

Puis, sur ce foudroyant regard, elle sortit sans ajouter une parole.

XVI.

GUISE ET COLIGNY.

Après cette sortie de Catherine de Médicis, il y eut un moment de silence. Le jeune roi paraissait étonné lui-même de son audace. Marie, dans une intuition délicate de sa tendresse, songeait avec quelque terreur à ce dernier regard menaçant de la reine-mère. Pour le duc de Guise, il était secrètement charmé de se trouver débarrassé, dès sa première heure de pouvoir d'une ambitieuse et dangereuse associée.

Gabriel, qui avait occasionné tout ce trouble, prit le premier la parole :

— Sire, dit-il, et vous, madame, et vous aussi, monseigneur, je vous remercie de vos bonnes et généreuses intentions envers un malheureux que le ciel même abandonne. Mais, malgré cette profonde reconnaissance dont mon cœur est pénétré pour vous, je vous le dis : à quoi bon écarter les dangers et la mort d'une existence aussi triste et aussi perdue que la mienne. Ma vie ne sert plus à rien et à personne, pas même à moi. Allez ! je ne l'aurais pas disputée à madame Catherine, parce qu'elle est désormais inutile ..

Dans sa pensée il ajouta tristement :

— Et parce qu'elle pourrait encore être nuisible un jour.

— Gabriel, reprit le duc de Guise, votre vie a été glorieuse et bien remplie dans le passé, et sera encore bien remplie et glorieuse dans l'avenir. Vous êtes un homme d'énergie comme il en faudrait beaucoup à ceux qui gouvernent les empires, et comme ils n'en trouvent que trop peu.

— Et puis, ajouta la voix consolante et douce de Marie Stuart, et puis vous êtes, monsieur de Montgommery, un grand et noble cœur. Depuis longtemps je vous connais, et nous nous sommes bien souvent entretenus de vous, madame de Castro et moi.

— Enfin, reprit François II, vos services précédens, monsieur, m'autorisent à compter sur vos services futurs. Les guerres actuellement éteintes peuvent se rallumer, et je ne veux pas, moi, qu'un moment de désespoir, quel qu'en soit le motif, prive à jamais la patrie d'un défenseur aussi loyal, j'en suis certain, qu'il est vaillant.

Gabriel écoutait avec une sorte de surprise mélancolique et grave ces bonnes paroles d'encouragement et d'espérance. Il regardait tour à tour chacun des hauts personnages qui les lui adressaient, et il semblait profondément réfléchir.

— Eh bien ! oui, reprit-il enfin, cette bonté inattendue

que vous me témoignez, vous tous qui devriez me haïr peut-être, cette bonté change mon âme et ma destinée. A vous, sire, à vous, madame et monseigneur, tant que vous vivrez, cette existence dont vous m'avez fait don, pour ainsi dire ! Je ne suis pas né méchant ! Ce bienfait me touche au fond du cœur. J'étais fait pour me dévouer, pour me sacrifier, pour servir d'instrument aux belles idées et aux grands hommes. Instrument parfois heureux, parfois fatal ! Hélas ! la colère de Dieu ne le savait que trop !... Mais ne parlons plus du passé lugubre, puisque vous voulez bien me croire encore un avenir. Cet avenir pourtant, ce n'est pas à moi, c'est à vous qu'il appartient, c'est à mes admirations et à mes convictions. J'abdique ma volonté. Que les êtres et les choses auxquels je crois fassent de moi ce qu'il leur plaira. Mon épée, mon sang, ma mort, tout ce que je suis est leur chose. Je donne sans réserve et sans retour mon bras à votre génie, monseigneur, comme mon âme à la religion...

Il ne dit pas à laquelle. Mais ceux qui l'écoutaient étaient trop aveugles catholiques pour que la pensée de la réforme leur vint un seul instant à l'esprit.

L'éloquente abnégation du jeune comte les toucha. Marie eut les larmes aux yeux, le roi se félicita d'avoir été ferme pour sauver ce cœur reconnaissant. Quant au duc de Guise, il croyait savoir mieux que personne jusqu'où pouvait aller chez Gabriel cette ardente vertu du sacrifice.

— Oui, lui dit-il, ami, j'aurai besoin de vous. Je réclamerai quelque jour, au nom de la France et du roi, cette brave épée que vous nous promettez.

— Elle sera prête, monseigneur, demain, aujourd'hui, toujours !

— Gardez-la pour quelque temps au fourreau, reprit le duc de Guise. Sa Majesté vous le disait, le moment est tranquille, les guerres et les factions ont fait trêve. Reposez-vous donc, Gabriel, et laissez ainsi se reposer et s'apaiser le bruit funeste qui a entouré dans ces derniers jours votre nom. Certes, nul de ceux qui ont un titre et un cœur de gentilhomme ne songe à vous accuser de votre malheur. Mais votre vraie gloire exige que votre cruelle renommée s'éteigne un peu. Plus tard, dans un an ou deux, je redemanderai au roi, pour vous, cette charge de capitaine des gardes dont vous n'avez pas cessé d'être digne...

— Ah ! dit Gabriel, ce ne sont pas des honneurs que je souhaite, mais des occasions d'être utile au roi et à la France, des occasions de combattre, je n'ose plus dire, de peur de vous paraître ingrat, des occasions de mourir.

— Ne parlez pas ainsi, Gabriel, reprit le Balafré. Dites-moi seulement que lorsque le roi vous appellera contre ses ennemis, vous vous rendrez sur-le-champ à l'appel.

— En quelque lieu que je sois et qu'il faille aller, oui, monseigneur.

— C'est bien, dit le duc de Guise, je ne vous demande pas autre chose.

— Et moi, dit François II, je vous remercie de cette promesse, et je ferai en sorte que vous ne vous repentiez pas de l'avoir tenue.

— Et moi, ajouta Marie Stuart, je vous assure que notre confiance répondra toujours à votre dévouement, et que vous serez à nos yeux un de ces amis auxquels on ne cache rien, et auxquels on ne refuse rien non plus.

Le jeune comte, plus ému qu'il n'eût voulu se l'avouer à lui-même, s'inclina et toucha respectueusement de ses lèvres la main que lui tendait la reine.

Puis, il serra celle du duc de Guise, et, congédié par un geste bienveillant du roi, se retira, désormais acquis par un bienfait au fils de celui qu'il s'était engagé à poursuivre jusque dans sa postérité.

Gabriel, en entrant chez lui, y trouva l'amiral de Coligny qui l'attendait.

Aloyse avait appris à l'amiral, qui était venu visiter son compagnon de Saint-Quentin, qu'on avait mandé le matin son maître au Louvre ; elle lui avait fait part de ses inquiétudes, et Coligny avait voulu rester jusqu'à ce que le retour du comte de Montgommery l'eût rassuré en rassurant la nourrice.

Il reçut Gabriel avec effusion, et l'interrogea sur ce qui s'était passé.

Gabriel, sans entrer dans aucun détail, lui dit seulement que, sur une simple explication donnée par lui, touchant la déplorable mort de Henri II, il avait été renvoyé intact dans sa personne et son honneur.

— Il ne pouvait en être autrement, reprit l'amiral, et toute la noblesse de France eût protesté contre un soupçon qui eût ainsi entaché un de ses plus dignes représentans.

— Laissons ce sujet, dit Gabriel avec contrainte et tristesse. Je suis aise de vous voir, monsieur l'amiral. Vous savez que déjà j'appartenais de cœur à la religion réformée, je vous l'ai dit et écrit. Puisque vous pensez que je ne déshonorerai pas la cause à laquelle je croirai, je veux et je puis abjurer maintenant ; vos discours, ceux de maître Paré, et les livres et mes propres réflexions, m'ont tout à fait convaincu ! je suis des vôtres.

— Une bonne nouvelle et qui arrive à propos ! dit l'amiral.

— Il me semble toutefois, reprit Gabriel, que, dans l'intérêt même de la religion, il serait peut-être bon de tenir quelque temps ma conversion secrète. Ainsi que me le faisait observer tout à l'heure monsieur de Guise, tout bruit autour de mon nom est pour l'instant à éviter. Ce retard, d'ailleurs, se conciliera avec de nouveaux devoirs que j'ai à remplir.

— Nous serions toujours fiers de vous nommer publiquement parmi les nôtres, dit l'amiral.

— Mais c'est à moi de refuser ou d'ajourner, du moins, cette précieuse marque de votre estime, répondit Gabriel Je tiens seulement à donner ce gage à ma croyance intime et inébranlable, et à pouvoir me dire dans ma conscience, un de vos frères, et par l'intention et par le fait.

— A merveille ! reprit monsieur de Coligny. Tout ce que je vous demande, c'est de me permettre d'annoncer aux chefs du parti cette notable conquête que font définitivement nos idées.

— Oh ! j'y consens de tout mon cœur, dit Gabriel.

— Aussi bien, continua l'amiral, le prince de Condé, La

Renaudie, le baron de Castelnau, vous connaissent déjà, et vous apprécient à votre valeur.

— J'ai peur, hélas! qu'ils ne se l'exagèrent : cette valeur en tout cas, est bien diminuée.

— Non, non! reprit Coligny, ils ont raison d'y compter. Moi aussi, je vous connais! D'ailleurs, continua-t-il en baissant la voix, nous allons peut-être avoir avant peu l'occasion de mettre à l'épreuve votre nouveau zèle.

— Ah! vraiment? dit Gabriel surpris. Vous savez, monsieur l'amiral, que vous pouvez compter sur moi; pourtant avec certaines réserves maintenant, que j'aurai à vous faire connaître.

— Qui n'a les siennes?... reprit l'amiral. Mais écoutez, Gabriel. Ce n'était pas seulement l'ami, c'était aussi le religionnaire qui venait vous faire visite aujourd'hui. Nous avons parlé de vous avec le prince et avec La Renaudie. Même avant votre acquiescement décisif à nos principes, nous vous tenions pour un auxiliaire de mérite singulier et de probité inattaquable. Enfin, nous nous accordions chacun de notre côté à vous considérer comme un homme capable de nous servir s'il le pouvait, incapable de nou trahir quoi qu'il advînt.

— J'ai cette dernière qualité, en effet, à défaut de la première, reprit Gabriel. On peut toujours se fier, sinon à mon aide, du moins à ma parole.

— Aussi avons-nous résolu de n'avoir jamais de secret pour vous, dit l'amiral. Vous serez, comme un des chefs, initié à tous nos desseins, et vous n'aurez que la responsabilité du silence. Vous n'êtes pas un homme comme les autres, et vis-à-vis des hommes d'exception, il faut agir exceptionnellement. Vous demeurerez libre et nous seuls serons liés...

— Une telle confiance!... dit Gabriel.

— Ne vous engage qu'à la discrétion, je vous le répète, dit l'amiral. Et pour commencer, sachez une chose : les projets qui vous ont été révélés à l'assemblée de la place Maubert, et qui avaient dû être ajournés, deviennent exécutables aujourd'hui. La faiblesse du jeune roi, l'insolence des Guise, les idées de persécution qu'on ne dissimule plus contre nous, tout nous exhorte à l'action, et nous allons agir...

— Pardon ! interrompit Gabriel. Je vous ai dit, monsieur l'amiral, que je ne me donnais à vous que dans de certaines limites. Avant que vous vous avanciez plus loin dans vos confidences, je dois vous déclarer que précisément je n'entends toucher en rien au côté politique de la réforme, du moins tant que durera le règne qui commence. Pour la propagande de nos idées et notre influence morale, j'offre volontiers ma fortune, mon temps, ma vie, mais je n'ai le droit de voir dans la réforme qu'une religion et non un parti. François II, Marie Stuart, et le duc de Guise lui-même, viennent d'agir avec moi avec générosité et grandeur. Je ne trahirai pas plus leur confiance que la vôtre. Laissez-moi m'abstenir de l'action et ne me préoccuper que de l'idée. Réclamez mon témoignage quand vous voudrez ; mais je réserve l'indépendance de mon épée.

Monsieur de Coligny réfléchit une minute, puis reprit :

— Mes paroles, Gabriel, n'étaient point des paroles vaines. Vous êtes et serez toujours libre. Marchez seul dans votre voie si cela vous convient. Agissez sans nous ou n'agissez pas. Nous ne vous demanderons aucun compte. Nous savons, ajouta-t-il, d'un air significatif, que c'est quelquefois votre manière de ne vouloir ni associés, ni conseillers.

— Que voulez-vous dire ? demanda Gabriel, surpris.

— Je m'entends, reprit l'amiral. Pour le moment, vous demandez à ne pas vous mêler à nos conspirations contre l'autorité royale ? Soit ! Notre rôle à nous se bornera à vous avertir de nos mouvemens et de nos projets. Suivez-nous ou restez à l'écart, cela vous regarde et ne regarde que vous. Vous saurez toujours, soit par lettre, soit par messager, quand et comment nous aurions besoin de vous, et puis, vous ferez comme bon vous semblera. Si vous venez, vous serez le bien-venu ; si vous vous abstenez, nul n'aura de reproche à vous faire. Voilà ce qui était convenu à votre égard entre les chefs du parti, même avant que vous m'eussiez prévenu de votre position. Vous pouvez accepter de telles conditions, ce me semble,

— Aussi, je les accepte et vous remercie, dit Gabriel.

La nuit qui suivit ce jour-là, Gabriel, agenouillé dans le caveau funéraire des comtes de Montgommery, devant la tombe de son père, parlait à son cher mort, et lui disait :

— Oui, sans doute, ô mon père! j'avais juré, non seulement de punir votre meurtrier dans sa vie, mais encore de le combattre après lui dans sa race. Sans doute, ô mon père! sans doute. Mais je n'avais pas prévu ce qui arrive. N'y a-t-il pas des devoirs plus sacrés même que le serment? Quelle obligation peut vous contraindre à frapper un ennemi qui vous met l'épée dans la main, et s'offre, la poitrine nue, à vos coups? Si vous viviez, mon père, vous me conseilleriez, j'en suis sûr, d'ajourner ma colère, et de ne pas répondre à la confiance par la trahison. Pardonnez-moi donc, mort, de faire ce que vivant, vous m'ordonneriez... D'ailleurs, quelque chose me dit que ma vengeance n'est pas pour longtemps suspendue. Vous savez là-haut ce que nous ne pouvons que pressentir ici bas. Mais la pâleur de ce roi débile, le regard effrayant dont l'a menacé sa mère, les prédictions, jusqu'ici fidèles, qui condamnent ma propre vie à s'éteindre par la rancune de cette femme, les conjurations déjà ourdies contre ce règne commencé d'hier, tout me prouve que probablement l'enfant de seize ans trônera moins longtemps encore que l'homme de quarante, et que je pourrai bientôt, mon père, reprendre ma tâche et mon serment d'expiation sous un autre fils de Henri II.

XVII.

RAPPORTS ET DÉNONCIATIONS.

Sept ou huit mois se passèrent sans grands événemens, ni pour les héros de ce livre, ni pour ceux de l'histoire.

Mais, du moins, dans cet espace de temps, se préparèrent des événemens d'une certaine gravité.

Pour les connaître et nous mettre au courant, nous n'avons qu'à nous transporter, le 25 février 1650, dans l'endroit où l'on est censé toujours savoir le mieux les nouvelles, c'est-à-dire, dans le cabinet de monsieur le lieutenant de police, qui s'appelait pour le moment monsieur de Braguelonne.

Donc, le 25 février 1560, un soir, monsieur de Braguelonne, nonchalamment assis dans son grand fauteuil de cuir de Cordoue, écoutait le rapport de maître Arpion, l'un de ses secrétaires.

Maître Arpion lisait :

« Cejourd'hui, le fameux voleur Gilles Rose a été arrêté dans la grande salle du palais, coupant un bout de ceinture garnie d'or à un chanoine de la Sainte-Chapelle. »

— A un chanoine de la Sainte-Chapelle ! voyez-vous cela ! s'écria monsieur de Braguelonne.

— C'est bien impie ! dit maître Arpion.

— Et bien adroit ! reprit le lieutenant de police, bien adroit ! car le chanoine est défiant. Je vous dirai tout à l'heure, maître Arpion, ce qu'il faudra faire de ce filou retors. Passons.

« Les demoiselles des clapiers de la rue du Grand-Heuleu, continua Arpion, sont en état de révolte ouverte... »

— Et pourquoi donc, Jésus ?

— Elles prétendent avoir adressé directement une requête au roi, notre Sire, pour être maintenues en leur logis, et, en attendant, elles ont mis ou fait mettre le guet en déroute.

— C'est fort drôle ! dit en riant monsieur de Braguelonne. On mettra aisément ordre à cela. Ces pauvres filles ! Autre chose.

Maître Arpion reprit :

« Messieurs les députés de la Sorbonne s'étant présentés à Paris, chez madame la princesse de Condé, pour l'engager à ne plus manger de viande pendant le saint carême, ont été reçus avec force brocards par monsieur de Sechelles, lequel leur a dit, entre autres outrages, qu'il les aimait à peu près comme un clou sur son nez, et que c'étaient d'étranges ambassadeurs que des veaux comme eux. »

— Ah! voilà qui est grave! dit le lieutenant de police en se levant. Refuser de faire maigre et insulter ces messieurs de la Sorbonne! Ceci va grossir votre compte, madame de Condé, et quand nous vous présenterons le total!... Arpion, est-ce tout?

— Mon Dieu, oui! pour aujourd'hui. Mais monseigneur ne m'a pas dit ce qu'on ferait de ce Gilles Rose?

— Voici, dit monsieur de Braguelonne : Vous le prendrez dans sa prison avec les plus adroits filous et tire-laines que vous y trouverez avec lui, et vous enverrez ces bons drilles à Blois, où l'on veut, dans la fête qu'on prépare au roi, amuser Sa Majesté en leur faisant faire montre de leurs tours et adresses.

— Mais, monseigneur, s'ils retiennent les objets volés pour rire?

— Ils seront pendus alors.

En ce moment, un huissier entra et annonça :

— Monsieur l'inquisiteur de la foi.

Maître Arpion n'eut pas même besoin qu'on lui dît de sortir. Il salua respectueusement et s'esquiva.

Celui qui entrait était effectivement un important et redoutable personnage.

A ses titres ordinaires de docteur en Sorbonne et de chanoine de Noyon, il joignait le beau titre extraordinaire de grand inquisiteur de la foi en France. Aussi, pour avoir un nom si sonore que son titre, se faisait-il appeler Démocharès, bien qu'il s'appelât simplement Antoine de Mouchy. Le peuple avait baptisé ses émissaires *mouchards*.

— Eh bien! monsieur le lieutenant de police? demanda le grand inquisiteur.

— Eh bien! monsieur le grand inquisiteur? demanda le lieutenant de police.

— Quoi de nouveau à Paris?

— J'allais précisément vous adresser la même question.

— Cela veut dire qu'il n'y a rien, reprit Démocharès avec un profond soupir. Ah! les temps sont durs. Rien ne va. Pas le moindre complot! pas le plus léger attentat!

Que ces huguenots sont lâches ! Nos métiers s'en vont, monsieur de Braguelonne !

— Non, non, répondit monsieur de Braguelonne avec conviction. Non, les gouvernemens passent, mais la police reste.

— Cependant, reprit avec amertume monsieur de Mouchy, voyez où vient d'aboutir votre descente à main armée chez ces réformés de la rue des Marais. En les surprenant à table au milieu de leur cène, on devait bien espérer les surprendre mangeant du cochon en guise d'agneau pascal, comme vous nous l'aviez annoncé. On n'a rapporté de cette belle expédition qu'une pauvre poularde lardée. Est-ce cela, monsieur le lieutenant de police, qui peut faire beaucoup d'honneur à votre institution ?

— On ne réussit pas toujours, dit monsieur de Braguelonne piqué. Avez-vous été plus heureux, vous, dans votre affaire de cet avocat de la place Maubert, de ce Trouillard, je crois ? Vous en attendiez pourtant des merveilles.

— Je l'avoue, dit piteusement Démocharès.

— Vous comptiez prouver clair comme le jour, poursuivit monsieur de Braguelonne, que ce Trouillard avait livré ses deux filles à ses coreligionnaires à la suite d'une épouvantable orgie, et voilà que les témoins, que vous avez si chèrement payés, ah ! ah ! ah ! se rétractent tout à coup et vous démentent.

— Les traîtres ! murmura de Mouchy.

— De plus, continua le lieutenant de police, j'ai reçu les rapports des chirurgiens et des matrones : il y est établi le plus nettement du monde que la vertu des deux jeunes filles n'a pas reçu la moindre atteinte.

— C'est une infamie ! grommela Démocharès.

— Affaire manquée ! monsieur le grand inquisiteur de la foi. Affaire manquée ! répéta monsieur de Braguelonne avec complaisance.

— Eh ! s'écria avec impatience Démocharès, si l'affaire est manquée, c'est de votre faute.

— Comment ! de ma faute ! reprit le lieutenant de police stupéfait.

— Mais sans doute. Vous vous arrêtez à des rapports, à

des rétractations, à des niaiseries ! Qu'importe ces échecs et ces démentis ! il fallait poursuivre tout de même ! et, comme si de rien n'était, accuser hardiment ces parpaillots.

— Quoi ! sans preuves ?

— Oui, et les condamner.

— Sans crimes ?

— Oui ! et les faire pendre.

— Sans juges ?

— Eh ! oui, cent fois oui ! sans juges, sans crimes, sans preuves ! Le beau mérite de faire pendre de vrais coupables !

— Mais quelles clameurs et quelles fureurs contre nous alors ! dit monsieur de Braguelonne.

— Ah ! c'est là que je vous attendais ! reprit Démocharès triomphant. Là est la pierre d'assise de tout mon système, monsieur. En effet, que produisent ces fureurs dont vous parlez ? des complots. Qu'amènent ces complots ? des révoltes. Que ressort-il de ces révoltes ? l'évidente utilité de nos fonctions.

— Il est certain qu'à ce point de vue !... dit en riant monsieur de Braguelonne.

— Monsieur, reprit magistralement Démocharès, retenez bien ce principe : Pour récolter des crimes, il faut en semer. La persécution est une force.

— Eh ! dit le lieutenant de police, il me semble que, depuis le commencement de ce règne, nous ne nous en sommes pas fait faute de la persécution. Il était difficile d'exciter et de provoquer plus qu'on l'a fait les mécontens de toute sorte.

— Peuh ! Qu'a-t-on fait ? dit le grand inquisiteur avec quelque dédain.

— Mais d'abord comptez-vous pour rien les visites, attaques et pillages de tous les jours, chez les huguenots innocens ou coupables ?

— Ma foi ! oui, je compte cela pour rien, dit Démocharès, vous voyez bien qu'ils supportent avec une patienc calme ces vexations par trop médiocres.

— Et le supplice d'Anne Dubourg, neveu d'un chancelier

de France, brûlé, il y a deux mois, en place de Grève, n'est-ce rien aussi?

— C'est peu de chose toujours, dit le difficile de Mouchy. Qu'a produit ce supplice? l'assassinat du président Minard, un des juges, et une prétendue conspiration, dont on n'a pas retrouvé les traces. Voilà-t-il pas de quoi faire un grand fracas!

— Et le dernier édit, qu'en pensez-vous? demanda monsieur de Braguelonne, le dernier édit qui s'attaque, non-seulement aux huguenots, mais à toute la noblesse du royaume. Quant à moi, je l'ai dit sincèrement à monsieur le cardinal de Lorraine, je trouve cela bien audacieux.

— Quoi! dit Démocharès, parlez-vous de l'ordonnance qui a supprimé les pensions?

— Non, vraiment, mais de celle qui enjoignait aux solliciteurs, nobles ou vilains, de quitter la cour dans les vingt-quatre heures, sous peine d'être pendus. La hart pour les gentilshommes comme pour les manans, convenez que c'est assez dur et passablement révoltant.

— Oui, la chose ne manque pas de hardiesse, dit Démocharès avec un sourire de satisfaction. Il y a seulement cinquante ans, une ordonnance pareille, eût, je l'avoue, soulevé toute la noblesse du royaume. Mais aujourd'hui, vous voyez, ils ont crié, il n'ont pas agi. Pas un n'a bougé.

— C'est ce qui vous trompe, monsieur le grand inquisiteur, dit Braguelonne en baissant la voix, et, s'ils ne bougent pas à Paris, je crois qu'ils se remuent en province.

— Bah! s'écria de Mouchy avec empressement, vous avec donc des nouvelles?

— Je n'en ai pas encore, mais j'en attends à toute minute.

— Et d'où cela?

— De la Loire.

— Vous avez par là des émissaires?

— Je n'en ai qu'un, mais il est bon.

— Un seul! c'est bien chanceux, dit Démocharès d'un air capable.

— J'aime mieux, moi, reprit monsieur de Braguelonne,

payer un seul affidé intelligent et sûr aussi cher que vingt coquins stupides. C'est ma manière, que voulez-vous?

— Oui, mais qui vous répond de cet homme ?

— Sa tête, d'abord, et puis ses services passés ; il a fait ses preuves.

— N'importe, c'est bien chanceux ! reprit Démocharès.

Maître Arpion rentra doucement, comme monsieur de Mouchy parlait encore, et vint dire un mot tout bas à l'oreille de son maître.

— Ah ! ah ! s'écria le lieutenant de police triomphant. Eh bien ! Arpion, introduisez Lignières, sur-le-champ..... Oui, en présence de monsieur le grand inquisiteur ; n'est-il pas un peu des nôtres ?

Arpion salua et sortit.

— Ce Lignières est justement l'homme dont je vous parlais, reprit monsieur de Braguelonne en se frottant les mains. Vous allez l'entendre. Il arrive de Nantes à l'instant. Nous n'avons pas de secrets l'un pour l'autre, n'est-ce pas? et je suis aise de vous prouver que ma façon en vaut bien une autre.

Ici, maître Arpion ouvrit la porte au sieur Lignières.

C'était ce petit homme maigre, noir et chétif que nous avons vu déjà à l'assemblée protestante de la place Maubert, le même qui avait si hardiment montré la médaille républicaine, et parlé de lis tranchés et de couronnes foulées aux pieds.

On voit que si, dans ce temps-là, le nom d'agent provocateur n'existait pas encore, la chose florissait déjà.

XVIII

UN ESPION.

Lignières, en entrant, jeta d'abord sur Démocharès un regard froid et défiant, et après avoir salué monsieur de

Braguelonne, resta prudemment silencieux et immobile, attendant qu'on l'interrogeât.

— Je suis enchanté de vous voir, monsieur Lignières, dit monsieur de Braguelonne. Vous pouvez parler sans crainte devant monsieur le grand inquisiteur de la foi en France.

— Oh ! certes ! s'écria Lignières avec empressement, et si j'avais su que j'étais en présence de l'illustre Démocharès, croyez, monseigneur, que je n'aurais pas ainsi hésité.

— Très bien ! dit, en hochant la tête d'un air approbateur, de Mouchy, évidemment flatté de la déférence respectueuse de l'espion.

— Allons !... parlez, monsieur Lignières, parlez vite ! dit le lieutenant de police.

— Mais, reprit Lignières, monsieur n'est peut-être pas parfaitement au courant de ce qui s'était passé à l'avant-dernier conciliabule des protestans, à La Ferté ?

— Je ne sais pas grand'chose, en effet, là-dessus, dit Démocharès.

— Je vais donc, si l'on me le permet, ajouta Lignières, reprendre de là en quelques mots rapides le récit des faits graves recueillis par moi dans ces derniers jours : ce sera plus clair et mieux assis.

Monsieur de Braguelonne donna d'un signe l'autorisation que Lignières attendait. Ce petit retard servait mal, sans doute, l'impatience du lieutenant de police, mais flattait sa fierté, en laissant briller devant le grand inquisiteur la capacité supérieure et même l'éloquence extraordinaire des agens qu'il savait choisir.

Il est certain que Démocharès était à la fois surpris et charmé comme un connaisseur habile qui rencontre un instrument plus irréprochable et plus complet que ceux dont il s'est jusque là servi.

Lignières, excité par cette haute faveur, voulut s'en montrer digne, et fut véritablement fort beau.

— Ce n'a pas été réellement bien grave cette première assemblée de La Ferté, dit-il. Il ne s'y est fait et dit que des choses assez fades, et j'ai eu beau proposer de renverser

Sa Majesté et d'établir en France la constitution des Etats suisses, je n'ai trouvé pour écho que des injures. On a seulement arrêté provisoirement qu'on adresserait au roi une requête, pour mettre un terme aux persécutions contre les religionnaires, et pour demander le renvoi des Guise, le ministère des princes du sang, et l'appel immédiat aux Etats-Généraux. Une simple pétition, pauvre résultat! Cependant on s'est compté et organisé. C'est quelque chose. Puis, il s'est agi de nommer des chefs. Tant qu'il n'a été question que des chefs secondaires de districts, on n'a trouvé aucune difficulté. Mais le chef général, la tête de la conspiration, c'est là ce qui a donné de la peine! monsieur de Coligny et le prince de Condé ont récusé par leurs représentans le dangereux honneur qu'on voulait leur faire en les désignant. Il valait mieux, a-t-on dit en leur nom, choisir un huguenot moins haut placé, pour que le mouvement gardât plus évidemment le caractère d'une entreprise populaire. Un bon prétexte pour les niais! Ils s'en sont contentés, et, après maint débat, ils ont enfin élu Godefroid de Barry, seigneur de La Renaudie.

— La Renaudie! répéta Démocharès. Oui, c'est en effet un des ardens meneurs de ces parpaillots. Je le connais pour un homme énergique et convaincu.

— Vous le connaîtrez bientôt pour un Catilina! dit Lignières.

— Oh! oh! fit le lieutenant de police, il me semble que c'est le surfaire un peu.

— Vous allez voir, reprit l'espion, vous allez voir si je le surfais! J'en viens à *notre* seconde assemblée, qui a eu lieu à Nantes, le 5 de ce mois de février.

— Ah! ah! s'écrièrent en même temps Démocharès et Braguelonne.

Et tous deux se rapprochèrent de maître Lignières, avec une avide curiosité.

— C'est que là, dit Lignières d'un air important, on ne s'est pas borné aux discours, pour le coup! Ecoutez... Donnerais-je à mesure à vos seigneuries les longs détails et les preuves? ou bien courrai-je sur-le-champ aux résultats? ajouta le drôle, comme s'il eût voulu prolonger le plus possible son espèce de possession de ces deux âmes.

— Des faits ! des faits ! cria le lieutenant de police, avec impatience.

— En voici donc, et vous allez frémir. Après quelques discours et préliminaires insignifians, La Renaudie a pris la parole, et voici ce qu'il a dit en substance : « L'an dernier, quand la reine d'Ecosse a voulu faire juger les ministres à Stirling, tous leurs paroissiens ont résolu de les suivre dans cette ville, et, quoique sans armes, ce grand mouvement a suffi pour intimider la régente et la faire renoncer à la violence qu'elle méditait. Je propose qu'en France nous commencions de même, qu'une grande multitude de religionnaires se dirige vers Blois, où le roi pour le moment réside, et qu'elle s'y présente sans armes, pour lui remettre une pétition par laquelle il sera supplié de supprimer les édits de persécution, et d'accorder le libre exercice de leur religion aux réformés ; et, puisque leurs assemblées nocturnes et secrètes ont été calomniées, de leur permettre de s'assembler dans les temples, sous les yeux de l'autorité.

— Eh bien ! quoi ! c'est toujours la même chose ! interrompit Démocharès d'un air désappointé. Des manifestations pacifiques et respectueuses qui n'aboutissent à rien ! Des pétitions ! des protestations ! des supplications ! Sont-ce là les terribles nouvelles que vous nous annonciez, maître Lignières ?

— Attendez ! attendez ! dit Lignières. Vous comprenez bien que comme vous et plus que vous je me suis récrié à l'innocente proposition de La Renaudie. Où avaient abouti, où devaient aboutir ces démarches sans portée ? D'autres religionnaires se sont prononcés dans ce sens. Alors La Renaudie, enchanté, a découvert le fond de sa pensée et trahi le hardi projet qu'il cachait sous ces humbles apparences.

— Voyons ce hardi projet, dit Démocharès, en homme disposé à ne pas s'étonner pour peu.

— Il vaut, je crois, la peine qu'on le déjoue, reprit Lignières. Tandis que l'attention sera distraite par cette foule de pétitionnaires timides et sans armes qui s'approcheront du trône en suppliant, cinq cents cavaliers et mille fantassins, vous entendez, messieurs, quinze cents hommes, choisis parmi les gentilshommes les plus résolus et les plus dévoués à la réforme et aux princes, se réuniront des diverses provinces, sous trente capitaines élus, s'avanceront en silence sur Blois par différentes routes, pénétreront dans la ville, de gré ou de force, je dis de gré ou de force, enlèveront le roi, la reine mère et monsieur de Guise, mettront ceux-ci en jugement, et substitueront à leur autorité celle des princes du sang, quitte à faire décider ensuite par les États-Généraux la forme d'administration qu'il conviendra d'adopter... Voilà le complot, messieurs. Qu'en dites-vous? Est-ce un enfantillage? Faut-il passer outre sans autrement s'en occuper! Suis-je enfin bon à rien ou utile à quelque chose?

Il s'arrêta triomphant. Le grand inquisiteur et le lieutenant, de police se regardaient tout surpris et assez alarmés. Il y eut une assez longue pause remplie pour eux par des réflexions de tout genre.

— Par la messe! c'est admirable! je l'avoue, s'écria enfin Démocharès.

— Dites que c'est effrayant, reprit monsieur de Braguelonne.

— Il faut voir! il faut voir! continua le grand inquisiteur en hochant la tête d'un air capable.

— Eh! dit monsieur de Braguelonne, nous ne savons que les desseins que ce La Renaudie avoue; mais il est facile de deviner qu'on ne doit pas s'en tenir là, que messieurs de Guise se défendront, qu'ils se feront tailler en pièces, et que si Sa Majesté confie au prince de Condé le pouvoir ce ne sera que par la violence.

— Mais puisque nous sommes prévenus! reprit Démocharès. Tout ce que ces pauvres parpaillots vont faire contre nous tourne dès-lors contre eux, et ils se prennent à leur propre piége. Je gage que monsieur le cardinal sera ravi. et qu'il aurait payé cher cette occasion d'en finir avec ses ennemis.

— Dieu veuille qu'il soit ravi jusqu'au bout! dit monsieur de Braguelonne.

Et s'adressant à Lignières, qui devenait un homme à ménager, un homme précieux, un homme important :

— Quant à vous, lui dit-il, monsieur le marquis (il était réellement marquis le misérable !), quant à vous, vous avez rendu à Sa Majesté et à l'État le plus éminent service. Vous en serez dignement récompensé, soyez tranquille !

— Oui, ma foi ! dit Démocharès, vous méritez une belle chandelle, monsieur, et vous avez toute mon estime ! A vous aussi, monsieur de Braguelonne, mes sincères complimens sur le choix de ceux que vous employez ! Ah ! monsieur *de* Lignières a droit de compter sur ma plus haute considération, en vérité !

— Ce m'est un prix bien doux de ce que j'ai pu faire, dit Lignières en s'inclinant avec modestie.

— Vous savez que nous ne sommes pas ingrats, monsieur de Lignières, continua le lieutenant de police. Mais, voyons, vous n'avez pas tout dit? A-t-on fixé une époque? un lieu de rendez-vous?

— On doit se réunir autour de Blois le quinze mars, répondit Lignières.

— Le quinze mars ! voyez-vous cela ! dit monsieur de Braguelonne. Nous n'avons pas vingt jours devant nous ! Et monsieur le cardinal de Lorraine qui est à Blois ! Près de deux jours encore pour l'avertir et avoir ses ordres ! Quelle responsabilité !

— Mais quel triomphe au bout ! dit Démocharès.

— Voyons, mon cher monsieur de Lignières, reprit le lieutenant de police, avez-vous les noms des chefs?

— Oui, par écrit, répondit Lignières.

— Un homme unique ! dit Démocharès avec admiration. Ceci me réconcilie un peu avec l'humanité.

Lignières défit une couture intérieure de son pourpoint, en tira un petit papier qu'il déroula, et lut à voix haute :

« Liste des chefs avec les noms des provinces qu'ils doivent diriger :

» Castelnau de Chalosses, — Gascogne.

» Mazères, — Béarn.

» Du Mesnil, — Périgord.

» Maillé de Brézé, — Poitou.
» La Chesnaye, — Maine.
» Sainte-Marie, — Normandie.
» Cocqueville, — Picardie.
» De Ferrières-Maligny, — Ile-de-France et Champagne.
» Châteauvieux, — Provence, etc. »

— Vous lirez et commenterez cette liste à loisir, monsieur, dit Lignières en remettant au lieutenant de police la pancarte de trahison.

— C'est la guerre civile organisée! dit monsieur de Braguelonne.

— Et notez, ajouta Lignières, que, dans le même temps que ces bandes se dirigeront vers Blois, d'autres chefs, en chaque province, devront se tenir prêts à réprimer tout mouvement qui s'y manifesterait en faveur de messieurs de Guise.

— Bon! nous les tiendrons tous comme en un vaste filet! disait Démocharès en se frottant les mains. Eh! comme vous avez l'air atterré, monsieur de Braguelonne! Après le premier moment de surprise, je déclare que je serais bien fâché, pour mon compte, que tout ceci n'eût pas lieu.

— Mais voyez donc combien il nous reste peu de temps! dit le lieutenant de police. En vérité, mon bon Lignières, je ne voudrais pour rien au monde vous adresser un seul reproche, mais, depuis le 5 février, vous auriez bien dû me prévenir.

— Le pouvais-je? dit Lignières. J'ai été chargé par La Renaudie de plus de vingt commissions depuis Nantes jusqu'à Paris. Outre que j'ai pu recueillir ainsi de précieux renseignemens, négliger ou ajourner ces commissions c'eût été exciter les soupçons ; vous écrire une lettre ou vous envoyer un messager c'eût été compromettre nos secrets.

— C'est juste! dit monsieur de Braguelonne, et vous avez raison toujours. Ne parlons donc plus de ce qui est fait mais de ce qui est à faire. Vous ne nous avez rien dit du prince de Condé? N'était-il pas avec vous à Nantes?

— Il y était, répondit Lignières. Mais avant de prendre

un parti, il désirait avoir vu Chaudieu et l'ambassadeur anglais, et il a dit qu'il accompagnerait dans ce but La Renaudie à Paris.

— Il viendra donc à Paris? La Renaudie y viendra donc?

— Mieux que cela, ils doivent y être arrivés, dit Lignières.

— Et où logent-ils? demanda monsieur de Braguelonne avec empressement.

— Pour cela, je l'ignore. J'ai bien demandé, en manière de rien, où je pourrais retrouver notre chef si j'avais quelque communication à lui faire, mais on ne m'a enseigné qu'un moyen de correspondance indirect. Sans doute La Renaudie ne veut pas compromettre le prince.

— Voilà qui est fâcheux, on ne saurait en disconvenir, reprit le lieutenant de police. Nous aurions eu besoin de suivre jusqu'au bout leurs traces!

Maître Arpion rentra encore une fois, dans ce moment, de son pied léger et mystérieux.

— Qu'est-ce que c'est, Arpion? dit avec impatience monsieur de Braguelonne. Vous savez bien que nous nous occupons de quelque chose d'important, que diable!

— Aussi ne me serais-je pas permis d'entrer sans quelque chose de non moins important, répondit Arpion.

— Voyons, qu'est-ce que c'est? Dites vites et dites tout haut. Nous sommes entre nous ici.

— Un nommé Pierre Des Avenelles... reprit Arpion.

De Braguelonne, Démocharès et Lignières interrompirent Arpion par un seul et même cri :

— Pierre Des Avenelles!

— C'est cet avocat de la rue des Marmousets qui héberge d'ordinaire les réformés à Paris, dit Démocharès.

— Et sur la maison duquel j'ai l'œil depuis longtemps, reprit de Braguelonne. Mais le bonhomme est cauteleux et prudent, et déjoue toujours ma surveillance. Que veut-il, Arpion?

— Parler à monseigneur, sur-le-champ, dit le secrétaire. Il m'a semblé tout effaré.

— Il ne peut rien savoir! dit vivement Lignières avec

jalousie. D'ailleurs, ajouta-t-il avec dédain, c'est un honnête homme.

— Il faut voir! il faut voir! reprit le grand inquisiteur (c'était son mot).

— Arpion, reprit monsieur de Braguelonne, introduisez tout de suite cet homme.

— Tout de suite, monseigneur, dit Arpion en sortant.

— Pardon, mon cher marquis, continua de Braguelonne en s'adressant à Lignières, ce Des Avenelles vous connaît, et votre vue inattendue le pourrait troubler. Puis, ni vous ni moi ne devons nous soucier qu'en tout cas il vous sache des nôtres. Ayez donc l'obligeance, pendant cette entrevue, de passer dans le cabinet d'Arpion, là-bas au fond de ce couloir. Je vous ferai rappeler dès que nous aurons terminé. Pour vous, restez, monsieur le grand inquisiteur. Votre présence imposante ne peut que nous être utile.

— Soit, je demeure pour vous servir, dit Démocharès satisfait.

— Et moi, je m'éloigne, reprit Lignières. Mais rappelez-vous ce que je vous dis, monsieur le lieutenant de police : Vous ne tirerez pas grand'chose de ce des Avenelles. Une pauvre cervelle! esprit timoré mais probe! rien qui vaille! rien qui vaille!

— Nous ferons pour le mieux. Mais allez, allez, mon cher Lignières. Voici notre homme.

Lignières n'eut en effet que le temps de s'échapper... Un homme entra tout pâle et agité d'un tremblement nerveux, amené et presque porté par maître Arpion.

C'était l'avocat Pierre Des Avenelles, que nous avons vu pour la première fois avec le sieur Lignières, au conciliabule de la place Maubert, et qui avait eu, si l'on s'en souvient, le succès de la soirée avec son discours si bravement timide.

XIX.

UN DÉLATEUR.

Ce jour où nous le retrouvons, Des Avenelles était tout à fait timide, et n'était plus du tout brave.

Après avoir salué jusqu'à terre Démocharès et de Braguelonne :

— Je suis sans doute, dit-il d'une voix tremblante, en présence de monsieur le lieutenant de police !...

— Et de monsieur le grand inquisiteur de la foi, ajouta de Braguelonne en montrant de Mouchy.

— Oh ! Jésus ! s'écria le pauvre Des Avenelles, pâlissant davantage encore s'il était possible. Messeigneurs, vous voyez devant vous un bien grand coupable, un trop grand coupable. Puis-je espérer ma grâce ? je ne sais. Un aveu sincère peut-il atténuer mes fautes ? c'est à votre clémence à répondre.

Monsieur de Braguelone vit tout de suite à quel homme il avait affaire.

— Avouer ne suffit pas, dit-il d'une voix dure, il faut réparer.

— Oh ! si je le puis, je le ferai, monseigneur ! reprit Des Avenelles.

— Oui, mais pour le faire, continua le lieutenant de police, il faudrait avoir quelque service à nous rendre, quelque précieux renseignement à nous donner.

— Je tâcherai d'en donner, dit l'avocat d'une voix étouffée.

— Ce sera difficile, reprit négligemment de Braguelonne, car nous savons tout.

— Quoi ! vous savez ?...

— Tout ! vous dis-je, et, dans la passe où vous vous

êtes mis, votre repentir tardif ne peut plus guère, je vous en préviens, sauver votre tête.

— Ma tête ! ô ciel ! ma tête est en danger? Pourtant, puisque je suis venu...

— Trop tard ! dit l'inflexible Braguelonne. Vous ne pouvez plus nous être utile, et nous savons d'avance ce que vous pourriez nous révéler.

— Peut-être, dit Des Avenelles. Excusez ma question, que savez-vous?

— D'abord, que vous êtes un de ces hérétiques damnés, dit d'une voix tonnante Démocharès intervenant.

— Hélas ! hélas ! ce n'est que trop vrai ! répondit Des Avenelles. Oui, je suis de la religion. Pourquoi ? je n'en sais rien. Mais j'abjurerai, monseigneur, si vous m'accordez la vie. Le prêche a trop de périls. Je reviens à la messe.

— Ce n'est pas tout, dit Démocharès, vous logez chez vous des huguenots.

— On n'a pu en découvrir un seul, dans aucune des perquisitions, reprit vivement l'avocat.

— Oui, dit monsieur de Braguelonne, vous avez probablement dans votre domicile quelque issue secrète, quelque couloir caché, quelque communication inconnue avec le dehors. Mais, un de ces jours, nous démolirons votre maison jusqu'à la dernière pierre, et il faudra bien qu'elle nous livre son secret.

— Je vous le livrerai moi-même, dit l'avocat. Car, j'en conviens, monseigneur, j'ai quelquefois reçu et hébergé des religionnaires. Ils paient de bonnes pensions, et les procès rapportent si peu ! Il faut bien vivre ! Mais cela ne m'arrivera plus, et, si j'abjure, enfin ! pas un huguenot ne s'avisera plus, je pense, de venir frapper à ma porte.

— Vous avez aussi, continua Démocharès, pris souvent la parole dans le conciliabule des protestans.

— Je suis avocat, dit piteusement Des Avenelles. Mais j'ai toujours parlé pour les partis modérés. Vous devez savoir cela, puisque vous savez tout...

Et, s'enhardissant à lever les yeux sur les deux sinistres personnages, Des Avenelles reprit :

— Mais pardon, il me semble que vous ne savez pas

tout; car vous ne me parlez que de moi, et vous vous taisez sur les affaires générales du parti, bien autrement importantes en somme... Donc, je vois avec plaisir que vous ignorez encore bien des choses.

— C'est ce qui vous trompe, dit le lieutenant de police, et nous allons vous prouver le contraire.

Démocharès lui fit signe de prendre garde.

— Je vous comprends, monsieur le grand inquisiteur, lui dit-il. Mais il n'y a point d'imprudence à moi à montrer notre jeu à monsieur ; car monsieur ne sortira pas d'ici de longtemps.

— Comment! je ne sortirai pas de longtemps d'ici? s'écria Pierre Des Avenelles avec épouvante.

— Non, sans doute, dit monsieur de Braguelonne avec calme. Vous figurez-vous donc que, sous couleur de venir faire des révélations, vous pourrez tranquillement voir où nous en sommes, et vous assurer de ce que nous savons, pour aller rapporter le tout à vos complices? Il n'en va pas ainsi, mon cher monsieur, et vous êtes de ce moment notre prisonnier.

— Prisonnier! répéta Des Avenelles, d'abord abattu.

Puis, avec la réflexion, il prit son parti. Notre homme, on se le rappelle, avait au plus haut point le courage de la lâcheté.

— Eh bien! j'aime mieux cela, au fait! s'écria-t-il. Je suis plus en sûreté ici que chez moi, au milieu de tous leurs complots. Et, puisque vous me gardez, monsieur le lieutenant de police, vous ne vous ferez plus scrupule de vouloir bien répondre à quelques-unes de mes respectueuses questions. M'est avis que vous n'êtes pas tout à fait aussi complétement informé que vous croyez l'être, et que je trouverai moyen de vous prouver, par quelque utile révélation, ma bonne foi et ma loyauté.

— Hum! j'en doute, dit monsieur de Braguelonne.

— Des dernières assemblées des huguenots, d'abord, que savez-vous, monseigneur? demanda l'avocat.

— Parlez-vous de celle de Nantes? dit le lieutenant de police?

— Aïe ! vous savez cela. Eh bien ! oui, voyons, de celle de Nantes. Que s'y est-il passé ?

— Est-ce à la conspiration qu'on y a formée que vous faites allusion ? reprit monsieur de Braguelonne.

— Hélas ! oui, et je vois que je ne vous apprendrai pas grand'chose là-dessus, reprit Des Avenelles. Cette conspiration...

— Est d'enlever le roi de Blois, de substituer violemment les princes à messieurs de Guise, de convoquer les États-Généraux, etc... Tout cela c'est de l'histoire ancienne, mon cher monsieur Des Avenelles, et qui date déjà du 5 février.

— Et les conjurés qui se croient si sûrs du secret ! s'écria l'avocat. Ils sont perdus ! et moi aussi. Car, sans nul doute, vous connaissez les chefs du complot ?

— Les chefs occultes et les chefs avoués. Les chefs occultes, c'est le prince de Condé, c'est l'amiral. Les chefs avoués, ce sont La Renaudie, Castelnau, Mazères... Mais l'énumération serait trop longue. Tenez, voici la liste de leurs noms et celle des provinces qu'ils doivent soulever.

— Miséricorde ! que la police est habile et que les conspirateurs sont fous ! s'écria encore Des Avenelles. N'aurai-je donc pas le plus petit mot à vous apprendre ? Le prince de Condé et La Renaudie, vous savez où ils sont ?

— A Paris, ensemble.

— C'est effrayant ! et je n'ai plus qu'à recommander mon âme à Dieu. Pourtant, un mot encore, de grâce : où sont-ils à Paris ?

Monsieur de Braguelonne ne répondit pas tout de suite, mais, de son regard pénétrant et clair, sembla vouloir sonder l'âme et les yeux de Des Avenelles.

Celui-ci respirant à peine répéta sa question :

— Savez-vous où sont à Paris le prince de Condé et La Renaudie, monseigneur ?

— Nous les trouverons sans peine, répondit monsieur de Braguelonne.

— Mais vous ne les avez pas encore trouvés ! s'écria Des Avenelles ravi. Ah ! Dieu soit loué ! je puis encore gagner mon pardon. Je sais où ils sont, moi, monseigneur !

L'œil de Démocharès étincela, mais le lieutenant de police dissimula sa joie.

— Où sont-ils donc? dit-il du ton le plus indifférent possible.

— Chez moi, messieurs, chez moi! dit fièrement l'avocat.

— Je le savais, répondit tranquillement monsieur de Braguelonne.

— Quoi! comment! vous le saviez aussi? s'écria Des Avenelles, pâlissant.

— Sans doute!... Mais j'ai voulu vous éprouver, voir si vous étiez de bonne foi. Allons! c'est bien! je suis content de vous. C'est que votre cas était grave au moins. Avoir donné refuge à de si grands coupables!

— Vous vous faisiez aussi coupable qu'eux! dit sentencieusement Démocharès.

— Oh! ne m'en parlez pas, monseigneur, reprit Des Avenelles. Je me doutais bien des dangers que je courais. Aussi, depuis que je connais les effrayans projets de mes deux hôtes, je n'existe plus. Mais je ne les connais que depuis trois jours. Depuis trois jours seulement, je vous le jure. Vous devez savoir que je n'étais pas à l'assemblée de Nantes. Quand le prince de Condé et le seigneur de La Renaudie sont arrivés chez moi au commencement de cette semaine, je croyais bien recevoir des réformés, mais non pas des conspirateurs. J'ai en horreur les conspirateurs et les conspirations. Ils ne m'ont rien dit d'abord, et c'est ce dont je leur en veux. Exposer ainsi à son insu un pauvre homme qui ne leur avait jamais rendu que des services! c'est très mal. Mais ces grands personnages n'en font jamais d'autres.

— Hein? dit monsieur de Braguelonne qui se regardait comme un très grand personnage.

— Je parle des grands personnages de la réforme! se hâta de dire l'avocat. Donc, ils ont commencé par me cacher tout. Mais ils chuchotaient ensemble tout le jour, mais ils écrivaient le jour et la nuit; mais ils recevaient des visites à toute minute. J'ai guetté, j'ai écouté. Bref, j'ai deviné le commencement, de sorte qu'ils ont été obligés de me confesser la fin, leur assemblée de Nantes, leur grande conspiration, tout ce que vous savez enfin et ce qu'ils croient si bien à l'abri. Mais depuis cette révélation, je ne dors plus, je ne mange plus, je ne vis plus. Chaque fois qu'on entre chez moi, et Dieu sait comme on y entre souvent! je m'imagine qu'on vient me chercher pour me traîner devant les juges. La nuit, dans mes rares instans de sommeil fiévreux, je ne rêve que tribunaux, échafauds et bourreaux. Et je m'éveille, baigné d'une sueur froide, pour supputer, prévoir et mesurer les risques que je cours.

— Les risques que vous couriez? dit monsieur de Braguelonne. Mais la prison d'abord...

— La torture ensuite, reprit Démocharès.

— Puis, la pendaison probablement, ajouta le lieutenant de police.

— Peut-être le bûcher, continua le grand inquisiteur.

— Voire même d'occasion, la roue, dit, pour terminer par un effet, monsieur de Braguelonne.

— Emprisonné! torturé! pendu! brûlé! roué! s'exclamait à chaque parole maître Des Avenelles, comme s'il eût subi chacun des supplices qu'on lui énumérait.

— Dame! vous êtes avocat, vous savez la loi, reprit monsieur de Braguelonne.

— Je ne la sais que trop! s'écria Des Avenelles. Aussi, au bout de trois jours d'angoisses, je n'ai pu y tenir, j'ai bien senti qu'un tel secret était un fardeau trop lourd pour ma responsabilité, et je suis venu le remettre entre vos mains, monsieur le lieutenant de police.

— C'était le plus sûr, reprit monsieur de Braguelonne, et, quoique votre révélation ne nous serve pas à grand'-chose, comme vous voyez, nous aurons cependant égard à votre bonne volonté.

Il s'entretint quelques instans à voix basse avec de Mouchy, qui parut lui faire adopter, non sans quelque peine, la résolution à suivre.

— Avant tout, je vous demanderai en grâce, leur dit Des Avenelles suppliant, de ne pas trahir ma défection vis-à-vis de mes anciens... complices; car, hélas! ceux qui ont massacré le président Minard pourraient bien aussi me faire un mauvais parti.

— Nous vous garderons le secret, reprit le lieutenant de police.

— Vous m'allez toutefois retenir prisonnier, n'est-ce pas? dit Des Avenelles d'un air humble et craintif.

— Non, vous pouvez rentrer librement chez vous à l'instant même, répondit de Braguelonne.

— En vérité? dit l'avocat. Alors ce sont mes hôtes, je le vois, que vous allez faire saisir.

— Pas davantage. Ils resteront libres comme vous.

— Comment cela? demanda Des Avenelles stupéfait.

— Ecoutez-moi, reprit monsieur de Braguelonne avec autorité, et retenez bien mes paroles. Vous allez retourner chez vous sur l'heure, de peur qu'une trop longue absence n'excite quelque soupçon. Vous ne direz plus un mot à vos hôtes ni de vos craintes ni de leurs secrets. Vous agirez et les laisserez agir comme si vous n'étiez pas entré dans ce cabinet aujourd'hui. Me comprenez-vous bien? N'empêchez rien et ne vous étonnez de rien. Laissez faire.

— C'est aisé cela, dit Des Avenelles.

— Seulement, ajouta monsieur de Braguelonne, si nous avons besoin de quelques renseignemens, nous vous les ferons demander ou nous vous appellerons ici, et vous vous tiendrez toujours à notre disposition. Si quelque descente dans votre maison est jugée nécessaire, vous y prêterez la main.

— Puisque j'ai tant fait que de commencer, j'achèverai, dit Des Avenelles avec un soupir.

— C'est bien. Un seul mot pour conclure. Si les choses se passent de manière à nous prouver que vous avez obéi à ces instructions bien simples, vous aurez votre grâce. Si nous pouvons soupçonner que la moindre indiscrétion vous est échappée, vous serez le premier et le plus cruellement puni.

— Vous serez brûlé à petit feu, par Notre Dame! dit Démocharès de sa voix lugubre et profonde.

— Cependant!... voulut dire l'avocat qui tressaillit.

— Il suffit, dit Braguelonne. Vous avez entendu. Souvenez-vous. Au revoir.

Il lui fit de la main un geste impérieux. Le trop prudent avocat sortit, à la fois soulagé et oppressé.

Après son départ, il y eut un moment de silence entre le lieutenant de police et le grand inquisiteur.

— Vous l'avez voulu, j'ai cédé, dit enfin le premier. Mais j'avoue qu'il me reste des doutes sur cette façon de procéder.

— Non, tout est pour le mieux! reprit Démocharès. Il faut que cette affaire ait son cours, je vous dis, et, pour cela, l'important était de ne point donner l'éveil aux conjurés. Qu'ils se croient sûrs du secret et qu'ils agissent. Ils s'imaginent marcher dans la nuit, et nous suivons tous leurs mouvemens au grand jour. C'est superbe! une pareille occasion ne se présenterait pas, d'ici à vingt ans, de terrifier par un grand coup l'hérésie. Et je connais là-dessus les idées de Son Éminence le cardinal de Lorraine.

— Mieux que moi, c'est vrai, dit de Braguelonne. Que nous reste-t-il cependant à faire?

— Vous, dit Démocharès, vous demeurez à Paris, vous surveillez, par Lignières et par Des Avenelles, vos deux chefs de conspiration. Moi, dans une heure, je pars pour Blois et j'avertis messieurs de Guise. Le cardinal aura d'abord un peu peur, mais le Balafré est auprès de lui pour le rassurer; et, avec la réflexion, il sera ravi. C'est leur affaire à tous deux de réunir en quinze jours à petit bruit autour du roi toutes les forces dont ils pourront disposer. Nos huguenots cependant n'auront pu se douter de rien. Ils arriveront ensemble ou l'un après l'autre dans le piége tendu, ces étourneaux aveugles, et ils sont à nous! nous les tenons! Tuerie générale!

Le grand inquisiteur se promenait à grands pas dans la chambre en se frottant les mains tout joyeux.

— Dieu veuille seulement, dit monsieur de Braguelonne, qu'aucun retour imprévu ne vienne réduire à néant ce magnifique projet!

— Impossible! reprit Démocharès. Tuerie générale! Nous les tenons! Faites revenir, s'il vous plaît, Lignières, qu'il achève de nous fournir les renseignemens que je vais reporter au cardinal de Lorraine. Mais je tiens déjà l'hérésie pour morte. Tuerie générale !

XX.

ROI ET REINE ENFANS.

En franchissant par la pensée deux jours et quarante lieues, nous serons au 27 février et dans le splendide château de Blois, où la cour était pour le moment réunie.

Il y avait eu la veille grande fête et réjouissance au château, fête ordonnée par monsieur Antoine de Baïf le poëte, avec joutes, ballets et allégories.

Si bien que ce matin-là, le jeune roi et sa petite reine pour l'amusement desquels la fête avait été donnée, se levèrent plus tard que de coutume et un peu fatigués encore de leur plaisir.

Heureusement, aucune réception n'était indiquée; et, pour se délasser, ils purent à loisir deviser ensemble des belles choses qu'ils avaient admirées.

— Pour moi, disait Marie Stuart, j'ai trouvé tous ces divertissemens les plus beaux et les plus singuliers du monde.

— Oui, reprenait François II, les ballets et les scènes jouées surtout. Mais j'avouerai que les sonnets et madrigaux m'ont paru faire un peu longueur.

— Comment! se récria Marie Stuart, ils étaient forts galans et spirituels, je vous assure.

— Mais trop perpétuellement élogieux, conviens-en, mignonne. Ce n'est pas très amusant, vois-tu, de s'entendre ainsi louer pendant des heures, et je m'imaginais hier au soir que le bon Dieu devait avoir parfois des momens d'impatience dans son paradis. Ajoute à cela que ces messieurs, surtout messieurs de Baïf et de Maisonfleur, sèment leurs discours de nombre de mots latins que je ne comprends pas toujours.

— Mais c'est de fort bon air cela, dit Marie, c'est une façon qui sent son homme docte et de goût choisi.

— Ah! c'est que tu es une savante, toi, Marie! reprit le jeune roi en soupirant. Tu fais des vers, et tu comprends le latin auquel je n'ai jamais pu mordre.

— Mais c'est notre lot et notre récréation à nous autres femmes, le savoir! comme à vous autres hommes et princes l'action et le commandement.

— C'est égal! reprit François II, je voudrais, ne fût-ce que pour t'égaler en quelque chose, être seulement aussi instruit, tiens! que mon frère Charles.

— A propos de notre frère Charles, interrompit Marie, l'avez-vous remarqué hier dans son rôle de l'allégorie de la *Religion défendue par les trois Vertus théologales?*

— Oui, dit le roi, il faisait un des chevaliers qui représentaient les Vertus, la Charité, je crois.

— C'est cela même, reprit Marie. Eh bien! avez-vous vu, sire, avec quelle fureur il frappait la tête de l'Hérésie?

— Oui, vraiment, lorsqu'elle s'est avancée au milieu des flammes sur ce corps de serpent... Charles était hors de lui, c'est la vérité.

— Et, dites-moi, mon doux sire, reprit la reine, est-ce qu'elle ne vous a pas paru ressembler à quelqu'un cette tête de l'Hérésie?

— En effet, dit François II, j'avais cru me tromper, mais elle avait assurément de l'air de monsieur de Coligny, n'est-ce pas?

— Dites que c'était monsieur l'amiral trait pour trait.

— Et tous ces diables qui l'ont emporté! dit le roi.

— Et la joie de notre oncle le cardinal, reprit Marie.

— Et le sourire de ma mère!

— Il était presque effrayant! dit la jeune reine. N'importe! François, elle était encore bien belle hier, votre mère, avec sa robe d'or frisé, et son voile de crêpe tanné! un magnifique accoutrement!

— Oui, reprit le roi; aussi, ma mignonne, ai-je fait demander pour vous une robe semblable à Constantinople, par monsieur de Grandchamp, et vous aurez aussi un voile de gaze romaine pareil à celui de ma mère.

— Oh ! merci, mon gentil roi ! merci ! Je n'envie pas certainement le sort de notre sœur Elisabeth d'Espagne, qui, dit-on, ne met jamais deux fois la même robe. Cependant, je ne voudrais pas que femme en France, fût-ce votre mère, semblât, à vous surtout, mieux parée que moi.

— Eh ! que t'importe au fond ! dit le roi, ne seras-tu pas toujours la plus belle ?

— Il n'y a guère paru hier, reprit Marie boudant ; car, après le branle au flambeau que j'ai dansé, vous ne m'avez pas dit un seul mot. Il faut croire qu'il ne vous a pas plu.

— Si fait bien ! s'écria François. Mais qu'aurais-je dit, bon Dieu ! à côté de tous ces beaux esprits de la cour qui te complimentaient en prose et en vers. Dubellay prétendait que tu n'avais pas besoin d'un flambeau comme les autres dames, et que c'était bien assez de tes deux yeux. Maisonfleur s'effrayait du danger de ces deux vives lumières de tes prunelles qui ne s'éteignaient pas, elles ! et qui pouvaient embraser la salle entière. Sur quoi Ronsard ajoutait que ces astres de tes regards devaient éclairer la nuit parmi les ténèbres, et le jour parmi le soleil. Fallait-il donc, après cette poésie, venir te dire tout uniment que je vous avais trouvées charmantes, toi et ta danse.

— Et pourquoi pas ? reprit Marie. Ce simple mot de vous m'eût plus réjouie que toutes leurs fadeurs.

— Eh bien ! ce mot je te le dis ce matin, mignonne, et de tout mon cœur ; car cette danse est toute parfaite et m'a presque fait oublier la pavane d'Espagne que j'aimais tant, et les pazzemeni d'Italie que tu dansais si divinement avec cette pauvre Elisabeth. C'est que ce que tu fais est toujours mieux fait que ce que font les autres. C'est que tu es la belle des belles, et que les plus jolies femmes paraissent comme chambrières auprès de toi ! Oui, dans ton costume royal comme dans ce simple déshabillé, tu es toujours ma reine et mon amour. Je ne vois que toi ! je n'aime que toi !

— Mon cher mignon !

— Mon adorée !

— Ma vie !

— Mon bien suprême ! Tiens ! n'eusses-tu qu'un chaperon de paysanne, je t'aimerais encore mieux que toutes les reines de la terre.

— Et moi, reprit Marie, quand tu ne serais qu'un simple page, ce serait toi encore qui aurais mon cœur.

— Oh ! Dieu ! dit François, que j'aime à passer mes doigts dans ces cheveux si doux, si blonds, si fins, à les mêler, à les brouiller. Je conçois bien que tes dames te demandent souvent à baiser ce col si rond et si blanc, et ces bras si gracieux et si potelés... Pourtant, ne le leur permettez plus, Marie.

— Et pourquoi ?

— J'en suis jaloux ! dit le roi.

— Enfant ! reprit Marie avec un geste adorable d'enfant.

— Ah ! tiens, s'écria François avec passion, s'il fallait renoncer à ma couronne ou à Marie, mon choix serait bientôt fait.

— Quelle folie ! reprit la jeune reine. Est-ce qu'on peut renoncer à la couronne de France, la plus belle de toutes après celle du ciel ?

— Pour ce qu'elle fait sur mon front !... dit François avec un sourire moitié gai, moitié mélancolique.

— Comment ! reprit Marie, mais j'oubliais que nous avons justement à régler une affaire... une affaire de haute importance que mon oncle de Lorraine nous a renvoyée.

— Oh ! oh ! s'écria le roi, cela ne lui arrive pas souvent.

— Il nous charge, dit gravement Marie, de décider les couleurs de l'habillement de nos gardes-suisses.

— C'est une marque de confiance qui nous fait honneur. Entrons donc en délibération. Quel est, madame, l'avis de Votre Majesté sur cette difficile question ?

— Oh ! je ne parlerai qu'après vous, sire ?

— Voyons ! je pense que la forme de l'habit doit rester la même ; large pourpoint à larges manches tailladé aux trois couleurs, n'est-il pas vrai ?

— Oui, sire. Mais quelles seront ces couleurs ? Là est la question.

— Elle n'est pas aisée. Mais vous ne m'aidez pas, mon gentil conseil. La première couleur?...

— Il faut que ce soit blanc, dit Marie, la couleur de France.

— Alors, reprit le roi, la seconde sera celle d'Ecosse: bleu.

— Soit! mais la troisième ?

— Si c'était jaune?

— Oh! non c'est la couleur d'Espagne. Vert plutôt.

— C'est la couleur de Guise, dit le roi.

— Eh bien! monsieur, est-ce donc un motif d'exclusion? reprit Marie.

— Non pas! mais ces trois couleurs s'harmonieraient-elles bien?

— Une idée! s'écria Marie Stuart. Prenons le rouge, la couleur de la Suisse; cela rappellera au moins un peu leur pays à ces pauvres gens.

— Idée excellente comme ton cœur, Marie! reprit le roi. Voilà donc cette importante affaire glorieusement terminée. Ouf! nous avons eu assez de peine! Les choses sérieuses nous en donnent moins, par bonheur. Et vos chers oncles, Marie, veulent bien se charger pour moi de tout le poids du gouvernement. C'est charmant! Ils écrivent, et je n'ai qu'à signer, parfois sans lire. Si bien que ma couronne sur mon fauteuil royal me remplacerait fort suffisamment s'il me prenait fantaisie... de faire un voyage.

— Ne savez-vous pas bien, sire, dit Marie, que mes oncles n'auront jamais à cœur que votre intérêt et celui de la France?

— Comment ne le saurais-je pas? reprit le roi, ils me le répètent trop souvent pour que je l'oublie. Tenez, c'est aujourd'hui jour de consail, nous allons voir arriver monsieur le cardinal de Lorraine, avec ses humbles façons et ses respects exagérés, qui ne m'amusent pas toujours, il faut l'avouer, et nous l'entendrons me dire, avec sa voix douce, et en s'inclinant à chaque parole: « Sire, la proposition que je soumets à Votre Majesté n'a en vue que l'honneur de votre couronne. Votre Majesté ne peut pas douter du zèle qui nous anime pour la gloire de son règne et le bien de son peuple. Sire, la splendeur du trône et de l'Église est le but unique, etc., etc. »

— Comme vous l'imitez bien ! s'écria Marie, en riant et battant des mains.

Mais, d'un ton plus sérieux, elle reprit :

— Il faut cependant être indulgent et généreux, François. Croyez-vous donc que votre mère, madame Catherine de Médicis, me réjouisse beaucoup aussi, quand, avec sa grande figure sévère et pâle, elle me fait des sermons sans fin, sur ma parure, mes gens et mes équipages. Ne l'entendez-vous pas d'ici, me disant, la bouche pincée : « Ma fille, vous êtes la reine ; je ne suis plus aujourd'hui que la seconde femme du royaume ; mais si j'étais à votre place, j'exigerais que mes femmes ne perdissent jamais la messe, non plus que les vêpres et le sermon. Si j'étais à votre place, je ne porterais pas de velours incarnadin, parce que c'est une couleur trop peu grave. Si j'étais à votre place, je réformerais ma robe d'argent et colombin à la bourbonnaise, parce qu'elle est trop décolletée. Si j'étais à votre place, je ne danserais jamais de ma personne, et me contenterais de voir danser. Si j'étais à votre place...

— Oh ! s'écria le roi, en riant aux éclats, comme c'est bien ma mère ! Mais vois-tu, mignonne, elle est ma mère, après tout, et je l'ai déjà offensée assez grièvement en ne lui laissant aucune part dans les affaires de l'État, que tes oncles seuls administrent. Il faut donc lui passer quelque chose, et supporter avec respect ses gronderies. Moi, de mon côté, je me résigne à la tutelle doucereuse du cardinal de Lorraine, uniquement parce que tu es sa nièce, entends-tu ?

— Merci, cher Sire, merci de ce sacrifice ! dit Marie, avec un baiser.

— Mais réellement, continua François, il y a des momens où je suis tenté d'abandonner jusqu'au titre de roi, comme j'en ai déjà abandonné le pouvoir.

— Oh ! que dites-vous là ? se récria Marie Stuart.

— Je dis ce que je sens, Marie. Ah ! si pour être ton époux, il ne fallait pas être roi de France ! Songe donc ! je n'ai que les ennuis et les contraintes de la royauté. Le dernier de nos sujets est plus libre que moi. Enfin, si je ne m'étais fâché pour tout de bon, nous aurions eu chacun un appartement séparé ! Pourquoi ? parce que, prétendait-on, c'est l'usage des rois et reines de France.

— Qu'ils sont absurdes avec leur usage ! reprit Marie. Eh bien ! nous le changeons, l'usage ! et nous en établissons un nouveau, lequel, Dieu merci ! vaut bien l'autre.

— Assurément, Marie. Dis-moi, sais-tu quel est le secret désir que je nourris depuis quelque temps, déjà ?

— Non, en vérité.

— Celui de nous évader, de nous enfuir, de nous envoler, de quitter pour un temps les soucis du trône, Paris, Blois, la France même, et d'aller... où ? je ne sais pas, mais loin d'ici enfin ! pour respirer un peu à l'aise comme les autres hommes. Marie, dis, est-ce qu'un voyage de six mois, d'un an, ne te ferait pas plaisir !

— Oh ! j'en serai ravie, mon bien-aimé Sire, répondit Marie, pour vous surtout dont la santé parfois m'inquiète, et qui trop souvent souffrez de ces fâcheux maux de tête. Le changement d'air, la nouveauté des objets, tout cela vous distrairait, vous ferait du bien. Oui, partons, partons !... Oh ! mais le cardinal, la reine-mère le souffriront-ils ?

— Eh ! je suis roi après tout, je suis le maître, dit François II. Le royaume est calme et tranquille, et, puisqu'on se passe bien de ma volonté pour le gouverner, on pourra bien se passer de ma présence. Nous partirons avant l'hiver, Marie, comme les hirondelles. Voyons, où veux-tu aller ? Si nous visitions nos États d'Ecosse ?

— Quoi ! passer la mer ! dit Marie. Aller dans ces brouillards dangereux, mon mignon, pour votre délicate poitrine ! non ! j'aime encore mieux notre riante Touraine, et ce plaisant château de Blois. Mais pourquoi n'irions-nous pas en Espagne rendre visite à notre sœur Élisabeth ?

— L'air de Madrid n'est pas bon pour les rois de France, Marie.

— Eh bien ! l'Italie alors ! reprit Marie. Il y fait toujours beau, toujours chaud. Ciel bleu et mer bleue ! des orangers en fleurs, de la musique et des fêtes !

— Accepté l'Italie ! s'écria gaîment le roi. Nous verrons la sainte religion catholique dans sa gloire, les belles Églises et les saintes reliques.

— Et les peintures de Raphaël, dit Marie, et Saint-Pierre et le Vatican !

— Nous demanderons au saint-père sa bénédiction. et nous rapporterons force indulgences.

— Ce sera charmant ! dit la reine, et réaliser ce doux rêve ensemble, à côté l'un de l'autre, aimés, aimans, avoir l'azur dans nos cœurs et sur nos têtes !...

— Le paradis ! reprit François II avec enthousiasme.

Mais comme il s'écriait ainsi, bercé par ce ravissant espoir la porte s'ouvrit brusquement, et le cardinal de Lorraine, repoussant l'huissier de service qui n'eut pas même le temps de l'annoncer, entra tout pâle et tout essoufflé dans la chambre royale.

Le duc de Guise, plus calme, mais aussi sérieux, suivait son frère à quelque distance. et l'on entendait déjà son pas grave retentir dans l'antichambre à travers la porte restée ouverte.

XXI.

FIN DU VOYAGE EN ITALIE.

— Eh ! quoi, monsieur le cardinal, dit le jeune roi avec vivacité, ne saurais-je donc avoir un moment de loisir et de liberté, même en ce lieu ?

— Sire, répondit Charles de Lorraine, j'ai regret de contrevenir aux ordres donnés par Votre Majesté ; mais l'affaire qui nous amène, mon frère et moi, est de telle importance qu'elle ne souffre pas de délais.

En ce moment, le duc de Guise entra gravement, salua

en silence le roi et la reine, et resta debout derrière son frère, muet, immobile et sérieux.

— Eh bien! je vous écoute, parlez donc, monsieur, dit François au cardinal.

— Sire, reprit celui-ci, une conspiration contre Votre Majesté vient d'être découverte; ses jours ne sont plus en sûreté dans ce château de Blois: il importe de le quitter à l'instant même.

— Une conspiration! quitter Blois! s'écria le roi, qu'est-ce que cela signifie?

— Cela signifie, Sire, que des méchans en veulent aux jours et à la couronne de Votre Majesté.

— Quoi! dit François, ils m'en veulent à moi si jeune, à moi assis d'hier sur le trône, à moi qui, sciemment et volontairement du moins, n'ai jamais fait de mal à personne! Quels sont donc ces méchans, monsieur le cardinal?

— Et qui serait-ce, reprit Charles de Lorraine, sinon ces maudits huguenots et hérétiques.

— Encore les hérétiques! s'écria le roi. Etes-vous bien sûr, monsieur, de ne pas vous laisser entraîner contre eux à des soupçons sans fondement?

— Hélas! dit le cardinal, il n'y a malheureusement pas lieu de douter cette fois.

Le jeune roi, si mal à propos interrompu dans ses rêves de joie par cette désolante réalité, paraissait vivement contrarié; Marie était tout émue de sa mauvaise humeur, et le cardinal tout troublé par les nouvelles qu'il apportait. Le Balafré seul, calme et maître de lui, attendait l'issue de toutes ces paroles dans une attitude impassible.

— Qu'ai-je donc fait à mon peuple pour qu'il ne m'aime pas? reprit François dépité.

— J'ai dit, je crois, à Votre Majesté, que les révoltés ne sont que des huguenots, dit le cardinal de Lorraine.

— Ce n'en sont pas moins des Français! repri le roi. Enfin, monsieur le cardinal, je vous ai confié tout mon pouvoir en espérant que vous le feriez bénir, et je ne vois autour de moi que troubles, plaintes et mécontentemens.

— Oh! sire! sire! ditrie Stuart avec reproche.

Le cardinal de Lorraine reprit avec quelque sécheresse:

— Il ne serait pas juste, sire, de nous rendre responsables de ce qui ne tient qu'aux malheurs du temps.

— Pourtant, monsieur, continua le jeune roi, je désirerais connaître une fois le fond des choses, et que pour un temps vous ne fussiez plus à mon côté, afin de savoir si c'est à moi ou bien à vous qu'on en veut.

— Oh! Votre Majesté! s'écria encore Marie Stuart vivement affectée.

François s'arrêta, se reprochant déjà d'avoir été trop loin. Le duc de Guise ne manifestait pas le moindre trouble. Charles de Lorraine, après un silence glacé, reprit de l'air digne et contraint d'un homme injustement offensé

— Sire, puisque nous avons la douleur de voir nos efforts méconnus ou inutiles, il ne nous reste plus, en loyaux sujets et en parens dévoués, qu'à nous éloigner pour laisser la place à de plus dignes ou à de plus heureux...

Le roi embarrassé se tut, et le cardinal continua après une pause :

— Votre Majesté n'aura donc qu'à nous dire en quelles mains nous devons remettre nos offices. En ce qui me touche, rien ne sera plus aisé sans doute que de me remplacer, et Votre Majesté n'aura qu'à choisir entre monsieur le chancelier Olivier, monsieur le cardinal de Tournon, et monsieur de L'Hôpital...

Marie Stuart désolée cacha son front dans ses mains, et François repentant n'eût pas mieux demandé que de revenir sur sa colère d'enfant; seulement, le silence hautain du grand Balafré l'intimidait.

— Mais, poursuivit Charles de Lorraine, la charge de grand-maître et la direction des choses de la guerre exigent des talens si rares et une illustration si haute, qu'après mon frère, je trouve à peine deux hommes qui puissent y prétendre, monsieur de Brissac peut-être...

— Oh! Brissac, toujours grondant, toujours fâché, dit le jeune roi, c'est impossible!

— Et, en second lieu, reprit le cardinal, monsieur de Montmorency, qui, à défaut des qualités, a du moins l renom.

— Eh! dit encore François, monsieur le connétable est

trop vieux pour moi, et traitait autrefois trop légèrement le dauphin pour servir respectueusement aujourd'hui le roi. Mais, monsieur le cardinal, pourquoi omettez-vous mes autres parens, les princes du sang, le prince de Condé, par exemple ?...

— Sire, dit le cardinal, c'est à regret que je l'apprends à Votre Majesté ; mais entre les noms des chefs secrets de la conspiration annoncée, le premier est celui de monsieur le prince de Condé.

— Est-ce possible ? dit le jeune roi stupéfait.

— Sire, c'est certain.

— Mais c'est donc tout à fait grave ce complot tramé contre l'Etat ? demanda François.

— C'est presque une révolte, sire, répondit le cardinal, et, puisque Votre Majesté nous décharge, mon frère et moi, de la responsabilité plus terrible que jamais qui pesait sur nous, mon devoir m'oblige à la supplier de nommer nos successeurs le plus tôt possible ; car les Réformés seront dans quelques jours sous les murs de Blois.

— Que dites-vous là, mon oncle ? s'écria Marie effrayée.

— La vérité, madame.

— Et les rebelles sont nombreux ? demanda le roi.

— Sire, on parle de deux mille hommes, dit le cardinal. Des rapports, que je n'avais pu croire avant d'avoir reçu de Paris par monsieur de Mouchy avis de la conspiration, signalaient déjà leur avant-garde auprès de La Carrelière... Nous allons donc, sire, monsieur de Guise et moi...

— Eh ! quoi, dit vivement François, c'est dans un danger pareil que vous m'abandonneriez tous les deux ?

— Mais j'avais cru comprendre, sire, reprit Charles de Lorraine, que telle était l'intention de Votre Majesté.

— Que voulez-vous ? dit le roi, je suis si triste quand je vois que vous me faites... que j'ai des ennemis !... Mais, tenez, ne parlons plus de cela, bel oncle, et donnez-moi plutôt des détails sur cette insolente tentative des révoltés. Que comptez-vous faire pour la prévenir !

— Pardon, sire ! reprit le cardinal encore piqué ; d'après ce que m'avait fait entendre Votre Majesté, il me semblait que d'autres que nous...

— Eh ! bel oncle, je vous prie, qu'il ne soit plus question de ce mouvement de vivacité que je regrette, dit François II. Que puis-je vous dire de plus? Faut-il donc que je m'excuse et vous demande pardon?

— Oh! sire, fit Charles de Lorraine, du moment que Votre Majesté nous rend sa précieuse confiance...

— Toute entière, et de tout mon cœur, ajouta le roi, en tendant sa main au cardinal.

— Voilà bien du temps perdu! dit gravement le duc de Guise.

C'était le premier mot qu'il eût prononcé depuis le commencement de l'entrevue.

Il s'avança alors, comme si ce qui s'était passé jusque-là n'eût été que d'insignifians préliminaires, un ennuyeux prologue où il avait laissé au cardinal de Lorraine le principal rôle. Mais ces puérils débats vidés, il reprenait hautement la parole et l'initiative.

— Sire, dit-il au roi, voici ce dont il s'agit : deux mille révoltés, commandés par le baron de La Renaudie, et appuyés en sous main par le prince de Condé, vont descendre ces jours-ci du Poitou, du Béarn et d'autres provinces, et tenter de surprendre Blois et d'enlever Votre Majesté.

François fit un mouvement d'indignation et de surprise.

— Enlever le roi ! s'écria Marie Stuart.

— Et vous avec lui, madame, continua le Balafré, mais, rassurez-vous, nous veillons sur Vos Majestés.

— Quelles mesures allez-vous prendre? demanda le roi.

— Nous ne sommes prévenus que depuis une heure, dit le duc de Guise. Mais la première chose à faire, sire, est d'assurer votre personne sacrée. Il faut donc, que, dès aujourd'hui, vous quittiez cette ville ouverte de Blois, et son château sans défense, pour vous retirer à Amboise, dont le château fortifié vous met à l'abri d'un coup de main.

— Quoi ! dit la reine, nous enfermer dans ce vilain château d'Amboise, si haut perché, si sombre et si triste !

— Enfant! dit le Balafré à sa nièce, sinon avec la parole, du moins avec son regard sévère.

Il reprit seulement :

— Madame, il le faut.

— Mais nous fuirons donc devant ces rebelles! dit le jeune roi, tout frémissant de courroux.

— Sire, reprit le duc de Guise, on ne fuit pas devant un ennemi qui ne vous a pas encore attaqué, qui ne vous a même pas dénoncé la guerre. Nous sommes censés ignorer les desseins coupables de ces factieux.

— Mais nous les savons cependant, dit François.

— Que Votre Majesté veuille bien s'en rapporter à moi sur les questions d'honneur, répondit François de Lorraine. Nous n'évitons le combat que pour déplacer le champ de bataille. Et j'espère bien que les rebelles se donneront la peine de nous suivre jusqu'à Amboise.

— Pourquoi dites-vous que vous l'espérez, monsieur? demanda le roi.

— Pourquoi? dit le Balafré, avec son superbe sourire, parce que ce sera une occasion d'en finir une fois pour toutes, avec les hérétiques et l'hérésie, parce qu'il est temps de les frapper autrement que dans des fictions et allégories, parce que j'aurais donné deux doigts de ma main... de ma main gauche, pour amener sans torts de notre part cette lutte décisive que les imprudens provoquent pour notre triomphe.

— Hélas! dit le roi, cette lutte, ce n'en est pas moins la guerre civile.

— Acceptons-la, pour la terminer, Sire, reprit le duc de Guise. En deux mots, voici mon plan : Que Votre Majesté se rappelle que nous n'avons affaire ici qu'à des révoltés. Sauf cette retraite sur Blois, qui ne me les effarouchera pas trop, j'espère, nous feindrons à leur égard la plus complète sécurité et la plus parfaite ignorance. Et quand ils s'avanceront pour nous surprendre en traîtres, ce sera nous qui les surprendrons et les saisirons dans leur propre piége. Donc, nul air d'alarme et de fuite, je vous le recommande à vous surtout, madame, dit-il en s'adressant à Marie. Mes ordres seront donnés et vos gens prévenus, mais en secret. Qu'on ne se doute au dehors ni de nos préparatifs, ni de nos appréhensions, et je réponds de tout.

— Et quelle heure est fixée pour le départ? demanda François avec une sorte de résignation abattue.

— Sire, trois heures de l'après-midi, dit le duc de Guise; j'ai fait prendre d'avance les dispositions nécessaires.

— Quoi ! d'avance ?

— Oui, Sire, d'avance, reprit avec fermeté le Balafré, car d'avance je savais bien que Votre Majesté se rangerait aux conseils de la raison et de l'honneur.

— A la bonne heure ! dit avec un faible sourire le jeune roi subjugué, nous serons prêt à trois heures, monsieur, nous avons toute confiance en vous.

— Sire, reprit le duc, je vous remercie de cette confiance. J'en serai digne. Mais que Votre Majesté m'excuse, dans une telle circonstance les minutes sont comptées, et j'ai vingt lettres à écrire, cent commissions à donner. Nous prenons donc, mon frère et moi, humblement congé de Votre Majesté.

Il salua assez sommairement le roi et la reine, et sortit avec le cardinal.

François et Marie se regardèrent un instant en silence, tout attristés.

— Eh bien ! ma mie, dit enfin le roi, et notre beau voyage rêvé à Rome ?

— Il se borne à une fuite à Amboise, répondit en soupirant Marie Stuart.

En ce moment entra madame Dayelle, la première femme de la reine.

— Est-ce donc vrai, madame, ce qu'on nous dit ? fit-elle après les salutations d'usage. Il nous faut déménager sur l'heure, et quitter Blois pour Amboise ?

— Ce n'est que trop vrai, ma pauvre Dayelle, répondit Marie.

— Mais savez-vous bien, madame, qu'il n'y a rien, mais rien dans ce château. Pas un miroir en état !

— Il faudra donc tout emporter d'ici, Dayelle, dit la reine. Ecrivez là tout de suite une liste des choses indispensables. Je vais vous dicter. D'abord, ma nouvelle robe de damas cramoisi à passement d'or...

Et, revenant vers le roi qui était resté debout, pensif et triste, dans l'embrasure de la croisée :

— Concevez-vous cela, cher Sire, lui dit-elle, l'audace de

ces réformés?... mais, pardon, vous devriez aussi vous occuper des objets dont vous aurez besoin là-bas, afin de n'être pas pris au dépourvu.

— Non, dit François, je laisse ce soin à Aubert, mon valet de chambre. Pour moi, je ne pense qu'à mon chagrin.

— Croyez-vous que le mien soit moins vif? dit Marie. Madame Dayelle, écrivez ma vertugade couverte de camelot d'or violet, et ma robe de damas blanc avec passement d'argent... Mais il faut se faire une raison, continua-t-elle en s'adressant au roi, et ne pas s'exposer à manquer des choses de première nécessité... Madame Dayelle, marquez mon manteau de nuit, de toile d'argent plain, fourré de loups cerviers... Il y a des siècles, n'est-il pas vrai, Sire, que ce vieux château d'Amboise n'a été habité par la cour?

— Depuis Charles VIII, dit François, je ne crois pas qu'un roi de France y ait demeuré plus de deux ou trois jours?

— Et qui sait si nous n'allons pas y rester tout un mois! dit Marie. Oh! les vilains huguenots! Pensez-vous, madame Dayelle, que du moins la chambre à coucher ne soit pas trop dépourvue?

— Le plus sûr, madame, dit la première femme en secouant la tête, serait de faire comme si nous n'y devions rien trouver.

— Mettez donc ce miroir accoutré d'or, dit la reine, ce coffre de nuit de velours violet, ce tapis velu pour mettre à l'entour du lit... Mais avait on déjà vu, Sire, reprit-elle à demi-voix en revenant au roi, des sujets marcher ainsi contre leur maître et le chasser de chez lui, pour ainsi parler?

— Jamais, je crois, Marie, répondit tristement François. On a bien vu quelquefois des marauds résister au commandement du roi, comme il y a quinze ans à Mérindol et à La Cabrière; mais attaquer les premiers le roi... je ne l'eusse pas même imaginé, je l'avoue.

— Oh! dit Marie, mon oncle de Guise a donc raison; nous ne saurions prendre trop de précautions contre ces enragés rebelles... Madame Dayelle, ajoutez une douzaine de souliers, d'oreillers et douze linceuls... Est-ce tout? Je crois vraiment que j'en perdrai l'esprit! Tenez aussi, ma chère, cette pelote de velours, ce bougier d'or, ce poinçon, cette aiguille dorée... Je ne vois plus rien.

— Madame n'emporte pas ses deux accoutremens de pierreries? dit Dayelle.

— Si fait! je les emporte! s'écria vivement Marie. Les laisser ici! ils tomberaient peut-être aux mains de ces mécréans! N'est-ce pas, Sire? Je le crois bien que je les emporte!

— La précaution est bonne en effet, dit François avec un faible sourire.

— Je n'omets plus rien d'important, ce me semble, ma chère Dayelle? reprit Marie Stuart cherchant des yeux autour d'elle.

— Madame pense, j'espère, à ses livres d'heures, reprit la caméristе d'un un air peu précieux.

— Ah! vous m'y faites songer, dit naïvement Marie... Emportez surtout les plus beaux, celui que m'a donné mon oncle le cardinal, et celui de velours écarlate avec les orfévreries d'or. Madame Dayelle, je recommande tout cela à vos soins. Vous voyez à quel point nous sommes absorbés, le roi et moi, par la dure nécessité de ce départ subit.

— Madame n'a pas besoin de stimuler mon zèle, dit la duègne. Combien faudra-t-il commander de coffres, de bahuts pour emporter tout cela? Cinq suffiront, j'imagine.

— Demandez-en six, allez! répondit la reine. Il ne faut pas rester court dans ces déplorables extrémités. Six, sans compter ceux de mes dames, bien entendu. Mais qu'elles s'arrangent de leur côté, je n'ai certainement pas le cœur de m'occuper de pareils détails... C'est vrai, je suis comme vous, François, je n'ai l'esprit qu'à ces huguenots... hélas! Vous pouvez maintenant vous retirer, Dayelle.

— Pas d'ordre pour les laquais et muletiers, madame?

— Qu'ils mettent tout simplement leurs habits de drap, dit la reine. Allez, ma chère Dayelle, allez promptement.

Dayelle salua et fit trois ou quatre pas vers la porte.

— Dayelle! fit Marie la rappelant; quand je dis que nos

gens ne doivent mettre que leurs habits de drap, vous me comprenez, c'est pour la route. Mais ils auront soin d'emporter leurs saies de velours violet et leurs manteaux violets doublés de velours jaune, entendez-vous ?

— Cela suffit, madame. Madame n'a plus rien à ordonner ?

— Non, plus rien, dit Marie. Mais que tout ceci soit exécuté activement ; nous n'avons que jusqu'à trois heures. Et n'oubliez pas les manteaux des laquais.

Dayelle sortit pour tout de bon cette fois.

Marie alors se retournant vers le roi :

— Vous m'approuvez, n'est-il pas vrai, Sire, lui dit-elle, pour ces manteaux de nos gens ? Messieurs les réformés nous permettront bien au moins de donner à ceux de notre maison la tenue qui convient. Il ne faut pas non plus trop humilier la royauté devant ces rebelles ! J'espère même, Sire, que nous trouverons encore le moyen de donner à leur barbe quelque petite fête dans cet Amboise, tout affreux qu'il est.

François hocha tristement la tête.

— Oh ! ne méprisez pas cette idée, reprit Marie. Cela les intimiderait plus qu'on ne pense, en leur faisant voir qu'en fin de compte nous ne les craignons guère. Un bal en ce cas-là serait, je ne crains pas de le dire, de l'excellente politique, comme votre mère elle-même, qui fait la capable, n'en trouverait pas de meilleure. N'importe ! je n'en ai pas moins le cœur navré de tout cela, mon pauvre cher Sire. Ah ! les vilains réformés !

XXII.

DEUX APPELS.

Depuis le tournoi fatal du 10 juillet, Gabriel avait mené une vie calme, retirée et morne. Lui, cet homme d'énergie, de mouvement et d'action, dont les journées autrefois avaient été si pleines et si passionnées, il se complaisait maintenant dans la solitude et l'oubli.

Jamais il ne se montrait à la cour, il ne voyait pas un ami, il sortait à peine de son hôtel où il laissait s'écouler ses longues heures tristes et songeuses, entre sa nourrice Aloyse et le page André, qui était revenu près de lui quand Diane de Castro s'était tout à coup réfugiée au couvent des Bénédictines de Saint-Quentin.

Gabriel, jeune homme encore par l'âge, était un vieillard par la douleur. Il se souvenait, il n'espérait plus.

Que de fois, durant ces mois plus longs que des années, il regretta de n'être pas mort! Que de fois il se demanda pourquoi le duc de Guise et Marie Stuart s'étaient placés entre lui et la colère de Catherine de Médicis, et lui avaient imposé cet amer bienfait de la vie! Que faisait-il en effet en ce monde? A quoi était-il bon? La tombe était-elle donc plus stérile que cette existence où il végétait? s cela pouvait s'appeler une existence!

Il y avait cependant aussi des momens où sa jeunesse et sa vigueur protestaient en lui contre lui-même.

Alors il tendait son bras, il relevait son front, il regardait son épée.

Et il sentait vaguement que sa vie n'était pas terminée, qu'il y avait encore pour lui un avenir, et que les heures chaudes de la lutte, et peut-être de la victoire, reviendraient tôt ou tard dans sa destinée.

A tout bien considérer pourtant, il ne voyait plus que deux chances qui pussent le rendre à sa vraie vie, à l'action, — la guerre étrangère ou la persécution religieuse.

Si la France, si le roi se trouvaient engagés dans quelque guerre nouvelle, conquête à tenter ou invasion à repousser, le comte de Montgommery se disait que sa juvénile ardeur renaîtrait sans peine, et qu'il lui serait doux de mourir comme il avait vécu, en combattant.

Et puis, il aimerait à payer ainsi la dette involontaire contractée par lui envers le duc de Guise, envers le jeune roi François II...

Gabriel pensait encore qu'il serait beau aussi de donner sa vie en témoignage pour les vérités nouvelles dont son âme avait été dans ses derniers temps éclairée. La cause de la réforme, c'est-à-dire, selon lui la cause de la justice et de la liberté, était aussi sans doute une noble et sainte cause.

Le jeune comte lisait assiduement les livres de controverse et de prédication religieuse qui abondaient alors. Il se passionnait pour ces grands principes révélés en paroles magnifiques par Luther, Mélanchton, Calvin, Théodore de Bèze et tant d'autres. Les livres de tous ces libres penseurs l'avaient séduit, convaincu, entraîné. Il eût été heureux et fier de signer avec son sang l'attestation de sa foi.

C'était toujours le noble instinct de ce noble cœur de dévouer sa vie à quelqu'un ou à quelque chose.

Naguère, il avait cent fois risqué ses jours pour sauver ou pour venger soit son père, soit sa bien-aimée Diane... (O souvenirs éternellement saignans dans cette âme blessée !) Maintenant, à défaut de ces êtres chéris, c'étaient des idées sacrées qu'il eût voulu défendre.

Sa patrie au lieu de son père, sa religion au lieu de son amour.

Hélas ! hélas ! on a beau dire, ce n'est pas la même chose ! et l'enthousiasme pour les abstractions ne vaut pas, dans ses souffrances et dans ses joies, la tendresse pour les créatures.

N'importe ! pour l'une ou pour l'autre de ces deux causes, la réforme ou la France, Gabriel eût encore été content de se sacrifier, et c'était sur l'un de ces sacrifices qu'il comptait pour le dénoûment souhaité de son sort.

Le 6 mars au matin, par une pluvieuse matinée, Gabriel, accoudé sur une chaise à l'angle de son foyer, méditait sur ces pensées qui lui étaient devenues habituelles, quand Aloyse introduisit auprès de lui un messager botté, éperonné et couvert de boue comme après un long voyage.

Ce courrier arrivait d'Amboise, avec une forte escorte, porteur de plusieurs lettres de monsieur le duc Guise, lieutenant général du royaume.

Une de ces lettres était adressée à Gabriel, et voici ce qu'elle contenait :

« Mon bon et cher compagnon,

» Je vous écris ceci à la hâte sans avoir le loisir ni la
» possibilité de m'expliquer. Vous nous avez dit, au roi
» et à moi, que vous nous étiez dévoué, et que, quand
» nous aurions besoin de ce dévouement nous n'aurions
» qu'à vous appeler.

» Nous vous appelons aujourd'hui.

» Partez sur l'heure pour Amboise où le roi et la reine
» viennent de s'installer pour quelques semaines. Je vous
» dirai à votre arrivée de quelle façon vous pouvez le servir.

» Il est bien entendu toute fois que vous resterez libre
» d'agir ou de ne pas agir. Votre zèle m'est trop précieux
» pour que je veuille en abuser ou le compromettre. Mais,
» que vous soyez avec nous ou que vous demeuriez neu-
» tre, en manquant envers vous de confiance, je croirais
» manquer à un devoir.

» Venez donc en toute hâte, et vous serez, comme toujours, le bien venu.

» Votre affectionné,

» FRANÇOIS DE LORRAINE.

» Amboise, ce 4 février 1560. »

» *P. S.* Ci-joint un sauf-conduit dans le cas où, par ha-
» sard, vous seriez interrogé sur la route par quelque trou-
» pe royale. »

Le messager du duc de Guise était déjà reparti pour ses autres commissions, quand Gabriel eut achevé cette lettre.

L'ardent jeune homme se leva aussitôt et, sans hésiter, dit à sa nourrice :

— Ma bonne Aloyse, fais, je te prie, venir André, et dis qu'on me selle le pommelé, et qu'on prépare ma valise de campagne.

— Vous partez encore, monseigneur? dit la bonne femme.

— Oui, nourrice, dans deux heures, pour Amboise.

Il n'y avait pas à répliquer, et Aloyse sortit tristement. mais sans mot dire, pour faire exécuter les ordres de son jeune maître.

Mais, pendant les préparatifs, voici qu'un autre messager demanda à parler en secret au comte de Mongommery.

Il ne faisait point de fracas et n'avait point d'escorte, celui-là. Il était entré silencieusement et modestement, et il remit à Gabriel, sans prononcer une parole, une lettre dont il était chargé pour lui.

Gabriel tressaillit en croyant reconnaître l'homme qui lui avait apporté autrefois de la part de La Renaudie l'invitation de se rendre au conciliabule protestant de la place Maubert.

C'était le même homme en effet, et la lettre portait la même signature. Cette lettre disait :

» Ami et frère,

» Je ne voulais pas quitter Paris sans vous avoir vu ;
» mais le temps m'a manqué, les événemens se pressent
» et me poussent ; il faut que je parte, et je ne vous ai pas
» serré la main, je ne vous ai pas raconté nos projets et
» nos espérances.

» Mais nous savons que vous êtes avec nous, et je sais
» quel homme vous êtes.

» Avec vos pareils il n'est pas besion de préparations,
» d'assemblées et de discours. Un mot suffit.

» Ce mot le voici : —Nous avons besoin de vous. Venez.

» Soyez du 10 au 12 de ce mois de mars à Noizai, près

» Amboise. Vous y trouverez notre brave et noble ami de
» Castelnau. Il vous dira ce dont il s'agit et ce que je ne
» puis confier au papier.

» Il reste convenu que vous n'êtes nullement engagé,
» que vous avez le droit de demeurer à l'écart, et que
» vous pourrez toujours vous abstenir sans encourir le
» moindre soupçon et le moindre reproche.

» Mais enfin, venez à Noizai. Je vous y retrouverai. Et, à
» défaut de votre aide, nous réclamerons vos conseils.

» Puis, quelque chose peut-il s'accomplir dans le parti
» sans que vous en soyez informé !

» Donc au revoir, à bientôt, à Noizai. Nous comptons au
» moins sur votre présence.

» L. R.

» *P.-S.* Si quelque troupe des nôtres vous rencontre en
» chemin, notre mot d'ordre est encore cette fois *Genève*,
» et notre mot de ralliement *Gloire de Dieu !* »

— Dans une heure je pars, dit le comte de Montgommery au messager taciturne qui s'inclina et sortit.

» — Qu'est-ce que tout cela signifie? se demanda Gabriel quand il fut seul, et que veulent dire ces deux appels venus de deux parts si opposées et qui me donnent rendez-vous presque dans le même lieu. C'est égal ! c'est égal ! envers le duc tout-puissant comme envers les religionnaires opprimés, mes obligations sont certaines. Mon devoir est de partir d'abord. Advienne ensuite que pourra ! Quelque difficile que devienne ma position, ma conscience sait bien que je ne serai jamais un traître.

Et, une heure après, Gabriel se mettait en route, accompagné du seul André.

Mais il ne prévoyait guère l'alternative étrange et terrible dans laquelle allait le placer sa loyauté même.

XXIII.

UNE CONFIANCE PÉRILLEUSE.

Au château d'Amboise, dans l'appartement du duc de Guise, le Balafré lui-même était en train d'interroger un homme de haute taille, nerveux et vigoureux, aux traits accentués, à la mine fière et hardie, et qui portait le costume de capitaine d'arquebusiers.

— Le maréchal de Brissac, disait le duc, m'a assuré, capitaine Richelieu, que je pouvais avoir en vous pleine confiance.

— Monsieur le maréchal est bien bon, dit Richelieu.

— Il paraît que vous avez de l'ambition, monsieur, reprit le Balafré.

— Monseigneur, j'ai du moins celle de ne pas rester capitaine d'arquebusiers toute ma vie. Quoique né d'assez bonne souche, puisqu'on voit déjà des seigneurs du Plessis à Bovines, je suis le cinquième de six frères, et j'ai besoin, partant, d'aider un peu à ma fortune et de ne pas trop faire de fonds sur mon patrimoine.

— Bien! dit avec satisfaction le duc de Guise. Vous pouvez ici, monsieur, nous rendre quelques bons offices dont vous ne vous repentirez pas.

— Vous me voyez, monseigneur, prêt à tout entreprendre pour vous satisfaire, dit Richelieu.

— Pour commencer, dit le Balafré, je vous ai fait donner la garde de la principale porte du château.

— Et je promets d'en rendre bon compte, monseigneur.

— Ce n'est pas, continua le duc, que messieurs les réformés soient assez mal avisés, je pense, pour faire leur attaque d'un côté où il leur faudrait emporter sept portes de suite; mais, comme rien ne doit plus entrer et sortir que par là, le poste est des plus importans. Ne laissez donc passer personne, soit du dedans soit du dehors, que sur un ordre exprès signé de ma main.

— Ce sera fait, monseigneur. Pourtant un jeune gentilhomme appelé le comte de Montgommery s'est présenté tout à l'heure sans ordre exprès mais avec un sauf-conduit signé par vous. Il arrive, dit-il, de Paris. Dois-je l'introduire, comme il le demande, auprès de vous, monseigneur?

— Oui, oui, sans plus de retard, dit vivement le duc de Guise. Mais attendez; je n'ai pas fini de vous donner mes instructions: Aujourd'hui, à cette porte dont vous avez la garde, doit arriver vers midi le prince de Condé. que nous avons mandé pour avoir sous la main le chef présumé des rebelles, et qui, j'en réponds, n'osera pas donner raison aux soupçons en manquant à notre appel. Vous lui ouvrirez, capitaine Richelieu, mais à lui seul, et point à ceux qu'il pourrait conduire avec lui. Vous aurez soin de faire garnir de vos soldats toutes les niches et casemates qui sont dans la longueur de la voûte, et aussitôt qu'il arrivera,sous prétexte de lui rendre les honneurs, tous devront se mettre en parade, arquebuse au bras et mèche allumée.

— Ce sera exécuté ainsi, monseigneur, dit Richelieu.

— En outre, reprit le duc de Guise, quand les réformés attaqueront et que l'action commencera, surveillez de près notre homme vous-même, capitaine, et, vous m'entendez, s'il bouge d'un pas, s'il fait mine de vouloir s'unir aux assaillans, ou seulement s'il hésite à tirer l'épée contre eux, comme le lui ordonne son devoir... n'hésitez pas, vous, à le frapper.

— Je ne verrais là aucune difficulté, monseigneur, dit avec simplicité le capitaine Richelieu, si ce n'est que mon rang de simple capitaine d'arquebusiers ne me rendra peut-être pas facile d'être toujours aussi près de lui qu'il le faudrait.

Le Balafré réfléchit une minute, et dit :

— Monsieur le grand prieur et le duc d'Aumale, qui ne quitteront pas non plus d'un pas le traître supposé, vous donneraient le signal, et vous leur obéirez.

— Je leur obéirai, monseigneur, répondit Richelieu.

— Bien ! dit le duc de Guise. Je n'ai pas d'autre ordre à vous donner, capitaine. Allez. Si l'éclat de votre maison a commencé avec Philippe-Auguste, vous pourrez bien le recommencer avec le duc de Guise. Je compte sur vous, comptez sur moi. Allez. Vous ferez, s'il vous plaît, introduire sur-le-champ auprès de moi monsieur de Montgommery.

Le capitaine Richelieu s'inclina profondément et sortit.

Quelques minutes après, on annonçait Gabriel au Balafré.

Gabriel était triste et pâle, et l'accueil cordial du duc de Guise ne le dérida pas.

En effet, d'après ses conjectures et quelques paroles que les gardes avaient laissé échapper sans scrupule devant un gentilhomme porteur d'un sauf-conduit signé de Guise, le jeune religionnaire avait pu deviner à peu près la vérité.

Le roi qui lui avait fait grâce et le parti auquel il s'était dévoué étaient en guerre ouverte, et sa loyauté se trouvait compromise dans le conflit.

— Eh bien ! Gabriel, lui dit le duc de Guise, vous devez savoir maintenant pourquoi je vous ai appelé ?

— Je m'en doute, mais je ne le sais pas précisément, monseigneur, répondit Gabriel.

— Les réformés sont en pleine révolte, reprit le Balafré, ils vont venir nous attaquer en armes dans le château d'Amboise, voilà les nouvelles.

— C'est une douloureuse et terrible extrémité, dit Gabriel, songeant à sa propre situation.

— Mon ami, c'est une occasion magnifique, reprit le duc de Guise.

— Que voulez-vous dire, monseigneur ? dit Gabriel étonné.

— Je veux dire que les huguenots croient nous surprendre et que nous les attendons. Je veux dire que leurs plans sont découverts, leurs projets trahis. C'est de bonne guerre, puisqu'ils ont tiré les premiers l'épée, mais nos ennemis vont se livrer eux-mêmes. Ils sont perdus, vous dis-je.

— Est-ce possible ! s'écria le comte de Montgommery anéanti.

— Jugez-en, continua le Balafré, jugez à quel point tous les détails de leur folle entreprise sont à jour pour nous. C'est le 16 mars, à midi, qu'ils doivent se réunir devant la ville et nous attaquer. Ils ont des intelligences dans la garde du roi, cette garde est changée. Leurs amis doivent leur ouvrir la porte de l'Ouest, cette porte est murée. Enfin, leurs détachemens doivent parvenir secrètement ici par ces sentiers notés de la forêt de Château-Regnault ; les troupes royales tomberont à l'improviste sur ces partis détachés à mesure qu'ils se présenteront, et ne laisseront pas arriver devant Amboise la moitié de leurs forces. Nous sommes exactement informés et admirablement sur nos gardes, j'espère !

— Admirablement ! répéta Gabriel terrifié. Mais, ajouta-t-il dans son trouble et sans trop savoir ce qu'il disait, mais qui donc a pu vous instruire ?...

— Ah ! voilà, reprit le Balafré ; ce sont deux des leurs qui nous ont dénoncé tous leurs projets : l'un pour de l'argent, l'autre par peur. Deux traîtres, je l'avoue, un espion payé, un alarmiste effrayé. L'espion, que vous connaissez peut-être, hélas ! comme beaucoup d'entre nous, et dont il faudra vous défier, se nomme le marquis de....

— Ne me le dites pas ! s'écria vivement Gabriel, ne me dites pas ces noms ! Je vous les demandais par mégarde ; vous m'en avez bien assez dit déjà ! Mais ce qu'il y a de plus difficile pour un homme d'honneur, c'est de ne pas trahir des traîtres.

— Oh ! dit le duc de Guise avec quelque surprise, nous avons tous en vous une entière confiance, Gabriel. Nous parlions de vous hier soir encore avec la jeune reine ; je lui disais que je vous avais mandé, et elle m'en félicitait.

— Et pourquoi m'avez-vous mandé, monseigneur ? vous ne me l'avez pas encore appris.

— Pourquoi ? dit le Balafré ; mais le roi n'a qu'un petit nombre de serviteurs dévoués et sûrs. Vous êtes de ceux-là pour nous, vous commanderez un détachement contre les rebelles.

— Contre les rebelles ? impossible ! dit Gabriel.

— Impossible! et pourquoi donc? reprit le Balafré; vous ne m'avez pas habitué à entendre de vous ce mot-là, Gabriel.

— Monseigneur, dit Gabriel, je suis aussi de la religion.

Le duc de Guise se dressa debout avec un brusque tressaillement, et regarda le comte avec une surprise presque effrayée.

— Cela est ainsi, reprit en souriant tristement Gabriel. Quand il vous plaira, monseigneur, de me mettre en face des Anglais ou des Espagnols, vous savez que je ne reculerai pas, et que je vous offrirai ma vie plus qu'avec dévouement, avec joie. Mais dans une guerre civile, dans une guerre de religion, contre mes compatriotes, contre mes frères, je suis obligé, monseigneur, de réserver la liberté que vous avez bien voulu me garantir.

— Vous, un huguenot! reprit enfin le duc de Guise.

— Et un huguenot convaincu, monseigneur, dit Gabriel; c'est mon crime, mais c'est aussi mon excuse. J'ai foi aux idées nouvelles, et je leur ai donné mon âme.

— Et votre épée en même temps, sans doute? dit le Balafré avec quelque amertume.

— Non, monseigneur, reprit gravement Gabriel.

— Allons donc! reprit le Balafré, vous allez me faire accroire que vous ignoriez le complot tramé contre le roi par vos frères, comme vous les appelez, et que ces mêmes frères renoncent de gaîté de cœur au concours d'un allié aussi intrépide que vous.

— Il le faudra bien, dit le jeune comte plus sérieux que jamais.

— Alors, c'est eux que vous déserterez, reprit le duc de Guise; car votre foi nouvelle vous place entre deux manques de foi, voilà tout.

— Oh! monsieur! s'écria Gabriel avec reproche.

— Eh! comment vous arrangeriez-vous autrement? dit le Balafré en jetant avec une sorte de colère sa toque sur le fauteuil qu'il avait quitté.

— Comment je m'arrangerais autrement? reprit Gabriel froid et presque sévère. Mais la chose est simple. Mon avis est que plus la position est fausse, plus l'homme doit être sincère. Quand je me suis fait protestant, j'ai hautement et loyalement déclaré aux chefs huguenots que des obligations sacrées envers le roi, la reine et le duc de Guise, m'empêcheraient toujours, pendant toute la durée de ce règne, de combattre dans les rangs des protestans, s'il y avait combat. Ils savent que la réforme est pour moi une religion et non un parti. Avec eux comme avec vous-même, monseigneur, j'ai stipulé le strict maintien de mon libre arbitre. A eux comme à vous, j'ai le droit de refuser mon concours. Dans ce triste conflit de ma reconnaissance et de ma croyance, mon cœur saignera de tous les coups portés, mon bras n'en portera aucun. Et voilà comment, monseigneur, vous me connaissiez mal, et comment, en restant neutre, j'espère pouvoir rester honorable et honoré.

Gabriel parlait ainsi avec animation et fierté. Le Balafré, rappelé peu à peu au calme, ne pouvait s'empêcher d'admirer la franchise et la noblesse de son ancien compagnon d'armes.

— Vous êtes un homme étrange, Gabriel ! lui dit-il tout pensif.

— Pourquoi étrange, monseigneur ? Est-ce parce que je dis ce que je fais et fais ce que je dis ? J'ignorais cette conspiration des protestans, je vous le jure. Pourtant, à Paris, j'ai reçu, je l'avoue, en même temps que votre lettre, une lettre de l'un d'entre eux ; mais cette lettre, comme la vôtre, n'entrait dans aucune explication et me disait seulement : Venez. J'ai prévu la dure alternative où j'allais me trouver, et je suis néanmoins venu à ce double appel, monseigneur. Je suis venu pour ne déserter aucun de mes devoirs. Je suis venu pour vous dire à vous : Je ne puis pas combattre ceux dont je partage la croyance. Je suis venu pour leur dire à eux : Je ne puis pas combattre ceux qui ont épargné ma vie.

Le duc de Guise tendit la main au jeune comte de Montgommery.

— J'ai eu tort, lui dit-il avec cordialité ! Attribuez seulement mon mouvement de dépit au chagrin que j'ai ressenti en vous trouvant, vous sur qui je comptais tant, parmi mes ennemis.

— Ennemi ! reprit Gabriel, je ne suis pas, je ne serai jamais le vôtre, monseigneur. Pour m'être déclaré plus franchement qu'eux, suis-je plus votre ennemi que le prince de Condé et que monsieur de Coligny, qui sont comme moi des protestans non armés ?...

— Armés, si fait, ils le sont, dit le Balafré, je le sais bien, je sais tout ! Seulement ils cachent leurs armes. Mais il est certain que, si nous nous rencontrons, je dissimulerai comme eux, les appellerai amis, et, au besoin, me porterai officiellement garant de leur innocence. Comédie ! c'est vrai, mais comédie nécessaire !

— Eh bien ! monseigneur, reprit Gabriel, puisque avec moi vous êtes assez bon pour dépouiller quelquefois ces conventions obligées, dites-moi qu'en dehors de la politique, vous pouvez encore croire à mon dévouement et à mon honneur, à moi huguenot ; dites-moi surtout que, si quelque jour la guerre étrangère éclatait de nouveau, vous me feriez toujours la grâce de réclamer ma parole et de m'envoyer à l'armée mourir pour la patrie et le roi.

— Oui, Gabriel, dit le duc de Guise, tout en déplorant la différence qui maintenant nous sépare, je me fie et me fierai à vous toujours, et, pour vous le prouver et racheter un instant de soupçon que je regrette, prenez ceci et faites-en l'usage qu'il vous plaira.

Il alla à une table écrire un mot qu'il signa et remit au jeune comte.

— C'est l'ordre de vous laisser sortir d'Amboise, en quelque endroit que vous vouliez vous rendre, lui dit-il. Avec ce papier vous êtes libre. Et cette marque d'estime et de confiance, sachez que je ne la donnerai pas au prince de Condé que vous me citiez tout à l'heure, et que, du moment où il mettra le pied dans ce château, il y sera surveillé de loin comme un ennemi et tacitement gardé comme un prisonnier.

— Aussi, cette marque de confiance et d'estime, je la refuse, monseigneur, dit Gabriel.

— Comment ! et pourquoi, reprit le duc de Guise étonné.

— Monseigneur, savez-vous, si vous me laissiez sortir d'Amboise, où j'irais en en sortant?

— Cela vous regarde et je ne vous le demande pas, dit le Balafré.

— Mais, moi, justement, je veux vous le dire, reprit Gabriel. En vous quittant, monseigneur, j'irais où mon autre devoir me réclame, j'irais parmi les rebelles, retrouver l'un d'eux à Noizai...

— A Noizai? c'est Castelnau qui commande, dit le duc.

— Oui; oh! vous êtes bien informé, jusqu'au bout, monseigneur.

— Et qu'iriez-vous faire à Noizai, malheureux? reprit le Balafré.

— Ah! voilà! qu'irais-je en effet y faire? Leur dire : Vous m'avez appelé, me voici, mais je ne puis rien pour vous, et, s'ils m'interrogeaient sur ce que j'ai pu entendre et remarquer en chemin, je devrais me taire, je ne pourrais pas les avertir du piége que vous leur tendez, vos confidences même m'en ôtent le droit. Donc, monseigneur, je requiers une grâce de vous...

— Laquelle?

— Retenez-moi ici prisonnier, et sauvez-moi ainsi une perplexité cruelle, car, si vous me laissez partir, je voudrai aller du moins faire acte de présence parmi ceux qui vont se perdre, et, si j'y vais, je ne serai pas libre de les sauver.

— Gabriel, reprit le duc de Guise, après avoir réfléchi, je ne puis ni ne veux vous témoigner une telle défiance. Je vous ai dévoilé tout mon plan de bataille, vous vous rendez parmi des amis dont l'intérêt capital est de connaître ce plan, et cependant voici votre laissez-passer.

— Alors, monseigneur, reprit Gabriel abattu, accordez-moi du moins une dernière faveur. Je l'implore au nom de ce que j'ai pu faire pour votre gloire à Metz, en Italie, à Calais, au nom de ce que j'ai souffert depuis, et depuis, j'ai bien souffert!

— De quoi s'agit-il? dit le duc de Guise. Si je le puis, je le ferai, ami.

— Vous le pouvez, monseigneur, vous le devez peut-être, car ce sont des Français que vous combattez. Eh bien! permettez-moi de les détourner de leur fatal projet, non pas en leur en révélant l'issue certaine, mais en les conseillant, en les priant, en les conjurant.

— Gabriel, prenez garde! dit solennellement le duc de Guise; qu'un mot vous échappe sur nos dispositions, et les révoltés persisteront dans leur dessein en en modifiant seulement l'exécution, et alors c'est le roi, c'est Marie Stuart, c'est moi qui serons perdus. Pesez bien cela. Maintenant vous engagez-vous sur votre honneur de gentilhomme à ne leur laisser deviner ou soupçonner ni par un mot, ni par une allusion, ni par un signe, rien de ce qui se passe ici?...

— Sur mon honneur de gentilhomme! je m'y engage, dit le comte de Montgommery.

— Allez donc, dit le duc de Guise, et essayez de les faire renoncer à leur criminelle attaque, je renoncerai, moi, avec joie à ma facile victoire, en songeant que c'est autant de sang français d'épargné. Mais, si, comme je le crois, les derniers rapports ne mentent pas, ils ont dans leur entreprise une confiance trop aveugle et trop obstinée, et vous échouerez, Gabriel. N'importe! allez, et tentez ce dernier effort. Pour eux, pour vous surtout, je ne veux pas m'y refuser.

— Pour eux et pour moi, je vous en remercie, monseigneur, dit Gabriel...

Un quart d'heure après, il était en route pour Noizai.

XXIV.

DÉLOYAUTÉ DE LA LOYAUTÉ.

Le baron Castelnau de Chalosses était un valeureux et généreux jeune homme, auquel les protestans n'avaient pas assigné le poste le moins difficile, en l'envoyant prendre les devans au château de Noizai, lieu du rendez-vous général de leurs détachemens pour le 16 mars.

Il fallait qu'il se montrât aux huguenots et se cachât aux catholiques, et cette délicate position voulait autant de prudence et de sang-froid que de courage.

Grâce au mot d'ordre que lui avait confié la lettre de La Renaudie, Gabriel put arriver sans trop d'obstacles jusqu'au baron de Castelnau.

On était déjà au 15 mars, dans l'après-midi.

Avant dix-huit heures, les protestans devaient se rallier à Noizai ; avant vingt-quatre heures, ils devaient attaquer Amboise.

On voit qu'il n'y avait pas de temps à perdre pour les détourner de leur dessein.

Le baron de Castelnau connaissait bien le comte de Montgommery, qu'il avait vu maintes fois au Louvre, et dont les principaux du parti avaient souvent parlé devant lui.

Il alla à sa rencontre, et le reçut comme un ami et comme un allié.

— Vous voilà, monsieur de Montgommery, lui dit-il, quand ils furent seuls. A la vérité je vous espérais, mais je ne vous attendais pas. La Renaudie a été blâmé par l'amiral pour vous avoir écrit cette lettre.

« Il falait, lui a-t-il dit, avertir de nos projets le comte de Montgommery, mais ne point le convoquer. Il aurait fait ce qu'il aurait voulu. Le comte ne nous a-t-il pas prévenus que, tant que régnerait François II, son épée ne nous appartiendrait pas, ne lui appartiendrait pas à lui-même ? » A cela, La Renaudie a répondu que sa lettre ne vous engageait à rien, et vous laissait votre indépendance tout entière.

— C'est vrai, dit Gabriel.

— Néanmoins nous pensions bien que vous viendriez, reprit Castelnau, car la missive de cet enragé baron ne vous disait pas de quoi il s'agissait, et c'est moi qui suis chargé de vous apprendre et notre dessein et nos espérances.

— Je vous écoute, dit le comte de Montgommery.

Castelnau répéta alors à Gabriel tout ce que lui avait déjà annoncé en détail le duc de Guise.

Et Gabriel vit avec effroi à quel point le Balafré était bien informé. Pas un point du rapport des délateurs n'était inexact, pas une circonstance du complot n'avait été omise par eux.

Les conjurés étaient réellement perdus.

— Maintenant, vous savez tout, dit en terminant Castelnau à son auditeur anéanti, et il ne me reste plus qu'à vous adresser une question dont je prévois d'ailleurs la réponse. Vous ne pouvez marcher avec nous, n'est-il pas vrai ?

— Je ne le puis, dit Gabriel en secouant tristement la tête.

— Bien ! reprit Castelnau, nous n'en serons pas pour cela moins bons amis. Je sais que c'est votre droit stipulé d'avance de ne pas vous mêler du combat ; et c'est surtout votre droit en cette circonstance où nous sommes sûrs de la victoire.

— En êtes-vous bien sûrs ? demanda avec intention Gabriel.

— Parfaitement sûrs, répliqua le baron, l'ennemi ne se doute de rien et sera pris à l'improviste. Nous avons eu un moment de crainte quand le roi et la cour se sont transportés de la ville ouverte de Blois au château fortifié d'Amboise. Évidemment on avait eu quelques soupçons.

— Cela sautait aux yeux en effet, dit Gabriel.

— Oui, mais, reprit Castelnau, nos hésitations ont bientôt cessé, car il s'est trouvé que ce changement inopiné de résidence, loin de nuire à nos projets, les servait à merveille au contraire. Le duc de Guise s'endort à présent dans une sécurité trompeuse, et figurez-vous, cher comte, que nous avons des intelligences dans la place, et que la porte de l'Ouest nous sera livrée dès que nous nous présenterons. Oh ! le succès est certain, vous dis-je, et vous pouvez, sans aucun scrupule, vous abstenir de la bataille.

— L'événement, reprit gravement Gabriel, trompe quelquefois les plus magnifiques espérances.

— Mais ici nous n'avons aucune chance contre nous,

aucune ! répéta Castelnau en se frottant joyeusement les mains. Demain verra le triomphe de notre parti et la chute des Guise.

— Et... la trahison ?... dit avec effort Gabriel, navré de voir tant de courage et de jeunesse se précipiter ainsi les yeux fermés dans l'abîme.

— La trahison est impossible, reprit imperturbablement Castelnau. Les chefs seuls sont dans le secret et aucun d'eux n'est capable... Or çà, monsieur de Montgommery, ajouta-t-il en s'interrompant, je crois, foi de gentilhomme ! que vous êtes jaloux de nous, et vous me semblez vouloir à toute force mal augurer de notre entreprise par la rage que vous avez de n'y pouvoir prendre part. Fi, l'envieux !

— Oui, c'est vrai, je vous envie ! dit Gabriel d'un air sombre.

— Là, j'en étais sûr ! s'écria en riant le jeune baron.

— Cependant, voyons, vous avez en moi quelque confiance ? reprit Gabriel.

— Une confiance aveugle, si nous parlons sérieusement, répondit Castelnau.

— Eh bien ! voulez-vous écouter un bon conseil, un conseil d'ami ?

— Lequel ?

— Renoncez à votre dessein de prendre demain Amboise. Envoyez sur-le-champ des messagers sûrs à tous ceux des nôtres qui doivent vous rejoindre ici cette nuit ou demain, et faites-leur dire que le projet est manqué, ou doit être ajourné du moins.

— Mais pourquoi ? pourquoi ? dit Castelnau qui commençait à prendre l'alarme. Vous avez sûrement pour me parler ainsi quelque raison grave ?

— Mon Dieu ! non, reprit Gabriel avec une douloureuse contrainte.

— Enfin, dit Castelnau, vous ne me conseillez pas pour rien d'abandonner et de faire abandonner à nos frères un projet qui se présente sous d'aussi favorables auspices ?

— Non, ce n'est pas pour rien sans doute, mais je ne puis vous dire pourquoi. Voulez-vous et pouvez-vous me croire sur parole ?... Je m'avance en ceci plus que je ne devrais déjà. Faites-moi la grâce de me croire sur parole, ami.

— Ecoutez, reprit sérieusement Castelnau, si je prends sur moi cette étrange résolution de tourner bride au dernier moment, j'en serai responsable vis-à-vis de La Renaudie et des autres chefs. Pourrai-je au moins les renvoyer à vous?

— Oui, répondit Gabriel.

— Et vous leur direz, à eux, reprit Castelnau, les motifs qui ont dicté votre conseil?

— Je n'en aurai pas le droit, hélas!

— Comment voulez-vous alors, dit Castelnau, que je cède à vos instances? Ne me reprocherait-on pas cruellement d'avoir ainsi anéanti, sur un mot, des espérances certaines? Quelque confiance méritée que nous ayons tous en vous, monsieur de Montgommery, un homme n'est qu'un homme, et peut se tromper avec les meilleures intentions du monde. Si personne n'est admis à contrôler et à approuver vos raisons, nous serons certainement obligés de passer outre.

— Alors, prenez-y garde! reprit sévèrement Gabriel, vous acceptez seul à votre tour la responsabilité de tout ce qui peut advenir de funeste!

Castelnau fut frappé de l'accent avec lequel le comte prononça ces paroles.

— Monsieur de Montgommery! lui dit-il, éclairé d'une lumière soudaine, je crois pressentir la vérité! On vous a confié ou vous avez surpris un secret qu'il vous est défendu de révéler. Mais vous savez quelque chose de grave sur l'issue probable de notre entreprise, par exemple, que nous avons été trahis? n'est-ce pas?

— Je n'ai pas dit cela! s'écria vivement Gabriel.

— Ou bien, continua Castelnau, vous avez vu, en venant ici, le duc de Guise, qui est votre ami, et qui, ne vous sachant pas des nôtres peut-être, vous a mis à même de savoir le fond des choses.

— Rien dans mes paroles n'a pu vous faire supposer!... se récria Gabriel.

— Ou bien encore, poursuivit Castelnau, vous aurez, en

passant par Amboise, surpris des préparatifs, entendu des ordres, provoqué des confidences... Enfin, notre complot est découvert !

— Est-ce donc moi, dit Gabriel effrayé, qui vous ai donné lieu de le croire?

— Non, monsieur le comte, non, car vous vous serez engagé au secret, je le vois. Aussi je ne vous demande pas d'assurance positive, pas même un mot, si vous voulez. Mais, si je ne me trompe pas, un geste, un clignement d'yeux, votre silence même, peuvent suffire à m'éclairer.

Cependant Gabriel, plein d'anxiété, se rappelait les termes mêmes de la parole donnée au duc de Guise.

Sur son honneur de gentilhomme, il s'était engagé à ne laisser deviner ou soupçonner ni par un mot, ni par une allusion, ni par un signe, rien de ce qui se passait à Amboise.

Pourtant comme son silence se prolongeait :

— Vous vous taisez toujours? dit le baron de Castelnau qui avait ses yeux rivés à son visage. Vous vous taisez, je vous comprends et vais agir en conséquence.

— Et qu'allez-vous faire ? demanda vivement Gabriel.

— Prévenir, comme vous me l'aviez d'abord conseillé. La Renaudie et les autres chefs, arrêter tout le mouvement, et déclarer aux nôtres, quand ils arriveront ici, que quelqu'un en qui nous devons avoir toute confiance, m'a dénoncé... m'a dénoncé une trahison probable...

— Mais il n'en est rien ! interrompit vivement le comte de Montgommery. Je ne vous ai rien dénoncé, monsieur de Castelnau.

— Comte, reprit Castelnau en serrant avec une expression muette la main de Gabriel, est-ce que la réticence même ne peut être un avis et notre salut? et une fois mis en garde, alors...

— Alors? répéta Gabriel.

— Tout ira bien pour nous et mal pour eux, dit Castelnau ; nous ajournons à des temps plus propices notre entreprise, nous découvrons à tout prix les délateurs s'il en est parmi nous, nous redoublons de précautions et de mystère, et, un beau jour, quand tout est bien préparé, certains cette fois de notre coup, nous renouvelons notre tentative, et, grâce à vous, au lieu d'échouer, nous triomphons.

— Et voilà justement ce que je voulais éviter! s'écria Gabriel qui se vit avec terreur entraîné sur le bord d'une trahison involontaire. Voilà, monsieur de Castelnau, la vraie raison de mes avertissemens et de mes conseils. Je trouve, absolument parlant, votre entreprise coupable et dangereuse. Vous mettez, en attaquant les catholiques, tous les torts de votre côté. Vous justifiez toutes leurs représailles. D'opprimés vous vous faites rebelles. Si vous avez à vous plaindre des ministres, est-ce au jeune roi qu'il faut vous en prendre? Ah! je me sens triste à mourir en songeant à tout cela. Pour le bien, voyez-vous, vous devriez renoncer à tout jamais à cette lutte impie. Eh! laissez donc plutôt vos principes combattre pour vous! Point de sang sur la vérité! voilà seulement ce que j'ai voulu vous dire. Voilà pourquoi je vous conjure de vous abstenir, vous et tous nos frères, de ces funestes guerres civiles qui ne peuvent que retarder l'avénement de nos idées.

— C'est réellement là le seul motif de tous vos discours? demanda Castelnau.

— Le seul... répondit Gabriel d'une voix sourde.

— Alors, je vous remercie de l'intention, monsieur le comte, reprit Castelnau avec quelque froideur, mais je n'en dois pas moins agir dans le sens qui m'a été prescrit par les chefs de la Réforme. Je conçois que, ne pouvant combattre, il vous soit douloureux, à vous, gentilhomme, de voir les autres combattre sans vous. Néanmoins, vous ne pouvez seul entraver et paralyser toute une armée.

— Ainsi, dit Gabriel pâle et morne, vous allez les laisser donner suite à ce fatal dessein, et y donner suite vous-même?

— Oui, monsieur le comte, répondit Castelnau avec une fermeté qui n'admettait pas de réplique, et, de ce pas, je vais, si vous le permettez, donner les ordres nécessaires pour l'attaque de demain.

Il salua Gabriel et sortit sans attendre sa réponse.

XXV.

LE COMMENCEMENT DE LA FIN.

Gabriel ne quitta pas cependant le château de Noizai, mais il résolut d'y passer cette nuit-là. Sa présence donnerait aux religionnaires un gage de sa bonne foi, au cas où ils seraient attaqués, et, de plus, il espérait encore pouvoir le lendemain matin convaincre, à défaut de Castelnau, quelque autre chef moins obstinément aveugle. Si La Renaudie pouvait venir !

Castelnau le laissa entièrement libre, et parut avec quelque dédain ne plus faire attention à lui.

Gabriel le rencontra plusieurs fois ce soir-là dans les corridors et les salles du château, allant, venant, donnant des ordres pour les reconnaissances et les approvisionnemens.

Mais, entre ces deux braves jeunes hommes, aussi fiers et aussi nobles l'un que l'autre, il n'y eut plus une seule parole échangée.

Durant les longues heures de cette nuit d'angoisse, le comte de Montgommery, trop inquiet pour pouvoir dormir, resta sur les remparts, écoutant, méditant, priant.

Avec le jour, les troupes des réformés commencèrent à arriver par petites bandes séparées.

A huit heures, elles étaient déjà en assez grand nombre ; à onze heures, Castelnau n'en attendait plus aucune.

Mais Gabriel ne connaissait pas un seul des chefs. La Renaudie avait fait dire qu'il prendrait, pour gagner Amboise avec ses gens, la forêt de Château-Regnault.

Tout était prêt pour le départ. Les capitaines Mazère et Raunai, qui devaient faire l'avant-garde, étaient déjà descendus sur la terrasse du château pour y former leurs détachemens en ordre de marche. Castelnau triomphait.

— Eh bien ? dit-il à Gabriel qu'il rencontra, et auquel, dans sa joie, il pardonnait la conversation de la veille, eh bien ! vous voyez, monsieur le comte, que vous aviez tort, et que tout va pour le mieux !

— Attendons ! dit Gabriel en secouant la tête.

— Mais que vous faut-il donc pour croire, incrédule ! dit en souriant Castelnau. Pas un des nôtres n'a manqué à ses engagemens, ils sont tous arrivés à l'heure dite avec plus d'hommes qu'ils n'en avaient promis. Ils ont tous traversé leurs provinces sans avoir été inquiétés, et, ce qui vaut mieux encore peut-être, sans avoir inquiété. N'est-ce pas, en vérité, un bonheur insolent ?

Le baron fut interrompu par un bruit de trompettes et d'armes et par un grand tumulte au dehors.

Mais, dans l'enivrement de sa confiance, il ne s'alarma point et ne put croire qu'à une chance heureuse.

— Tenez ! dit-il à Gabriel, je gage encore que voilà de nouveaux renforts inattendus. Sans doute Lamothe et Deschamps avec les conjurés de Picardie. Ils ne devaient arriver que demain ; mais ils auront forcé leur marche, les braves compagnons ! pour avoir leur part du combat et de la victoire. Voilà des amis !

— Sont-ce bien des amis ? dit Gabriel qui avait pâli en entendant le son des trompettes.

— Et qui pourrait-ce être ? reprit Castelnau. Venez dans cette galerie, monsieur le comte. Par les créneaux, on y a vue sur la terrasse d'où paraît provenir le bruit.

Il entraîna Gabriel ; mais en arrivant au bord de la muraille il jeta un grand cri, leva les bras et resta pétrifié.

Ce n'étaient pas des troupes réformées, mais bien des troupes royales qui avaient occasionné le tumulte. Ce n'était pas Lamothe qui commandait les nouveaux venus, mais bien Jacques de Savoie, duc de Nemours.

A la faveur des bois dont le château de Noizai était entouré, les cavaliers royaux avaient pu arriver presqu'à l'improviste sur la terrasse ouverte où l'avant-garde des rebelles se rangeait en ordre de bataille.

Il n'y avait pas même eu de combat, le duc de Nemours ayant d'abord fait mettre la main sur les faisceaux d'armes.

Mazère et Raunai avaient dû se rendre sans coup férir, et, dans le moment où Castelnau regardait du haut de la muraille, les siens, vaincus sans lutte, remettaient aux vainqueurs leurs épées. Là où il s'imaginait trouver ses soldats, il ne voyait plus que des prisonniers.

Il ne pouvait en croire ses yeux. Il demeura un instant immobile, stupéfait, atterré, sans prononcer une parole. Un tel événement était si loin de sa pensée qu'il avait d'abord peine à s'en rendre compte.

Gabriel, moins surpris par ce coup soudain, n'en était pas moins accablé.

Comme ils se regardaient tous deux, aussi mornes et aussi pâles l'un que l'autre, un enseigne entra précipitamment, cherchant Castelnau.

— Où en sommes-nous? lui dit celui-ci, retrouvant la voix à force d'anxiété.

— Monsieur le baron, répondit l'enseigne, ils se sont emparés du pont-levis et de la première porte ; nous n'avons eu le temps que de fermer la seconde ; mais elle ne résisterait pas, et, dans un quart d'heure, ils seraient dans la cour. Devons-nous néanmoins essayer de combattre ou bien parlementer ? On attend vos ordres.

— Me voici, dit Castelnau. Le temps de m'armer, je descends.

Il rentra en hâte dans la salle voisine pour prendre sa cuirasse et ceindre son épée. Gabriel l'y suivit.

— Qu'allez-vous faire, ami? lui dit-il tristement.

— Je ne sais pas, je ne sais pas, répondit Castelnau avec égarement. On peut toujours mourir.

— Hélas! reprit Gabriel, pourquoi ne m'avez-vous pas cru hier?

— Oui, vous aviez raison, je le vois, reprit le baron. Vous aviez prévu ce qui arrive ; vous le saviez d'avance peut-être?

— Peut-être!... dit Gabriel. Et c'est là mon plus grand supplice! Mais pensez, Castelnau, il y a dans la vie des combinaisons du sort étranges et terribles! Si je n'ai pas eu la liberté de vous dissuader au moyen des véritables raisons qui se pressaient sur mes lèvres?... Si j'avais donné ma parole de gentilhomme de ne vous laisser soupçonner, ni directement, ni indirectement la vérité...

— Vous auriez bien fait alors de vous taire, dit Castelnau; j'aurais agi comme vous à votre place. C'est moi, insensé, qui aurais dû vous comprendre, c'est moi, qui aurais dû penser qu'un vaillant comme vous ne déconseille pas la bataille sans des motifs tout puissans... Mais je vais expier ma faute, je vais mourir.

— Je mourrai donc avec vous, dit Gabriel avec calme.

— Vous! et pourquoi? s'écria Castelnau. Vous n'êtes contraint qu'à une chose: c'est de vous abstenir du combat.

— Aussi, ne combattrai-je pas, dit Gabriel, je ne le puis. Mais la vie m'est à charge; le rôle, double en apparence, que je joue m'est odieux. J'irai au combat sans armes. Je ne tuerai pas, mais je me laisserai tuer. Je pourrai me jeter peut-être au-devant du coup qui vous sera destiné. Si je ne puis être une épée, je puis encore être un bouclier.

— Non, reprit Castelnau, restez. Je ne dois pas, je ne veux pas vous entraîner dans ma perte.

— Eh! dit Gabriel, vous allez bien y entraîner, sans utilité et sans espoir, tous ceux des nôtres qui se sont enfermés avec vous dans ce château. Ma vie est bien plus inutile que les leurs.

— Puis je faire autrement, pour la gloire de notre parti, que de leur demander ce sacrifice? dit Castelnau. Des martyrs sont souvent plus utiles et plus glorieux à leur cause que des vainqueurs.

— Oui, reprit Gabriel, mais votre devoir de chef n'est-il pas d'abord d'essayer de sauver les forces qui vous ont été confiées? quitte à mourir ensuite à leur tête si le salut ne peut se concilier avec l'honneur.

— Donc, dit Castelnau, vous me conseillez?...

— De tenter les moyens pacifiques, reprit Gabriel. Si vous résistez, vous n'avez aucune chance d'éviter la défaite et le massacre. Si vous cédez à la nécessité, ils n'ont pas, ce me semble, le droit de punir un projet sans exécution. On ne préjuge pas, on châtie encore moins des desseins. Vous désarmez vos ennemis en vous désarmant.

— J'ai tant à me repentir de n'avoir pas suivi votre premier avis, dit Castelnau, que je voudrais vous obéir cette fois. Pourtant, j'avoue que j'hésite. Il me répugne de reculer.

— Pour reculer, il faudrait avoir fait un pas en avant, dit Gabriel. Or, qui prouve votre rébellion jusqu'ici ? C'est en tirant l'épée que vous vous déclareriez coupable. Tenez, ma présence peut encore, Dieu merci ! vous être bonne à quelque chose. Je n'ai pu vous sauver hier, voulez-vous que je tâche de vous sauver aujourd'hui ?...

— Que feriez-vous ? demanda Castelnau ébranlé.

— Rien que de digne de vous, soyez tranquille ! dit Gabriel. J'irai au duc de Nemours qui commande la troupe royale. Je lui annoncerai qu'aucune résistance ne lui sera faite, qu'on va lui ouvrir les portes, et que vous vous rendrez à lui, mais sur parole. Il faudra qu'il engage sa foi ducale qu'aucun mal ne sera fait ni à vous ni à vos gentilshommes, et qu'après vous avoir conduits auprès du roi pour exposer vos griefs et vos demandes, il vous fera mettre en liberté.

— Et s'il refuse ? dit Castelnau.

— S'il refuse, répondit Gabriel, les torts seront de son côté ; il aura repoussé une conciliation juste et honorable, et toute la responsabilité du sang versé retombera sur sa tête. S'il refuse, Castelnau, je reviendrai parmi vous pour mourir à vos côtés.

— Croyez-vous, dit Castelnau, que La Renaudie, s'il était à ma place, consentirait à ce que vous proposez ?

— Sur mon âme ! je crois que tout homme raisonnable y consentirait.

— Faites donc ! dit Castelnau : notre désespoir, si, comme je le crains, vous échouez auprès du duc, n'en sera que plus redoutable.

— Merci, dit Gabriel. J'espère, moi, réussir, et préserver avec l'aide de Dieu tant de nobles et vaillantes existences.

Il descendit en courant, se fit ouvrir la porte de la cour, et, un drapeau de parlementaire à la main, s'avança vers le duc de Nemours qui, à cheval au milieu des siens, attendait la paix ou la guerre.

— Je ne sais si monseigneur me reconnaît dit Gabriel, au duc ; je suis le comte de Montgommery.

— Oui, monsieur de Montgommery, je vous reconnais, reprit Jacques de Savoie. Monsieur de Guise m'a prévenu que je vous trouverais ici, mais en ajoutant que vous y étiez avec sa permission, et en me recommandant de vous traiter en ami.

— Une précaution qui pourrait me calomnier auprès d'autres amis malheureux !... dit Gabriel en secouant tristement la tête. Mais monseigneur, oserais-je vous demander un moment d'entretien.

— Je suis à vous, dit monsieur de Nemours.

Castelnau qui, par une fenêtre grillée du château, suivait avec angoisse tous les mouvemens du duc et de Gabriel, les vit se retirer à l'écart et s'entretenir quelques minutes avec animation. Puis, Jacques de Savoie demanda de quoi écrire, et traça sur un tambour les lignes rapides d'un billet qu'il remit au comte de Montgommery. Gabriel parut le remercier avec effusion.

Il y avait donc de l'espoir. Gabriel, en effet, revint précipitamment vers le château, et, l'instant d'après, remettait, sans mot dire et tout hors d'haleine, à Castelnau, la déclaration suivante :

« Monsieur de Castelnau et ses compagnons du château de Noizai, ayant consenti dès mon arrivée à poser les armes et à se rendre à moi, je soussigné, Jacques de Savoie, leur ai juré ma foi de prince, sur mon honneur et la damnation de mon âme, qu'ils n'auraient aucun mal, et que je les ramènerais sains et saufs, —quinze d'entre eux avec le sieur de Castelnau devant seulement me suivre à Amboise, pour faire au roi, notre Sire, leurs pacifiques remontrances.

» Donné au château de Noizai, ce 16 de mars 1560.

» JACQUES DE SAVOIE. »

— Merci, ami, dit Castelnau à Gabriel après cette lecture ; vous nous avez sauvé la vie, et plus que la vie, l'honneur. A ces conditions-là, je suis prêt à suivre monsieur de Nemours à Amboise, car du moins, nous n'y arriverons pas en prisonniers devant leur vainqueur, mais en opprimés devant leur roi. Encore une fois, merci.

Mais en serrant la main de son libérateur, Castelnau s'aperçut que Gabriel était redevenu aussi triste qu'auparavant.

— Qu'avez-vous donc encore ? lui demanda-t-il.

— Je pense maintenant à La Renaudie et aux autres protestans qui doivent attaquer Amboise cette nuit, répondit Gabriel. Sans doute, hélas ! il est trop tard pour les sauver, eux. Pourtant, si j'essayais ? La Renaudie ne doit-il pas prendre par la forêt de Château-Regnault ?

— Oui, dit Castelnau avec empressement, et vous pourriez encore l'y retrouver peut-être, et le sauver comme vous nous avez sauvés.

— Je le tenterai, du moins, dit Gabriel. Le duc de Nemours va me laisser libre, je pense. Adieu donc, ami, je vais continuer, si je puis, mon rôle de conciliation. Au revoir, à Amboise.

— Au revoir! reprit Castelnau.

Comme Gabriel l'avait prévu, le duc de Nemours ne s'opposa point à ce qu'il quittât Noizai et le détachement des troupes royales.

L'ardent et dévoué jeune homme put donc s'élancer à cheval dans la direction de la forêt de Château-Regnault.

Pour Castelnau et les quinze chefs qui marchaient avec lui, ils suivirent, confians et tranquilles, Jacques de Savoie à Amboise.

Mais, à leur arrivée, ils furent sur-le-champ conduits en prison. Ils devaient y rester, leur dit-on, jusqu'à ce que l'échauffourée fût terminée, et qu'il n'y eût plus de danger à les laisser pénétrer jusqu'au roi.

XXVI.

LA FORÊT DE CHATEAU-REGNAULT.

La forêt de Château-Regnault n'était pas, par bonheur, distante de plus d'une lieue et demie de Noizai. Gabriel s'y dirigea au galop de son bon cheval ; mais une fois qu'il y fut arrivé, il la parcourut en tous sens pendant plus d'une heure, sans rencontrer aucune troupe amie ou ennemie. — Enfin, il crut entendre, au tournant d'une allée, le galop régulier de la cavalerie. Mais ce ne pouvaient être des réformés ; car on riait et on parlait, et les huguenots avaient trop intérêt à dérober leur marche pour ne pas garder le plus complet silence.

N'importe ! Gabriel s'élança de ce côté, et découvrit bientôt les écharpes rouges des troupes royales.

En s'avançant vers le chef, il le reconnut et fut reconnu par lui.

C'était le baron de Pardaillan, un jeune et vaillant officier, qui avait combattu avec lui sous monsieur de Guise en Italie.

— Eh ! c'est le comte de Montgommery ! s'écria Pardaillan. Je vous croyais à Noizai, comte.

— J'en arrive, dit Gabriel.

— Et que s'y est-il passé ? Marchez donc un peu avec nous, et contez-moi cela.

Gabriel fit le récit de l'arrivée soudaine du duc de Nemours, de la surprise de la terrasse et du pont-levis, de son intervention à lui-même entre les deux partis, et de la soumission pacifique qui en avait été l'heureux résultat.

— Pardieu ! dit Pardaillan, monsieur de Nemours a eu de la chance, et je voudrais bien en avoir autant. Savez-vous, monsieur de Montgommery, contre qui je marche en ce moment ?

— Contre La Renaudie, sans doute? dit Gabriel.

— Justement. Et savez-vous ce qu'il m'est, La Renaudie?

— Mais, votre cousin, je crois, c'est vrai je m'en souviens.

— Oui, mon cousin, dit Pardaillan, et plus que mon cousin, mon ami, mon compagnon d'armes. Savez-vous que c'est dur de se battre contre celui qui s'est si souvent battu à nos côtés?

— Oh! oui! dit Gabriel... Mais enfin vous n'êtes pas sûr de le rencontrer?

— Eh! si fait! j'en suis sûr! reprit Pardaillan, mes instructions ne sont que trop précises, et les rapports de ceux qui l'ont livré que trop fidèles. Tenez: encore un quart d'heure de marche, dans la seconde allée à gauche je dois me trouver en face de La Renaudie.

— Mais si vous preniez par cette allée? souffla Gabriel.

— Je manquerais à mon honneur et à mon devoir de soldat, reprit Pardaillan. Je le voudrais d'ailleurs que je ne ne pourrais pas. Mes deux lieutenans ont reçu aussi bien que moi les ordres de monsieur de Guise, et ne me laisseraient pas y contrevenir. Non, mon seul espoir est que La Renaudie consente à se rendre à moi. Espoir bien incertain! car il est fier et brave; car en champ ouvert il ne va pas être surpris comme Castelnau; car nous ne lui serons pas de beaucoup supérieurs en nombre. Enfin, vous m'aiderez toujours, monsieur de Montgommery, à lui conseiller la paix?

— Hélas! dit Gabriel, je ferai de mon mieux.

— Au diable ces guerres civiles! s'écria Pardaillan pour conclure.

Ils marchèrent à peu près dix minutes en silence.

Quand ils eurent tourné la deuxième allée à gauche:

— Nous devons approcher, dit Pardaillan. Le cœur me bat. Pour la première fois de ma vie, je crois, Dieu me damne! que j'ai peur.

Les cavaliers royaux ne riaient plus et ne causaient plus, mais s'avançaient lentement et avec précaution.

Ils n'eurent pas fait deux cents pas, qu'à travers un

fourré d'arbres, dans un sentier qui longeait le grand chemin, ils crurent voir briller des armes.

Leur doute ne fut pas long d'ailleurs, car presque aussitôt une voix ferme cria :

— Halte! qui va là?

— C'est la voix de La Renaudie, dit Pardaillan à Gabriel.

Et il répondit à l'appel :

— Valois et Lorraine!

Sur-le-champ, déboucha à cheval de la contre-allée La Renaudie, suivi de sa troupe.

Néanmoins, il ordonna aux siens de s'arrêter, et fit quelques pas seul en avant.

Pardaillan l'imita, cria à ses gens: halte! et s'avança vers lui avec le seul Gabriel.

On eût dit deux amis empressés de se revoir après une longue absence, plutôt que deux ennemis prêts à se combattre.

— Je t'aurais déjà répondu comme je le dois, dit La Renaudie en approchant, si je n'avais cru reconnaître une voix amie... Ou je me trompe bien, ou cette visière me cache les traits de mon cher Pardaillan.

— Eh! oui, c'est moi, mon pauvre La Renaudie, repri Pardaillan, et si j'ai un conseil de frère à te donner c'est de renoncer à ton entreprise, ami, et de mettre tout de suite bas les armes.

— Oui-dà, est-ce vraiment là un conseil de frère? dit La Renaudie avec quelque ironie.

— Oui, monsieur de La Renaudie, reprit Gabriel en se montrant, le conseil est d'un ami loyal, je vous l'atteste. Castelnau s'est rendu à monsieur de Nemours, ce matin, et, si vous ne l'imitez, vous êtes perdu.

— Ah! ah! monsieur de Montgommery! reprit La Renaudie, êtes-vous aussi avec ceux-là?

— Je ne suis ni avec ceux-là ni avec vous-même, dit gravement et tristement Gabriel, je suis entre vous.

— Oh! pardonnez-moi, monsieur le comte, reprit La Renaudie ému par le noble et digne accent de Gabriel. Je n'ai pas voulu vous offenser, et je douterais, je crois, de moi plutôt que de vous.

— Croyez-moi donc alors, dit Gabriel, et ne risquez pas un combat inutile et funeste. Rendez-vous.

— Impossible ! dit La Renaudie.

— Mais sache donc, reprit Pardaillan, que nous ne sommes ici qu'une faible avant-garde.

— Et moi, répondit le chef réformé, crois-tu que j'aie commencé avec cette poignée de braves que voilà ?

— Je te préviens, dit Pardaillan, que tu as dans tes rangs des traîtres.

— Ils sont maintenant dans les vôtres, reprit La Renaudie.

— Je me charge d'obtenir votre grâce de monsieur de Guise, dit encore Pardaillan qui ne savait que trouver.

— Ma grâce ! s'écria La Renaudie, j'espère avoir bientôt à en donner plutôt qu'à en recevoir, des grâces !

— La Renaudie ! La Renaudie ! tu ne voudras pas me contraindre à tirer le fer contre toi, Godefroy, mon vieux camarade, mon ami d'enfance.

— Il faut pourtant s'y préparer, Pardaillan ; car tu me connais justement trop bien pour croire que je sois disposé à te céder le champ.

— Monsieur de La Renaudie, s'écria Gabriel, encore une fois vous avez tort...

Mais il fut brusquement interrompu...

Les cavaliers des deux partis, restés à distance, en vue les uns des autres, ne comprenaient rien à ces étranges pourparlers de leurs chefs, et brûlaient d'en venir aux mains.

— Que diable ! se disent-ils donc là si longuement ? murmuraient les soldats de Pardaillan.

— Ah ! çà, disaient de leur côté les huguenots, croient-ils donc que nous sommes venus ici pour les regarder causer de leurs affaires ?

— Attends ! attends ! dit un de ceux de la troupe de La Renaudie, où tout soldat était chef, je sais un moyen d'abréger leur conversation.

Et, au moment où Gabriel prenait la parole, il tira un coup de pistolet contre la troupe de Pardaillan.

— Tu vois ! s'écria douloureusement celui-ci, le premier coup est parti des tiens.

— Sans mon ordre! dit vivement La Renaudie. Mais puisque le sort en est jeté, tant pis! Allons! mes amis, en avant!

Il retourna vers ses gens, et Pardaillan, pour ne pas rester en arrière, en fit autant, et cria aussi :

— En avant!

Le feu commença.

Cependant, Gabriel était resté immobile entre les rouges et les blancs, entre les royaux et les réformés. Il avait à peine rangé son cheval de côté, et essuyait le feu des deux parts.

Dès les premiers coups, le plumet de son casque fut traversé d'une balle, et son cheval tué sous lui.

Il se dégagea des étriers et demeura encore debout, sans remuer, et comme pensif, au milieu de cette terrible mêlée.

La poudre était épuisée, les deux troupes s'élancèrent et continuèrent le combat à l'épée.

Gabriel ne bougea toujours pas parmi le cliquetis des armes, et sans seulement toucher la poignée de son épée, il se contenta de regarder les coups furieux qui se donnaient autour de lui, triste et morne comme l'eût été l'image de la France entre ces Français ennemis.

Les réformés, inférieurs en nombre et en discipline, commençaient d'ailleurs à plier.

La Renaudie, dans le tumulte, avait rejoint Pardaillan.

— A moi! lui cria-t-il, que je meure du moins de ta main!

— Ah! dit Pardaillan, celui qui tuera l'autre sera le plus généreux!

Et ils s'attaquèrent avec vigueur. Les coups qu'ils se portaient résonnaient sur leurs armures comme des marteaux sur l'enclume. La Renaudie tournait autour de Pardaillan, qui, ferme sur ses arçons, parait et ripostait sans se lasser. Deux rivaux altérés de vengeance n'eussent pas été plus acharnés.

Enfin, La Renaudie enfonça son épée dans la poitrine de Pardaillan qui tomba.

Mais ce ne fut point Pardaillan qui jeta un cri, ce fut La Renaudie !...

Heureusement pour le vainqueur, il n'eut pas même le temps d'envisager sa funeste victoire.

Montigny, le page de Pardaillan, tira sur lui un coup d'arquebuse qui l'abattit de son cheval, mortellement blessé.

Néanmoins, avant de mourir, La Renaudie trouva encore la force de renverser mort sur la place, du revers de son épée, le page qui l'avait frappé.

Autour de ces trois cadavres, la mêlée se concentra plus furieuse que jamais.

Mais les huguenots avaient évidemment le dessous, et bientôt, privés de leur chef, ils furent en pleine déroute.

Le plus grand nombre fut tué. On en fit quelques-uns prisonniers, et quelques-uns prirent la fuite.

Cet atroce et sanglant combat n'avait pas duré dix minutes.

Les cavaliers royaux se disposèrent à revenir à Amboise. On mit sur le même cheval, pour les rapporter ensemble, les deux cadavres de Pardaillan et de La Renaudie.

Gabriel qui, malgré ses ardens souhaits, ménagé sans doute par les armes des deux partis, n'avait pas reçu une égratignure, contempla tristement ces deux corps qu'animaient encore, il y avait à peine quelques instans, les deux plus nobles cœurs qu'il eût connus peut-être.

— Lequel des deux était le plus brave ? se disait-il. Lequel des deux aimait le mieux l'autre? Lequel des deux fait perdre le plus à la patrie?

XXVII.

DE LA POLITIQUE AU SEIZIÈME SIÈCLE.

Il s'en fallait cependant qu'après la reddition du château de Noizai et l'escarmouche de la forêt de Château-Regnault, tout fût encore terminé.

La plupart des conjurés de Nantes n'avaient pas été avertis des deux échecs successifs de leur parti, et continuaient leur route vers Amboise, toujours disposés à l'attaquer cette nuit-là.

Mais on sait que, grâce aux rapports précis de Lignières, ils y étaient attendus.

Aussi, le jeune roi n'avait pas voulu se coucher, mais, debout et inquiet, allait et venait d'un pas fiévreux par la vaste salle dégarnie qu'on lui avait réservée pour chambre.

Marie Stuart, le duc de Guise et le cardinal de Lorraine, veillaient et attendaient près de lui.

— Quelle nuit éternelle! disait François II. Je souffre, ma tête est en feu, et ces insupportables douleurs d'oreille recommencent à me torturer. Quelle nuit! quelle nuit!

— Pauvre cher sire, reprit doucement Marie, ne vous agitez pas ainsi, je vous en conjure; vous augmentez par là les maux de votre corps et les maux de votre âme. Prenez donc plutôt quelques momens de repos, par grâce!

— Eh! puis-je me reposer, Marie, dit le roi, puis-je rester tranquille quand mon peuple se rebelle et s'arme contre moi! Ah! tous ces soucis vont sûrement abréger le peu de vie que m'avait accordé Dieu.

Marie ne répondit plus que par les larmes qui inondèrent son charmant visage.

— Votre Majesté ne devrait pas s'affecter à ce point, dit le Balafré. J'ai déjà eu l'honneur de lui affirmer que nos mesures étaient prises, et que la victoire était certaine. Je vous réponds de vous à vous-même, sire.

— N'avons-nous pas bien commencé ? ajouta le cardinal de Lorraine. Castelnau prisonnier, La Renaudie tué, n'est-ce pas là d'heureux augures pour l'issue de cette affaire ?

— De bien heureux augures en effet, dit François avec amertume.

— Demain tout sera fini, continua le cardinal, les autres chefs des rebelles seront en notre pouvoir, et nous pourrons effrayer, par un terrible exemple, ceux qui oseraient tenter de les imiter. Il le faut, sire, reprit-il en répondant à un mouvement de répulsion du roi. Un *Acte de foi* solennel, comme on dit en Espagne, est nécessaire à la gloire outragée de la religion et à la sécurité menacée du trône. Pour commencer, ce Castelnau doit mourir. Monsieur de Nemours a pris sur lui de lui jurer qu'il serait épargné, mais cela ne nous regarde pas, et nous n'avons rien promis, nous. La Renaudie a échappé par la mort au supplice ; mais j'ai déjà donné l'ordre que demain au jour sa tête fût exposée sur le pont d'Amboise, avec cette inscription : *Chef des rebelles.*

— Chef des rebelles ! répéta le jeune roi ; mais vous dites vous-même qu'il n'était pas ce chef, et que les aveux et la correspondance des conjurés chargent, comme le véritable moteur de l'entreprise, le seul prince de Condé.

— Au nom du ciel ! ne parlez pas si haut, sire, je vous en supplie, interrompit le cardinal. Oui, cela est vrai, oui, le prince a tout conduit, tout dirigé, de loin. Ces parpaillots le nommaient le *Capitaine muet*, et, après le premier succès, il devait se déclarer. Mais, faute de ce succès, il ne s'est pas déclaré et ne se déclarera pas. Ne le poussons donc pas à quelque dangereuse extrémité. Ne reconnaissons pas ostensiblement cette tête puissante à la révolte. Faisons semblant de ne pas le voir afin de ne pas le montrer.

— Monsieur de Condé n'en est pas moins le vrai rebelle ! dit François, dont la jeune impatience s'arrangeait mal de toutes ces fictions gouvernementales, comme on les a appelées depuis.

— Oui, sire, reprit le Balafré; mais le prince, loin d'avouer ses projets, les renie. Faisons semblant de le croire sur parole. Le prince est venu aujourd'hui s'enfermer dans Amboise, où on le garde à vue, de la même façon qu'il a conspiré, de loin. Feignons de l'accepter pour allié, cela est moins périlleux que de l'avoir pour ennemi. Le prince, enfin, va, s'il le faut, frapper avec nous ses complices cette nuit, et assister à leur exécution demain. Ne subit-il pas là une nécessité mille fois plus douloureuse que celle qui nous est imposée?

— Oui, certes, dit le roi; mais fera-t-il cela? et s'il le fait, se peut-il qu'il soit coupable?

— Sire, dit le cardinal, nous avons dans les mains, et nous remettrons à Votre Majesté si elle le désire, toutes les preuves de la complicité occulte de monsieur de Condé. Mais, plus ces preuves sont flagrantes, plus nous devons dissimuler, et j'ai un vif regret, pour ma part, de quelques paroles qui me sont échappées, et qui, si elles lui étaient rapportées, pourraient offenser le prince.

— Craindre d'offenser un coupable! s'écria François. Mais qu'est-ce que ce bruit au dehors? Jésus! seraient-ce déjà les rebelles?

— J'y cours, dit le duc de Guise.

Mais avant qu'il eût franchi le seuil de la porte, Richelieu, le capitaine des arquebusiers, entra, et dit vivement au roi :

— Pardon, sire, c'est monsieur de Condé qui croit avoir entendu des paroles mal sonnantes pour son honneur, et qui demande avec instance à se laver publiquement, une fois pour toutes, en présence de Votre Majesté, de ces injurieux soupçons.

Le roi allait refuser peut-être de voir le prince; mais le duc de Guise avait déjà fait un signe. Les arquebusiers du capitaine Richelieu s'écartèrent, et monsieur de Condé entra la tête haute et le teint animé.

Il était suivi de quelques gentilshommes, et de nombre de chanoines de saint Florentin, commensaux ordinaires du château d'Amboise, que le cardinal avait cette nuit-là transformés en soldats pour le besoin de la défense, et qui, chose assez commune du reste en ce temps, portaient l'arquebuse avec le rosaire et le casque sous le capuchon.

— Sire, vous excuserez ma hardiesse, dit le prince après s'être incliné devant le roi ; mais cette hardiesse est d'avance justifiée peut-être par l'audace de certaines accusations que mes ennemis portent, à ce qu'il paraît, dans l'ombre, contre ma loyauté, et que je veux contraindre à se produire au grand jour pour les confondre et les souffleter.

— De quoi s'agit-il, monsieur mon cousin? demanda le jeune roi d'un air sérieux.

— Sire, reprit le prince de Condé, on ose dire que je suis le véritable chef des rebelles dont la tentative folle et impie trouble en ce moment l'Etat et consterne Votre Majesté.

— Ah! l'on dit cela! repartit François, et qui donc dit cela?

— J'ai pu surprendre tout à l'heure moi-même ces odieuses calomnies, sire, dans la bouche de ces révérends frères de saint Florentin qui, se croyant sans doute ici chez eux, ne se gênent pas pour répéter tout haut ce qu'on leur a soufflé tout bas.

— Et accusez-vous ceux qui ont répété ou ceux qui ont soufflé l'offense? dit François.

— J'accuse les uns et les autres, sire, répondit le prince de Condé, mais surtout les instigateurs de ces lâches impostures...

Ce disant, il regardait clairement en face le cardinal de Lorraine qui, tout embarrassé de sa contenance, se dissmulait de son mieux derrière son frère.

— Eh bien! mon cousin, reprit le jeune roi, nous vous permettons et de confondre l'imposture et d'accuser les imposteurs. Voyons...

— Confondre l'imposture, Sire? répéta le prince de Condé. Eh! mes actions ne le font-elles pas mieux que ne pourraient le faire toutes mes paroles? Ne suis-je pas venu, au premier appel, dans ce château, y prendre ma place au milieu des défenseurs de Votre Majesté? Est-ce la démarche d'un coupable, cela? je vous le demande à vous-même, Sire?

— Accusez donc alors les imposteurs! dit François qui ne voulut pas autrement répondre.

— Je le ferai aussi, non par des mots, Sire, mais par des actes, dit monsieur de Condé. Il faudra, s'ils ont du cœur, qu'ils m'accusent eux-mêmes et se nomment. Je leur jette ici publiquement le gant en face de mon Dieu et mon roi. L'homme, de quelque rang, de quelque qualité qu'il soit, qui voudra maintenir que je suis l'auteur de la conjuration, qu'il s'avance! J'offre de le combattre quand et comment il voudra, et, là où il me serait inégal, de m'égaler à lui en toute chose pour ce combat.

Le prince de Condé jeta, en terminant, son gant à ses pieds. Son regard n'avait pas cessé de commenter son défi, en s'attachant fièrement à celui du duc de Guise qui ne sourcilla pas.

Il y eut ensuite un moment de silence, chacun songeant sans doute à cet étrange spectacle de mensonge donné par un prince du sang à toute une cour où il n'y avait pas un page qui ne le sût vingt fois coupable de ce dont il se défendait avec une indignation si bien jouée.

Mais, à vrai dire, le jeune roi était le seul peut-être qui eût la naïveté de s'en étonner, et personne ne suspectait pour cela la bravoure et la vertu du prince.

Les idées des cours italiennes sur la politique, importées par Catherine de Médicis et ses Florentins, étaient alors à la mode en France. Celui qui trompait le mieux était réputé le plus habile. Cacher ses idées et déguiser ses actions était le grand art. La sincérité eût passé pour de la sottise,

Les plus nobles et plus purs caractères du temps, Coligny, Condé, le chancelier Olivier, n'avaient pas su se garantir de cette lèpre.

Aussi, le duc de Guise ne méprisa pas le prince de Condé, il l'admira.

Mais il se dit à part lui, en souriant, qu'il était bien au moins aussi fort que cela.

Et, faisant un pas en avant, il ôta lentement son gant et le jeta à côté de celui du prince.

Il y eut un moment de surprise, et l'on crut d'abord qu'il allait relever la provocation insolente de monsieur de Condé.

Mais il n'aurait pas été alors le grand politique qu'il se flattait d'être.

D'une voix haute et ferme, et presque convaincue, vraiment ! il dit :

— J'approuve et soutiens dans ses paroles monsieur le prince de Condé, et je lui suis tellement serviteur, ayant cet honneur de lui être parent, que moi-même je m'offre ici pour être son second, et prendrai les armes contre tout venant pour l'assister en une si juste défense.

Et le Balafré promena hardiment sur tous ceux qui les entouraient ses yeux inquisiteurs.

Pour le prince de Condé, il n'eut plus qu'à baisser les siens.

Il se sentait vaincu mieux qu'en champ clos.

— Personne, répéta le duc de Guise, ne relève ni le gant du prince de Condé ni le mien ?

Personne, en effet, ne bougea, bien entendu.

— Mon cousin, reprit François II avec un mélancolique sourire, vous voilà, à votre souhait, lavé de tout soupçon de félonie, ce me semble.

— Oui, Sire, dit avec une impudence naïve le *capitaine muet*, et je remercie Votre Majesté de m'y avoir aidé...

Il se tourna avec quelque effort vers le Balafré et ajouta :

— J'en remercie mon bon allié et parent monsieur de Guise. J'espère lui prouver et prouver à tous de nouveau, en combattant cette nuit, s'il y a lieu, les rebelles, qu'il n'a pas eu tort de me défendre.

Là-dessus le prince de Condé et le duc de Guise se saluèrent profondément l'un l'autre avec courtoisie.

Puis, le prince, bien et dûment justifié, n'ayant plus rien à faire, s'inclina devant le roi et sortit, suivi des spectateurs qui l'avaient accompagné à son entrée.

Il ne resta plus dans la chambre royale que les quatre

personnages dont cette singulière comédie avait distrait un moment l'attente et les craintes...

Mais il appert toujours de cette scène chevaleresque que la politique date du seizième siècle... au moins.

XXVIII.

LE TUMULTE D'AMBOISE.

Après la sortie du prince de Condé, ni le roi, ni Marie Stuart, ni les deux frères de Lorraine ne ramenèrent l'entretien sur ce qui venait de se passer. D'un tacite et commun accord, il semblèrent éviter ce sujet dangereux.

Dans l'impatient et morne silence de l'attente, des minutes et des heures s'écoulèrent.

François II portait souvent la main à sa tête brûlante. Marie, assise à l'écart, regardait tristement la figure pâle et flétrie de son jeune époux, et essuyait de temps en temps une larme Le cardinal de Lorraine était tout entier aux bruits du dehors. Pour le Balafré, qui n'avait plus d'ordres à donner, et que son rang et sa charge enchaînaient auprès du roi, il paraissait cruellement souffrir de cette inaction forcée, et parfois frémissait et frappait du pied comme un brave cheval de bataille rongeant le frein qui l'arrête.

Cependant la nuit s'avançait. L'horloge du château, puis celle de Saint-Florentin, avaient sonné six heures, puis six heures et demie. Le jour commençait à poindre, et nul bruit d'attaque, nul signal des sentinelles n'avait troublé la nuit taciturne,

— Allons ! dit le roi en respirant, je commence à croire monsieur le cardinal, que ce Lignières avait trompé votre Eminence, ou bien que les huguenots ont changé d'avis

— Tant pis ! en fin de compte, dit Charles de Lorraine ; car nous étions sûrs de vaincre la rébellion.

— Oh! non, tant mieux! reprit François; car le combat seul était pour la royauté une défaite...

Mais le roi n'avait pas achevé de parler que deux coups d'arquebuse, signe convenu de l'alarme, étaient tirés, et qu'on entendit sur les remparts, répété de poste en poste, le cri :

— Arme! arme! arme!

— Il n'en faut pas douter, ce sont les ennemis! s'écria le cardinal de Lorraine en pâlissant malgré lui.

Le duc de Guise se leva presque joyeux, et, saluant le roi:

— Sire, à bientôt, comptez sur moi, dit-il seulement.

Et il sortit avec précipitation.

On entendait encore sa forte voix donner des ordres dans l'antichambre quand une nouvelle arquebusade éclata.

— Vous voyez, Sire, dit le cardinal, peut-être pour abuser sa terreur du son de sa voix, vous voyez que Lignières était bien informé, et qu'il ne s'est trompé que de quelques heures.

Mais le roi ne l'écoutait point, et, mordant avec colère sa lèvre blanchie, ne prêtait l'oreille qu'au bruit croissant de l'artillerie et des arquebuses.

— Je puis à peine croire encore à tant d'audace! murmurait-il. Un tel affront à la couronne!...

— Va se résoudre en honte pour les misérables, Sire! dit le cardinal.

— Hé! reprit le roi, à en juger par le bruit qu'ils font, messieurs de la réforme sont en bon nombre et ne craignent guère!

— Cela va s'éteindre tout à l'heure comme un feu de paille, dit Charles de Lorraine.

— Il n'y paraît pas, car le bruit se rapproche, dit François, et le feu, je crois, s'allume au lieu de s'éteindre.

— Jésus! s'écria Marie Stuart tout épouvantée, entendez-vous les balles claquer contre les murs?....

— Il me semble pourtant, madame... balbutia le cardinal. Je crois bien, Votre Majesté... Quant à moi, je n'entends pas que le bruit s'accroisse...

Mais il fut interrompu par une terrible explosion.

— Voilà qui vous répondrait, lui dit le roi avec un sourire amer, quand même votre figure pâle et effrayée ne suffirait pas à vous contredire.

— Je sens déjà l'odeur de la poudre, reprit Marie. Et puis, voilà des cris tumultueux !

— De mieux en mieux ! dit François. Allons, messieurs les réformés ont sans doute déjà franchi les murs de la ville, et vont, je présume, nous assiéger en règle dans notre château.

— Mais, Sire, dit le cardinal tremblant, dans cette situation, ne vaudrait-il pas mieux que Votre Majesté se retirât au donjon. On peut-être sûr du moins qu'ils ne s'en empareront pas.

— Qui ? moi ! s'écria le roi, me cacher devant mes sujets ! devant des hérétiques ! Laissez-les arriver jusqu'ici, monsieur mon oncle, je suis bien aise de savoir jusqu'où ils pousseront l'audace. Vous verrez qu'ils nous prieront de chanter avec eux quelques psaumes en français, et de faire un prêche de notre chapelle de Saint-Florentin ?

— Sire, de grâce, consultez un peu la prudence, dit Marie.

— Non, reprit le roi, je veux aller jusqu'au bout, je les attends ici ces sujets fidèles, et, par mon nom royal ! le premier qui manque au respect qu'il me doit, verra si cette dague n'est que de parade à mon côté !...

Les minutes passaient, et les arquebusades continuaient toujours de plus en plus vives. Le pauvre cardinal de Lorraine n'avait plus la force de prononcer une parole. Le jeune roi serrait les poings de colère.

— Quoi ! dit Marie Stuart, personne ne vient nous donner de nouvelles ! le danger est-il donc si grand que nul ne puisse quitter la place d'un instant ?...

— Ah ! dit enfin le roi hors de lui, cette attente est insupportable, et tout vaudrait mieux, je crois ! Mais je sais un moyen de savoir ce qui en est, c'est d'aller moi-même dans la mêlée. Monsieur le lieutenant général ne refusera pas sans doute de me recevoir comme volontaire.

François fit deux ou trois pas pour sortir. Marie se jeta au-devant de lui.

— Sire ! y pensez-vous ? Malade comme vous l'êtes ! s'écria-t-elle.

— Je ne sens plus mon mal, dit le roi. L'indignation a pris en moi la place de la souffrance.

— Attendez, Sire ! dit le cardinal ! il me semble, cette fois, que le bruit s'éloigne véritablement. Oui, les coups sont plus rares... Ah ! voici un page avec des nouvelles sans doute.

— Sire ! dit le page en entrant, monsieur le duc de Guise me charge d'annoncer à Votre Majesté que les réformés ont lâché prise et sont en pleine retraite.

— Enfin ! voilà qui est heureux ! s'écria le roi.

— Aussitôt que monsieur le lieutenant général croira pouvoir quitter les murs, continua le page, il viendra rendre compte de tout au roi.

Le page sortit.

— Eh bien ! Sire, dit le cardinal de Lorraine triomphant, ne l'avais-je pas bien prévu que c'était pure bagatelle, et que monsieur mon illustre et vaillant frère vous aurait bientôt fait raison de tous ces chanteurs de cantiques ?

— Oh ! mon bel oncle, reprit François, comme le courage vous est subitement revenu...

Mais, dans le moment, éclata une seconde explosion bien plus effrayante que la première.

— Qu'est-ce encore que ce bruit ? dit le roi.

— En effet... cela est singulier, dit le cardinal tremblant de nouveau.

Heureusement sa terreur ne fut pas de longue durée. Le capitaine des arquebusiers, Richelieu, entra presque aussitôt, le visage noir de poudre, et une épée tailladée à la main.

— Sire, dit au roi Richelieu, les rebelles sont en pleine déroute. A peine ont-ils eu le temps de faire sauter, sans nous causer de dommage, un amas de poudre qu'ils avaient disposé auprès de l'une des portes. Ceux qui n'ont pas été pris ou tués ont repassé le pont et se sont barricadés dans une des maisons du faubourg du Vendômois, où nous en aurons bon marché... Votre Majesté peut même voir de cette fenêtre comment on en use avec eux.

Le roi alla vivement à la fenêtre suivi par le cardinal et de loin par la reine.

— Oui, en effet, dit-il ; les voilà assiégés à leur tour... Mais que vois-je ? Quelle fumée sort de cette maison !

— Sire, on y aura mis le feu, dit le capitaine.

— Fort bien ! à merveille ! s'écria le cardinal. Tenez, Sire, en voilà qui sautent par la fenêtre. Deux... trois... quatre... Encore ! encore ! Entendez-vous d'ici leurs cris ?

— Dieu ! les pauvres gens ! dit Marie Stuart joignant les mains.

— Il me semble, reprit le roi, que je distingue, en tête des nôtres, le panache et l'écharpe de notre cousin de Condé. Est-ce vraiment lui, capitaine !

— Oui, Votre Majesté, dit Richelieu. Il a été constamment parmi nous, l'épée à la main, à côté de monsieur de Guise.

— Eh bien ! monsieur le cardinal, dit François, vous voyez qu'il ne s'est pas fait prier.

— Il l'a certes bien fallu, Sire ! répondit Charles de Lorraine. Monsieur le prince eût trop risqué à faire autrement.

— Mais, s'écria Marie, repoussée et attachée à la fois par l'horrible spectacle du dehors, les flammes redoublent ! la maison va s'écrouler sur les malheureux !

— Elle s'écroule ! dit le roi.

— Vivat ! tout est fini ! s'écria le cardinal.

— Ah ! quittons cette place, Sire, cela fait mal, dit Marie en entraînant le roi.

— Oui, dit François, voici la pitié qui me prend à cette heure.

Et il s'éloigna de la fenêtre, où le cardinal demeura seul, fort réjoui.

Mais il se retourna bientôt en entendant la voix du duc de Guise.

Le Balafré entra, calme et fier, accompagné du prince de Condé, qui avait, lui, bien de la peine à ne point paraître triste et honteux.

— Sire, tout est terminé, dit le duc de Guise au roi, et les rebelles ont trouvé la peine de leur crime. Je rends grâce à Dieu d'avoir délivré Votre Majesté de ce péril; car, d'après ce que j'ai vu, il a été plus grand qu'on ne le croyait d'abord. Nous avions des traîtres parmi nous.

— Se peut-il! s'écria le cardinal.

— Oui, reprit le Balafré; à la première attaque, les réformés ont été secondés par les hommes d'armes qu'avait amenés La Motte, et qui nous ont attaqués en flanc. Ils ont donc été un moment maîtres de la ville.

— C'est effrayant! dit Marie se serrant contre le roi.

— Ce l'eût été bien plus encore, madame, continua le duc, si les rebelles avaient été secondés, comme ils devaient le croire, par une attaque que Chaudieu, le frère du ministre, devait tenter sur la porte des Bons-Hommes.

— L'attaque a échoué? demanda le roi.

— Elle n'a pas eu lieu, Sire. Le capitaine Chaudieu, grâce au ciel! s'est trouvé en retard et n'arrivera que pour trouver tous ses amis écrasés. Maintenant, qu'il attaque à son aise! il aura à qui parler en dedans et au dehors des murs. Et, pour le faire réfléchir, j'ai ordonné qu'on pendît vingt ou trente de ses complices au haut des créneaux d'Amboise. Ce spectacle l'avertira suffisamment, je pense.

— C'est fort bien trouvé, dit le cardinal de Lorraine.

— Je vous remercie, mon cousin, dit le roi au Balafré. Mais je vois que la protection de Dieu a surtout éclaté dans cette rencontre, puisque lui seul a permis que la confusion se glissât dans les conseils de nos ennemis. Allons donc tout d'abord lui rendre grâce à la chapelle.

— Puis ensuite, dit le cardinal, donner ordre à la punition des coupables qui survivent. Sire, vous assisterez à leur exécution avec la reine et la reine-mère, n'est-ce pas?

— Mais... sera-ce donc bien nécessaire? dit en marchant vers la porte le jeune roi contrarié.

— Sire, c'est indispensable, reprit avec insistance le cardinal en le suivant. Le glorieux roi François Ier et votre illustre père, sire, n'ont jamais manqué d'assister au brûlement des hérétiques. Quant au roi d'Espagne, sire...

— Les autres rois font comme il leur plaît, dit François marchant toujours, et moi, je veux agir aussi à ma guise.

— Je dois enfin avertir Votre Majesté que le nonce de

Sa Sainteté compte absolument sur votre présence au premier *acte de foi* de votre règne, ajouta l'impitoyable cardinal. Quand tous y assisteront, même monsieur le prince de Condé, je gage, sied-il que Votre Majesté s'en absente?

— Hélas! mon Dieu ? nous en reparlerons assez tôt, reprit François. Les coupables ne sont seulement pas condamnés.

— Oh! si fait, Votre Majesté, ils le sont! dit avec conviction Charles de Lorraine.

— Soit! vous imposerez donc en temps et lieu cette nécessité terrible à ma faiblesse, reprit le roi. Pour le moment, monsieur le cardinal, allons, je vous l'ai dit, nous agenouiller devant l'autel, et y remercier Dieu qui a daigné détourner de nous les périls de cette conspiration.

— Sire, dit à son tour le duc de Guise, il ne faut pas grossir les choses et leur donner plus d'importance qu'elles n'en méritent. Que Votre Majesté veuille donc ne pas appeler ce mouvement une conspiration : ce n'était en vérité qu'un *tumulte*.

XXIX.

UN ACTE DE FOI.

Bien que les conjurés eussent inséré dans le manifeste qu'on saisit dans les papiers de La Renaudie une protestation « de n'attenter aucune chose contre la majesté du roi, ni les princes de son sang, ni l'état du royaume, » ils n'en avaient pas été moins pris en révolte ouverte, et devaient s'attendre à subir le sort des vaincus dans les guerres civiles.

La manière dont les religionnaires avaient été traités lorsqu'ils se conduisaient en sujets pacifiques et soumis devait leur laisser peu d'espoir de grâce.

En effet, le cardinal de Lorraine poussa leur jugement avec une passion toute ecclésiastique, sinon toute chrétienne.

Il chargea du procès des seigneurs impliqués dans cette funeste affaire le parlement de Paris et le chancelier Olivier. Aussi la chose alla-t-elle grand train. Les interrogatoires furent rapidement conduits, les sentences plus rapidement prononcées.

On se dispensa même de ces vaines formalités pour les menus fauteurs de la rébellion, gens de peu d'importance qu'on roua ou qu'on pendit journellement à Amboise sans vouloir en ennuyer le parlement Les honneurs et les frais de la justice ne furent accordés qu'aux gens de quelque qualité et de quelque renom.

Enfin, grâce au zèle pieux de Charles de Lorraine, tout fut terminé pour ceux-là aussi en moins de trois semaines.

Le 15 avril fut fixé pour l'exécution publique à Amboise de vingt-sept barons, onze comtes et sept marquis, en tout cinquante gentilshommes et chefs de réformés.

On ne négligea rien d'ailleurs pour donner à cette singulière cérémonie religieuse tout l'éclat et toute la pompe désirables. D'immenses préparatifs furent faits. De Paris à Nantes, on stimula la curiosité publique par les moyens de publicité en usage à cette époque, c'est-à-dire que l'exécution fut annoncée au prône par les prédicateurs et par les curés.

Au jour dit, trois tribunes élégantes, parmi lesquelles celle du milieu, la plus somptueuse, était réservée à la famille royale, furent adossées à la plate-forme du château au pied de laquelle la sanglante représentation devait avoir lieu.

Autour de la place, des gradins en planches furent garnis de tous les *fidèles* des environs, que de gré ou de force on put réunir. Les bourgeois et manans qui auraient pu avoir quelque répugnance pour ce spectacle furent bien contraints de s'y rendre par menace ou corruption. On remit aux uns leurs amendes, on fit mine de reprendre aux autres leurs places, leurs maîtrises et leurs privilèges.

Tous ces motifs joints à la curiosité d'une part et au fanatisme de l'autre, amenèrent à Amboise une affluence telle que la veille du jour fatal plus de dix mille personnes durent camper dans les champs.

Dès le matin du 15 avril, les toits de la ville furent chargés de monde, et les croisées qui donnaient sur la place se louèrent jusqu'à dix écus, somme énorme pour le temps.

Un vaste échafaud recouvert en drap noir était dressé au milieu de l'enceinte. On y apporta le *chouquet*, billot où chaque condamné devait poser sa tête en s'agenouillant. Auprès, un fauteuil drapé de noir était réservé au greffier chargé d'appeler tour à tour les gentilshommes et de lire à voix haute leur sentence.

La place fut gardée par la compagnie écossaise et les gendarmes de la maison du roi.

Après une messe solennelle entendue dans la chapelle de Saint-Florentin, on amena au pied de l'échafaud les condamnés. Plusieurs d'entr'eux avaient subi déjà la torture. Des moines les assistaient et tâchèrent de les faire renoncer à leurs principes religieux ; mais pas un seul des huguenots ne consentit à cette apostasie devant la mort, tous refusèrent de répondre aux moines parmi lesquels ils soupçonnaient des espions du cardinal de Lorraine.

Cependant, les tribunes de la cour se remplirent, excepté celle du milieu. Le roi et la reine, auxquels il avait fallu presque arracher leur consentement d'assister à l'exécution, avaient du moins obtenu de n'y paraître que vers la fin, et seulement pour le supplice des principaux chefs. Enfin, ils devaient y venir : c'est tout ce que demandait le cardinal. Pauvres enfans rois ! pauvres esclaves couronnés! à eux aussi, comme aux manans, on avait fait peur pour leurs places et priviléges.

A midi l'exécution commença.

Quand le premier des réformés gravit les marches de l'échafaud, ses compagnons entonnèrent un psaume français traduit par Clément Marot, autant pour envoyer une dernière consolation à celui qu'on suppliciait que pour marquer leur constance vis-à-vis de leurs ennemis et de la mort.

Ils chantèrent donc au pied de l'échafaud :

> Dieu nous soit doux et favorable,
> Nous bénissant par sa bonté,
> Et de son visage adorable
> Nous fasse luire la clarté !

Un verset accompagnait chaque tête qui tombait. Mais chaque tête qui tombait faisait une voix de moins dans le chœur.

A une heure, il ne restait plus que douze gentilshommes. les principaux chefs de la conjuration.

Il y eut une pause alors ; les deux bourreaux étaient las, et le roi arrivait.

François II était plus que pâle, il était livide. Marie Stuart se plaça à sa droite, et Catherine de Médicis à sa gauche.

Le cardinal de Lorraine se mit à côté de la reine-mère, et l'on mit le prince de Condé à côté de la jeune reine.

Quand le prince parut sur l'estrade, presque aussi pâle que le jeune roi, les douze condamnés le saluèrent.

Il leur rendit gravement ce salut.

— Je me suis toujours incliné devant la mort, dit-il tout haut.

Le roi fut d'ailleurs reçu avec moins de respect, pour ainsi dire, que le prince de Condé. Aucune acclamation ne s'éleva d'abord à son arrivée. Il le remarqua bien, et, fronçant le sourcil :

— Ah ! monsieur le cardinal, dit-il, je vous veux du mal de nous avoir fait venir ici...

Charles de Lorraine pourtant avait levé la main pour donner le signal du dévouement, et quelques voix éparses crièrent dans la foule :

— Vive le roi !

— Vous entendez, sire ? reprit le cardinal.

— Oui, dit le roi en secouant tristement la tête, j'entends quelques maladroits qui ne font que mieux remarquer le silence de tous.

Pendant ce temps, le reste de la tribune royale se remplissait. Les frères du roi, le nonce du pape, la duchesse de Guise y étaient entrés tour à tour.

Puis vint le duc de Nemours, bien défait aussi, et comme agité par un remords.

Enfin, se placèrent au fond deux hommes dont la présence n'était peut-être pas moins étrange, en ce lieu et en ce moment, que celle du prince de Condé.

Ces deux hommes étaient Ambroise Paré et Gabriel de Montgommery.

Un devoir différent les amenait tous deux.

Ambroise Paré avait été mandé depuis quelques jours à Amboise par le duc de Guise, qu'inquiétait décidément la santé de son royal neveu, et Marie Stuart, non moins alarmée que son oncle, en voyant François si abattu à la seule pensée de l'auto-da-fé, pria le chirurgien de se tenir à portée de secourir le roi en cas de défaillance.

Quant à Gabriel, il venait tenter encore un suprême effort pour sauver au moins un des condamnés, que la hache devait frapper le dernier, et qu'il se reprochait d'avoir involontairement conduit à cette extrémité par ses conseils, à savoir le jeune et brave Castelnau de Chalosses.

Castelnau, on s'en souvient, ne s'était rendu que sur la parole écrite et signée du duc de Nemours qui lui avait garanti la liberté et la vie.

Or, dès son arrivée à Amboise, il avait été jeté en prison, et aujourd'hui il allait être décapité le dernier comme le plus coupable.

Il faut être juste néanmoins pour le duc de Nemours. Quand il vit sa signature de gentilhomme ainsi compromise, il ne se sentit plus de désespoir et de colère, et, depuis trois semaines, il allait du cardinal de Lorraine au duc de Guise, et de Marie Stuart au roi, sollicitant, réclamant, implorant la délivrance de son créancier d'honneur. Mais le chancelier Olivier, auquel on le renvoyait, lui déclarait, selon monsieur de Vieilleville, que : « Un roi n'est nullement tenu de sa parole à son sujet rebelle, ni de quelconque promesse qu'on lui ait faite de sa part. » Ce qui causa un grand crève-cœur au duc de Nemours, « lequel, ajoute naïvement le chroniqueur, « ne se tourmentait que pour sa signature ; car, pour sa parole, il eût toujours donné un démenti à qui eût voulu la lui reprocher, sans nul excepter, fors Sa Majesté seulement, tant était vaillant prince et généreux ! »

Comme Gabriel, le duc de Nemours avait été conduit au spectacle de l'exécution, plus terrible pour lui que pour tout autre, par un secret espoir de sauver encore Castelnau à la dernière minute.

Cependant, le duc de Guise, à cheval au bas de la tribune avec ses capitaines, avait fait un signe aux exécuteurs, et le supplice et le chant des psaumes un moment interrompus recommencèrent.

En moins d'un quart d'heure, huit têtes tombèrent. La jeune reine était près de s'évanouir.

Il ne resta plus au pied de l'échafaud que quatre condamnés.

Le greffier qui faisait le cri lut à voix haute :

— Albert Edmond Roger, comte de Mazères, coupable d'hérésie, de crime de lèse-majesté et d'attaque à main armée contre la personne du roi.

— C'est faux ! s'écria sur l'échafaud le comte de Mazères.

Puis, montrant au peuple ses bras noircis et sa poitrine brisée par la torture :

— Voilà, reprit-il, l'état où l'on m'a mis au nom du roi. Mais je sais qu'il l'ignore, et je n'en crie pas moins : Vive le roi !

Sa tête tomba. Les trois derniers réformés, qui attendaient leur tour au pied de l'échafaud, répétèrent le premier verset du psaume :

Dieu nous soit doux et favorable,
Nous bénissant par sa bonté,
Et de son visage adorable
Nous fasse luire la clarté !

Le greffier continua :

— Jean-Louis Albéric, baron de Raunay, coupable d'hérésie, de crime de lèse-majesté et d'attaque à main armée contre la personne du roi.

— Toi et ton cardinal, vous mentez comme deux croquans, dit Raunay ; c'est contre lui et son frère seul que nous nous sommes armés. Je leur souhaite de mourir tous deux aussi tranquilles et aussi purs que moi.

Puis il mit sa tête sur le billot.

Les deux derniers condamnés chantaient :

Dieu, tu nous as mis à l'épreuve,
Et tu nous as examinés;
Comme l'argent que l'on éprouve
Par feu tu nous as affinés.

Le greffier criminel reprit son appel sanglant :

— Robert-Jean-René Briquemaut, comte de Vilmongis, coupable d'hérésie, de crime de lèse-majesté et d'attentat à la personne du roi.

Villemongis trempa ses mains dans le sang de Raunay, et les élevant vers le ciel :

— Père céleste ! cria-t-il, voilà le sang de tes enfans ! tu en feras vengeance !

Il tomba frappé à mort.

Castelnau, resté seul, chantait :

Tu nous as fait entrer et joindre
Aux piéges de nos ennemis ;
Tu nous as fait les reins astreindre
Des filets où tu nous as mis.

Le duc de Nemours, dans l'espoir de sauver Castelnau, avait répandu l'or. Le greffier, les exécuteurs eux-mêmes avaient intérêt à son salut. Le premier bourreau se dit épuisé, le second le remplaça. Il y eut forcément une interruption.

Gabriel en profita pour exciter le duc à de nouveaux efforts.

Jacques de Savoie se pencha donc vers la duchesse de Guise avec laquelle il était, disait-on, du dernier bien, et lui souffla un mot à l'oreille. La duchesse avait beaucoup d'influence sur l'esprit de la jeune reine.

Elle se leva aussitôt comme ne pouvant plus supporter ce spectacle, et dit assez haut pour être entendue de Marie :

— Ah! c'est trop affreux pour des femmes! La reine, voyez, va se trouver mal. Retirons-nous.

Mais le cardinal de Lorraine fixa sur sa belle-sœur son regard sévère.

— Un peu plus de fermeté, madame! lui dit-il durement. Songez que vous êtes du sang d'Este, et que vous êtes la femme du duc de Guise.

— Eh! c'est justement ce qui fait ma peine! dit la duchesse. Jamais une mère n'eut plus de raison de s'affliger. Tout ce sang et toutes ces haines retomberont sur nos enfans.

— Ces femmes sont timides! murmura le cardinal, qui était lâche.

— Mais, reprit le duc de Nemours, il n'est pas besoin d'être femme pour être ému devant ce lugubre tableau. Vous-même, prince, dit-il à monsieur de Condé, n'êtes-vous pas ému, dites?

— Oh! dit le cardinal, le prince est un soldat habitué à voir de près la mort.

— Oui, dans les batailles, répondit courageusement le prince; mais sur l'échafaud! mais de sang-froid!

— Un prince du sang a-t-il donc tant de pitié pour des rebelles? dit encore Charles de Lorraine.

— J'ai pitié, reprit le prince de Condé, de vaillans officiers qui ont toujours dignement servi le roi et la France.

Mais, dans sa position, que pouvait dire et faire de plus le prince soupçonné lui-même? Le duc de Nemours le comprit, et s'adressa à la reine-mère :

— Voyez, madame, il n'en reste plus qu'un seul, dit-il sans nommer Castelnau. Ne pourrait-on au moins le sauver?

— Je ne puis rien, répondit Catherine de Médicis en détournant la tête.

Cependant le malheureux Castelnau montait les marches de l'escalier en chantant :

Dieu *me* soit doux et favorable,
Me bénissant par sa bonté,
Et de son visage adorable
Me fasse luire la clarté !

Le peuple, profondément touché, oublia la crainte que lui inspiraient les espions et les *mouchards*, et cria tout d'une voix :

— Grâce! grâce!

Le duc de Nemours s'efforçait dans le moment d'attendrir le jeune duc d'Orléans.

— Monseigneur, lui disait-il, avez-vous oublié que c'est Castelnau qui, dans cette même ville d'Amboise, a sauvé les jours du feu duc d'Orléans, dans l'émeute où ils étaient en péril?

— Je ferai, reprit le duc d'Orléans, ce que décidera ma mère.

— Mais, dit le duc de Nemours suppliant, si vous vous adressiez au roi? un seul mot de votre part...

— Je vous le répète, fit sèchement le jeune prince, j'attends les ordres de ma mère.

— Ah ! prince! dit avec reproche le duc de Nemours.

Et il fit à Gabriel un geste de découragement et de désespoir.

Le greffier lut alors lentement :

— Michel-Jean-Louis, baron de Castelnau-Chalosses, atteint et convaincu du crime de lèse-majesté, d'hérésie et d'attentat à la personne du roi.

— J'atteste mes juges eux-mêmes, dit Castelnau, que l'énoncé est faux, à moins que ce ne soit un crime de lèse-majesté de m'être opposé de tout mon pouvoir à la tyrannie des Guise. Si c'est ainsi qu'on l'entend, on aurait dû commencer par les déclarer rois. Peut-être en viendra-t-on là ; mais c'est l'affaire de ceux qui me survivront.

Et, s'adressant au bourreau :

— Toi, maintenant, ajouta-t-il d'une voix ferme, fais ton office.

Mais l'exécuteur, qui remarqua quelque mouvement dans les tribunes, feignit d'arranger sa hache pour gagner du temps.

— Cette hache est émoussée, monsieur le baron, lui dit-il tout bas, et vous êtes digne de mourir au moins d'un seul coup... Et qui sait même si un moment de plus?... Il me semble qu'il se passe là-bas quelque chose de bon pour vous.

Tout le peuple cria de nouveau :

— Grâce ! grâce !

Gabriel, perdant tout ménagement à cette minute suprême, osa crier tout haut à Marie Stuart :

— Grâce ! madame la reine !

Marie se retourna, vit le regard navrant, comprit le cri désespéré de Gabriel, et, pliant un genou devant le roi :

— Sire ! au moins cette grâce-ci, dit-elle, je vous la demande à genoux !

— Sire ! s'écria de son côté le duc de Nemours, assez de sang n'a-t-il pas déjà coulé ? Et cependant, vous le savez, visage de roi porte grâce.

François, qui tremblait de tous ses membres, parut frappé de ces paroles. Il saisit la main de la reine.

— Souvenez-vous, Sire, lui dit sévèrement le nonce pour le rappeler à la rigueur, souvenez-vous que vous êtes le roi très chrétien.

— Oui, je m'en souviens, reprit avec fermeté François II. Que grâce soit faite au baron de Castelnau !

Mais le cardinal de Lorraine, feignant de se méprendre sur le sens de la première phrase du roi, avait fait un signe impératif à l'exécuteur.

Au moment où François prononçait le mot : grâce ! la tête de Castelnau roulait sur les planches de l'échafaud...

Le lendemain, le prince de Condé partit pour la Navarre.

XXX.

AUTRE ÉCHANTILLON DE POLITIQUE.

Depuis cette fatale exécution, la santé chancelante de François II ne fit qu'empirer.

Sept mois après (fin novembre 1560), la cour étant à Orléans, où les états-généraux avaient été convoqués par le duc de Guise, le pauvre jeune roi de dix-sept ans avait été obligé de s'aliter.

A côté de ce lit de douleur, où priait, veillait et pleurait Marie Stuart, le drame le plus palpitant attendait son dénouement par la mort ou par la vie du fils de Henri II.

La question, bien qu'engagée par d'autres personnages, était toute entre une femme pâle et un homme sinistre, assis l'un à côté de l'autre, dans la nuit du 4 décembre, à quelques pas du malade endormi et de Marie en larmes à son chevet.

L'homme était Charles de Lorraine, et la femme Catherine de Médicis.

La vindicative reine-mère, qui d'abord avait fait la morte, s'était bien réveillée depuis huit mois, depuis le tumulte d'Amboise !

Voici en deux mots ce qu'elle avait fait, dans son animosité toujours plus profonde contre les Guise :

Elle s'était secrètement alliée avec le prince de Condé et Antoine de Bourbon ; elle s'était secrètement réconciliée avec le vieux connétable de Montmorency. Il n'y avait que la haine qui pût lui faire oublier la haine.

Ses nouveaux et étranges amis, poussés par elle, avaient fomenté des révoltes en diverses provinces, soulevé le Dauphiné avec Montbrun, la Provence avec les frères Mouvans, et fait, par Maligny, une tentative sur Lyon.

Les Guise, de leur côté, ne s'étaient pas endormis. Ils avaient convoqué à Orléans les états-généraux, et s'y étaient ménagé une majorité dévouée.

Puis, à ces états-généraux, ils avaient mandé, comme c'était leur droit, le roi de Navarre et le prince de Condé.

Catherine de Médicis fit parvenir aux princes avis sur avis pour les dissuader de venir se remettre aux mains de leurs ennemis. Mais leur devoir les appelait, mais le cardinal de Lorraine leur donnait la parole du roi pour gage de leur sûreté...

Ils vinrent donc à Orléans.

Le jour même de leur arrivée. Antoine de Navarre fut consigné dans une maison de la ville où on le gardait à vue, et le prince de Condé fut jeté en prison.

Puis une commission extraordinaire fit le procès du prince, et condamna à mort, à Orléans, par l'inspiration des Guise, celui dont, à Amboise, le duc de Guise avait garanti l'innocence sur son épée.

Il ne manquait plus qu'une ou deux signatures, arrêtées par le chancelier L'Hôpital, pour que l'arrêt fût exécuté.

Voilà, dans cette soirée du 4 décembre, où en étaient les choses pour le parti des Guise, dont le Balafré était le bras et le cardinal la tête, et pour le parti des Bourbons, dont Catherine de Médicis était l'âme secrète.

Tout dépendait, pour les uns et pour les autres, du souffle expirant de l'adolescent couronné.

Si François II pouvait vivre encore seulement quelques jours, le prince de Condé était exécuté, le roi de Navarre tué par occasion dans quelque rixe, Catherine de Médicis exilée à Florence. Par les états-généraux, les Guise étaient maîtres, et, au besoin, rois.

Si, au contraire, le jeune roi mourait avant que ses oncles se fussent débarrassés de leurs ennemis, la lutte recommençait avec des chances plutôt inégales que favorables pour eux.

Donc, ce que Catherine de Médicis et Charles de Lorraine attendaient et guettaient avec angoisse, en cette froide nuit du 4 décembre, dans cette chambre du bailliage d'Orléans, ce n'était pas tant la vie ou la mort de leur royal fils et neveu, que le triomphe ou la défaite de leur cause.

Marie Stuart seule veillait son jeune époux aimé sans songer à ce que sa mort pourrait lui faire perdre.

Il ne faudrait pas croire d'ailleurs que le sourd antagonisme de la reine-mère et du cardinal se trahît au dehors dans leurs manières et dans leurs discours. Au contraire, ils ne s'étaient jamais montrés plus confians et plus affectionnés l'un pour l'autre.

En ce moment encore, profitant de ce sommeil de François, ils s'entretenaient à voix basse, de la meilleure amitié du monde, sur leurs intérêts les plus secrets et leurs plus intimes pensées.

Car, pour se conformer tous deux à cette politique italienne dont nous avons précédemment vu des échantillons, Catherine avait toujours dissimulé ses arrière-menées, et Charles de Lorraine avait feint constamment de ne pas s'en apercevoir.

De sorte qu'ils n'avaient pas cessé de se parler en alliés et en amis. Ils étaient comme deux joueurs qui tricheraient loyalement chacun de leur côté et se serviraient ouvertement de dés pipés l'un contre l'autre,

— Oui, madame, disait le cardinal, oui, cet entêté chancelier de L'Hôpital s'obstine à refuser de signer l'arrêt de mort du prince. Ah ! que vous aviez bien raison, madame, il y a six mois, de vous opposer si ouvertement à ce qu'il succédât à Olivier ! Que ne vous ai-je alors *comprise !*

— Quoi ! ne peut-on donc absolument vaincre sa résistance ? dit Catherine qui avait dicté cette résistance.

— J'ai employé les caresses et les menaces, reprit Charles de Lorraine, et je l'ai trouvé inflexible.

— Mais si monsieur le duc essayait à son tour ?

— Rien ne pourrait faire fléchir ce mulet d'Auvergne, dit le cardinal. Mon frère a déclaré d'ailleurs qu'il ne se voulait mêler en rien de cette affaire.

— Voilà qui devient embarrassant, fit Catherine de Médicis ravie.

— Il y a pourtant, dit le cardinal, un moyen à l'aide duquel nous nous passerions de tous les chanceliers de monde.

— Se peut-il ! quel est ce moyen ? s'écria la reine-mère inquiète.

— De faire signer l'arrêt par le roi, dit le cardinal.

— Par le roi ! répéta Catherine. Cela se pourrait-il ? Le roi a-t-il ce droit ?

— Oui, dit le cardinal, nous avons déjà procédé ainsi, et dans cette affaire même, par le conseil des meilleurs légistes, lorsqu'on a déclaré qu'il serait passé outre au jugement, nonobstant le refus du prince de répondre.

— Mais que dira le chancelier ? s'écria Catherine véritablement alarmée.

— Il grondera comme de coutume, répondit tranquillement Charles de Lorraine, il menacera de rendre les sceaux...

— Et s'il les rend en effet ?...

— Double avantage ! nous serons délivrés du censeur le plus incommode, dit le cardinal.

— Et quand voudriez-vous donc que cet arrêt fût signé ? reprit Catherine après une pause.

— Cette nuit, madame.

— Et vous le feriez exécuter ?...

— Demain.

Pour le coup, la reine-mère frémit.

— Cette nuit ! demain ! vous n'y songez pas ! reprit-elle. Le roi est trop malade, trop faible, et n'a pas l'esprit assez libre pour seulement comprendre ce que vous lui demanderiez.

— Il n'est pas besoin qu'il comprenne pourvu qu'il signe, dit le cardinal.

— Mais sa main n'est même pas assez forte pour tenir une plume.

— On la conduira, reprit Charles de Lorraine, heureux de l'effroi qu'il voyait peint dans les regards de sa chère ennemie.

— Ecoutez, dit sérieusement Catherine. Je vous dois ici un avertissement et un conseil. La fin de mon pauvre fils est plus proche que vous ne croyez. Savez-vous ce que m'a dit Chapelain, le premier médecin ? qu'il ne pensait pas qu'à moins d'un miracle, le roi fût vivant demain soir.

— Raison de plus pour nous hâter, dit froidement le prêtre.

— Oui, mais, reprit Catherine, si François II n'existe plus demain, Charles IX règne, le roi de Navarre est régent peut-être. Quel compte terrible ne vous demandera-t-il pas du supplice infamant de son frère? Ne serez-vous pas à votre tour jugé, condamné?...

— Eh! madame, qui ne risque rien n'a rien! s'écria avec chaleur le cardinal dépité. D'ailleurs, qui prouve qu'Antoine de Navarre sera nommé régent? qui prouve que ce Chapelain ne se trompe pas? Enfin! le roi vit encore!...

— Plus bas! plus bas, mon oncle! dit en se levant Marie Stuart effrayée. Vous allez réveiller le roi!... Tenez, vous l'avez réveillé.

— Marie... où es-tu? dit en effet la voix faible de François.

— Là, tout auprès de vous, mon doux Sire, répondit Marie.

— Oh! je souffre! reprit le roi, ma tête est comme du feu! cette douleur d'oreille comme un éternel coup de poignard. Je n'ai dormi qu'en souffrant encore. Ah! c'est fini de moi, c'est fini!

— Ne dites pas cela! ne dites pas cela! repartit Marie contenant ses larmes.

— La mémoire me manque, reprit François. Ai-je reçu les saints sacremens? Je veux les avoir au plus tôt.

— Tous vos devoirs seront remplis, ne vous tourmentez pas, cher Sire.

— Je veux voir mon confesseur, monsieur de Brichanteau.

— Tout à l'heure il sera près de vous, dit Marie.

— Me dit-on au moins des prières? demanda le roi.

— Je n'ai presque cessé depuis ce matin.

— Pauvre chère Marie!... et Chapelain, où est-il?

— Là, dans la chambre voisine, tout prêt à votre appel. Votre mère et mon oncle le cardinal sont aussi là, Sire, les voulez-vous voir?

— Non, non, toi seule Marie! dit le mourant. Tourne-toi un peu de ce côté... là... que je te voie encore une fois au moins.

— Courage ! reprit Marie Stuart. Dieu est si bon ! et je le prie de si grand cœur.

— Je souffre, dit François. Je ne vois plus, j'entends à peine. Ta main, Marie ?

— Là ! soutenez-vous sur moi, dit Marie, appuyant la petite tête pâle de son mari sur son épaule,

— Mon âme à Dieu ! mon cœur à toi, Marie. Toujours ! Hélas ! hélas ! à dix-sept ans mourir !

— Non, non ! vous ne mourrez pas ! s'écria Marie. Qu'avons-nous fait au ciel pour qu'il nous punisse ?

— Ne pleure pas, Marie, reprit le roi. Nous nous rejoindrons là-haut. Je ne regrette de ce monde que toi. Si je t'emmenais avec moi, je serais heureux de mourir. Le voyage du ciel est plus beau encore que celui d'Italie. Et puis, il me semble que sans moi tu ne vas plus avoir de joie. Ils te feront souffrir. Tu auras froid, tu seras seule ; ils te tueront, ma pauvre âme ! C'est là ce qui m'afflige plus encore que de mourir.

Épuisé, le roi retomba sur son oreiller et garda un morne silence.

— Mais vous ne mourrez pas ! vous ne mourrez pas, Sire ! s'écria Marie. Écoutez, j'ai un grand espoir. Une chance, en laquelle j'ai foi, nous reste.

— Qu'est-ce à dire ? interrompit en s'approchant Catherine de Médicis étonnée.

— Oui, reprit Marie Stuart, le roi peut encore être sauvé et sera sauvé. Quelque chose me criait dans mon cœur que tous ces médecins qui l'entourent et le fatiguent sont des ignorans et des aveugles. Mais il est un homme habile, savant et renommé, un homme qui a préservé à Calais les jours de mon oncle...

— Maître Ambroise Paré ? dit le cardinal.

— Maître Ambroise Paré ! répéta Marie. On disait que cet homme ne devait pas, ne voudrait pas lui-même avoir entre ses mains la vie royale, que c'était un hérétique et un maudit, et que, quand même il accepterait la responsabilité d'une telle cure, on ne pourrait la lui confier.

— Cela est certain, dit dédaigneusement la reine-mère.

— Eh bien ! si je la lui confie, moi ! s'écria Marie. Est-ce qu'un homme de génie peut être un traître ? Quand on est grand, madame, on est bon !

— Mais, dit le cardinal, mon frère n'a pas attendu jusqu'à ce jour pour penser à Ambroise Paré. On l'a fait déjà sonder.

— Et qui lui a-t-on envoyé ? reprit Marie, des indifférens, peut-être des ennemis. Moi, je lui ai envoyé un ami sûr, et il viendra.

— Il faut le temps qu'il arrive de Paris, dit Catherine.

— Il est en route, il doit même être arrivé, reprit la jeune reine. L'ami dont je vous parle a promis de l'amener aujourd'hui même.

— Et quel c st donc cet ami, enfin ? demanda la reine-mère.

— Le comte Gabriel de Montgommery, madame.

Avant que Catherine ait eu le temps de s'écrier, Dayelle, la première femme de Marie Stuart, entra et vint dire à sa maîtresse...

— Le comte Gabriel de Montgommery est là, qui attend les ordres de madame

— Oh ! qu'il entre ! qu'il entre ! s'écria vivement Marie.

XXXI.

LUEUR D'ESPOIR.

— Un instant ! dit alors Catherine de Médicis, sèche et froide. Pour que cet homme entre, madame, attendez au moins que je sois sortie. S'il vous plaît de confier la vie du fils à celui qui a tranché la vie du père, il ne me plaît pas, à moi, de revoir et d'entendre encore le meurtrier de mon époux. Je proteste donc contre sa présence en ce lieu, et je me retire devant lui.

Et elle sortit en effet, sans donner à son fils mourant un regard, un adieu de mère.

Etait-ce parce que ce nom abhorré de Gabriel de Montgommery lui rappelait la première offense qu'elle eût eu à supporter du roi? Cela peut être; toujours est-il qu'elle ne redoutait pas autant qu'elle voulait bien le dire l'aspect et la voix de Gabriel; car, en se retirant dans son logement, voisin de la chambre royale, elle eut soin de laisser la portière entr'ouverte, et n'eut pas plus tôt refermé la porte donnant au dehors sur un corridor désert à cette heure avancée de la nuit, qu'elle colla tour à tour à la serrure et son œil et son oreille, pour voir et pour écouter ce qui allait se passer après son brusque départ.

Gabriel entra, conduit par Dayelle, s'agenouilla pour baiser la main que lui tendait la reine, et fit un profond salut au cardinal.

— Eh bien! lui demanda Marie Stuart impatiente.

— Eh bien! madame. j'ai décidé maître Paré, dit Gabriel. Il est là.

— Oh! merci, merci, ami fidèle! s'écria Marie.

— Le roi va-t-il donc plus mal, madame? reprit à voix basse Gabriel, en portant un regard inquiet sur le lit où François II était étendu sans couleur et sans mouvement.

— Hélas! il ne va pas mieux toujours! dit la reine, et j'avais bien besoin de vous voir. Maître Ambroise a-t-il fait de grandes difficultés pour venir?

— Non, madame, répondit Gabriel. On le lui avait bien demandé déjà; mais de façon, m'a-t-il dit, à provoquer de sa part un refus. On voulait qu'il s'engageât d'avance, sur sa tête et son honneur, à sauver le roi sans l'avoir vu. On ne lui cachait pas que, comme protestant, il était suspect d'en vouloir à la vie d'un persécuteur des protestans. On lui témoignait enfin tant de méfiance injurieuse, on exigeait de lui de si dures conditions, qu'à moins de n'avoir ni cœur ni prudence, il devrait être nécessairement amené à s'abstenir. Ce qu'il a fait, à son grand regret, sans être dès-lors autrement pressé par ceux qui lui étaient envoyés.

— Se peut-il qu'on ait ainsi interprété à maître Paré nos intentions ? dit vivement le cardinal de Lorraine. Pourtant c'est de la part de mon frère et de la mienne qu'on est allé le trouver à deux ou trois reprises! On nous rapportait à nous ses refus obstinés et ses doutes étranges. Et nous croyions ceux que nous lui avions députés des gens tout à fait sûrs !

— L'étaient-ils réellement, monseigneur? dit Gabriel. Maître Paré croit le contraire, maintenant que je lui ai dit vos véritables sentimens à son égard et les bonnes paroles de la reine pour lui. Il est persuadé, qu'à votre insu, on s'est efforcé, dans un but coupable, de l'écarter du lit de souffrance du roi,

— La chose est à présent certaine, reprit Charles de Lorraine. Je reconnais encore en ceci, murmura-t-il, la main de la reine mère... Elle a tout intérêt, en effet, à ce que son fils ne soit pas sauvé... Mais corrompra-t-elle donc tous les dévouemens sur lesquels nous comptions? Voici encore un pendant à la nomination de son L'Hôpital!... Comme elle nous joue!...

Cependant Marie Stuart, laissant le cardinal aux réflexions sur ce qui était accompli, et toute à sa sollicitude présente, disait à Gabriel :

— Enfin, maître Paré vous a suivi, n'est-ce pas ?

— A ma première réquisition, répondit le jeune comte.

— Et il est là?

— Attendant pour entrer votre gracieuse permission, madame.

— Tout de suite! qu'il vienne donc tout de suite! s'écria Marie Stuart.

Gabriel de Montgommery alla un instant à la porte par laquelle il était entré, et revint introduisant le chirurgien.

Derrière sa porte à elle, Catherine de Médicis guettait toujours, plus attentive que jamais.

Marie Stuart courut à la rencontre d'Ambroise, prit sa main, le conduisit elle-même au lit du cher malade, et, comme pour couper court aux complimens :

— Merci d'être venu, maître, disait-elle tout en marchant. Je comptais sur votre zèle comme je compte sur votre science... Venez au lit du roi, vite, au lit du roi.

Ambroise Paré obéissant, sans avoir le temps de prononcer une parole, à l'impatience de la reine, fut bientôt près du chevet où François II vaincu, pour ainsi dire, par la douleur, n'avait plus de force que pour exhaler un gémissement faible et presque imperceptible.

Le grand chirurgien s'arrêta une minute à contempler debout cette petite face amaigrie et comme rétrécie par la souffrance.

Puis il se pencha sur celui qui, pour lui, n'était plus qu'un malade, et toucha et sonda le douloureux gonflement de l'oreille droite d'une main aussi légère et aussi douce que celle de Marie.

Le roi sentit instinctivement un médecin et se laissa faire sans même rouvrir ses yeux appesantis.

— Oh! je souffre! murmura-t-il seulement d'une voix dolente, je souffre! Ne pouvez-vous donc me soulager?...

La lumière étant un peu trop éloignée au gré d'Ambroise, il fit signe à Gabriel d'approcher le flambeau; mais Marie Stuart s'en empara avant Gabriel, et éclaira elle-même le chirurgien, tandis qu'il examinait longuement et attentivement le siége du mal.

Cette sorte d'étude muette et minutieuse dura peut-être dix minutes. Après quoi Ambroise Paré se redressa, grave et absorbé par un travail de méditation intérieure, et laissa retomber le rideau du lit.

Marie Stuart palpitante n'osait l'interroger de peur de troubler ses pensées. Mais elle épiait son visage avec angoisse. Quel arrêt allait-il prononcer?

L'illustre médecin secoua tristement la tête, et il sembla à la reine éperdue que c'était un arrêt de mort.

— Eh! quoi, dit-elle incapable de maîtriser plus longtemps son inquiétude; n'y a-t-il donc plus aucune chance de salut?

— Il n'y en a plus qu'une, madame, répondit Ambroise Paré.

— Mais il y en a une! s'écria la reine.

— Oui, madame, et bien qu'hélas ! elle ne soit pas assurée, cependant, elle existe, et j'aurais tout espoir, si...

— Si?... demanda Marie.

— Si celui qu'il faut sauver n'était pas le roi, madame...

— Eh ! s'écria Marie Stuart, traitez-le, sauvez-le comme le dernier de ses sujets !

— Mais si j'échoue ?... dit Ambroise, car enfin Dieu est seul le maître. Ne m'accusera-t-on pas, moi huguenot ? Cette lourde et terrible responsabilité ne va-t-elle pas peser sur ma main et la faire trembler, alors que j'aurais besoin de tant de calme et d'assurance?

— Ecoutez, reprit Marie, s'il vit, je vous bénirai toute ma vie, mais si... s'il meurt, je vous défendrai jusqu'à ma mort. Ainsi, essayez ! essayez ! je vous en conjure, je vous en supplie. Puisque vous dites que c'est la seule et dernière chance, mon Dieu ! ne nous la retirez pas ; c'est là que serait le crime.

— Vous avez raison, madame, dit Ambroise, et j'essaierai... si l'on me le permet, toutefois ; si vous me le permettez vous-même, car, je ne vous le cache pas, le moyen auquel j'aurai recours est extrême, inusité, et, en apparence du moins, violent et dangereux.

— Vraiment? dit Marie toute tremblante, et il n'y en a pas d'autre ?

— Pas d'autre, madame ! Encore est-il temps de l'employer : dans vingt-quatre heures sûrement, dans douze heures peut-être, il serait trop tard. Un dépôt s'est formé à la tête du roi, et, si l'on ne donne pas une issue aux humeurs par une opération très prompte, l'épanchement dans le cerveau doit causer la mort.

— Voudriez-vous donc opérer le roi sur-le-champ ? dit le cardinal. Je ne prendrai pas cela sur moi seul, d'abord !

— Ah ! voilà déjà que vous doutez ! dit Ambroise. Non, j'ai besoin du grand jour, et il me faut bien le reste de cette nuit pour penser à tout cela, pour exercer ma main, pour faire une ou deux expériences... Mais demain matin, demain à neuf heures, je puis être ici. Soyez-y, madame, et vous aussi, monseigneur ; que monsieur le lieutenant-général y soit, que ceux dont le dévouement au roi est bien éprouvé y soient; mais pas d'autres. Le moins de médecins possible. J'expliquerai alors ce que je compte faire, et, si vous m'y autorisez tous, avec l'aide de Dieu, je tenterai cette unique chance que Dieu nous laisse.

— Et jusqu'à demain, pas de danger? demanda la reine.

— Non, madame, dit maître Paré. Seulement, il est essentiel que le roi repose et prenne des forces pour cette opération qu'il doit subir. Je mets dans la boisson inoffensive que je vois sur cette table deux gouttes de cet élixir ajouta-t-il en joignant l'acte aux paroles. Faites que le roi prenne cela tout de suite, madame, et vous le verrez tomber dans un sommeil plus calme et plus profond. Veillez, veillez vous-même si cela se peut, à ce que, sous aucun prétexte, ce sommeil ne soit troublé.

— Soyez tranquille! de cela, j'en réponds, dit Marie Stuart. Je ne quitterai pas cette place de la nuit.

— C'est très important, dit Ambroise Paré. Maintenant, je n'ai plus rien à faire ici, et je vous demanderai la permission de me retirer, madame, pour m'occuper du roi encore, et me préparer à ma grande tâche.

— Allez, maître, allez! dit Marie, et soyez d'avance remercié et béni. A demain.

— A demain, madame, reprit Ambroise. Espérez!

— Je vais prier, toujours! dit Marie Stuart.

— Vous aussi, monsieur le comte, je vous remercie encore, reprit-elle en s'adressant à Gabriel. Vous êtes de ceux dont parlait maître Paré, et dont le dévouement au roi est éprouvé. Soyez donc ici demain, je vous prie, pour apporter à votre illustre ami l'appui de votre présence.

— J'y serai, madame, dit Gabriel en se retirant avec le chirurgien, après avoir salué la reine et le cardinal.

— Et moi aussi, j'y serai! se dit Catherine de Médicis derrière la porte où elle guettait. Oui, j'y serai; car ce Paré est capable de sauver le roi, l'habile homme! et de perdre ainsi son parti, le prince et moi-même, l'imbécile!... Mais j'y serai.

XXXII.

SOMMEIL BIEN GARDÉ.

Catherine de Médicis resta quelque temps à épier, quoiqu'il n'y eût plus dans la chambre royale que Marie Stuart et le cardinal. Mais elle ne vit et n'entendit plus rien d'intéressant. La reine fit prendre la potion calmante à François qui, selon la promesse d'Ambroise Paré, parut aussitôt dormir plus paisiblement. Tout retomba dès lors dans le silence. Le cardinal, assis, songeait; Marie, agenouillée, priait.

La reine-mère se retira doucement chez elle pour songer comme le cardinal.

Si elle eût demeuré quelques instans de plus, elle eût pourtant assisté à des choses vraiment dignes d'elle.

Marie Stuart, se relevant de sa fervente prière, dit au cardinal :

— Rien ne vous retient de veiller avec moi, mon oncle, puisque je compte rester ici jusqu'au réveil du roi. Dayelle, les médecins, et les gens de service à côté, suffiraient s'il était besoin de quelque chose. Vous pouvez donc aller prendre un peu de repos. Je vous ferai avertir s'il est nécessaire.

— Non, dit le cardinal, le duc de Guise, que nombre d'affaires à expédier a dû retenir jusqu'à présent, m'a dit qu'avant de se retirer il viendrait savoir des nouvelles du roi, et je lui ai promis qu'il me trouverait auprès de lui... Et, tenez, madame, n'est-ce pas justement son pas que j'entends ?

— Oh ! qu'il ne fasse pas de bruit ! s'écria Marie, s'élançant pour avertir le Balafré.

Le duc de Guise entra en effet tout pâle et tout agité.

Il salua la reine, mais, dans sa préoccupation, il ne demanda pas le moins du monde des nouvelles du roi, et alla droit à son frère, qu'il prit à part dans la large embrasure d'une fenêtre :

— Une terrible nouvelle ! un vrai coup de foudre ! lui dit-il pour commencer.

— Qu'y a-t-il encore? demanda Charles de Lorraine.

— Le connétable de Montmorency a quitté Chantilly avec quinze cents gentilshommes, dit le duc de Guise. Pour mieux cacher sa marche, il a évité Paris en venant d'Ecouen et de Corbeil à Pithiviers par la vallée d'Essonne, Il sera demain aux portes d'Orléans avec sa troupe. Je viens d'en recevoir l'avis.

— C'est terrible, en effet ! dit le cardinal ; le vieux routier veut sauver la tête de son neveu. Je gage que c'est encore la reine-mère qui l'a fait prévenir ! Et ne pouvoir rien contre cette femme !

— Ce n'est pas le moment d'agir contre elle, mais d'agir pour nous, dit le Balafré. Que devons-nous faire ?

— Allez avec les nôtres à la rencontre du connétable, dit Charles de Lorraine.

— Répondez-vous de maintenir Orléans quand je n'y serai plus avec mes forces ? demanda le duc.

— Hélas ! non, c'est vrai, répondit le cardinal. Tous ces gens d'Orléans sont mauvais, huguenots et Bourbons dans l'âme. Mais nous avons du moins pour nous les États.

—Et L'Hôpital contre nous, songez-y, mon frère. Ah ! la position est dure ! Comment va le roi ? dit-il enfin, le danger lui rappelant sa dernière ressource.

— Le roi va mal, répondit Charles de Lorraine ; mais Ambroise Paré, qui est venu à Orléans sur l'invitation de la reine, je vous expliquerai cela, espère encore le sauver demain matin par une opération hasardeuse, mais nécessaire, qui peut avoir d'heureux résultats. Soyez donc ici à neuf heures, mon frère, pour soutenir Ambroise, au besoin.

— Certes ! dit le Balafré, car là est notre unique espoir. Notre autorité mourrait du coup avec François II ; et pourtant qu'il serait bon d'épouvanter et peut-être de faire reculer le connétable en lui envoyant, pour sa bienvenue, la tête de son beau neveu de Condé !

— Oui, ce serait éloquent, c'est bien mon avis, dit le cardinal réfléchissant.

— Mais ce maudit L'Hôpital arrête tout ! reprit le Balafré.

— Si, au lieu de sa signature, nous avions sur l'arrêt du prince celle du roi, dit Charles de Lorraine, rien ne s'opposerait, en somme, n'est-ce pas vrai, mon frère?... à ce que l'exécution eût lieu demain matin, avant l'arrivée de Montmorency, avant la tentative d'Ambroise Paré ?

— Ce ne serait pas très légal, mais ce serait possible, répondit le Balafré.

— Eh bien ! dit vivement Charles de Lorraine, laissez-moi ici, mon frère ; il n'y a rien à faire pour vous cette nuit, et vous devez avoir besoin de repos ; deux heures viennent de sonner à l'horloge du bailliage. Il faut ménager vos forces pour demain. Retirez-vous et laissez-moi. Je veux, moi aussi, tenter la cure désespérée de notre fortune.

— Qu'est-ce que c'est? demanda le duc de Guise ? Ne faites rien de définitif sans me consulter au moins, monsieur mon frère !

— Soyez tranquille ! si j'ai ce que je veux, j'irai vous réveiller demain avant le jour pour m'entendre avec vous.

— A la bonne heure ! dit le Balafré. Sur cette assurance, je me retire ; car il est vrai que je suis épuisé. Mais de la prudence !

Il alla adresser à Marie Stuart quelques paroles de condoléance, et sortit en faisant le moins de bruit possible sur sa recommandation.

Cependant, le cardinal s'assit devant une table et écrivit une copie de l'arrêt de la commission dont il avait gardé l'expédition par devers lui.

Cela fait, il se leva et marcha vers le lit du roi.

Mais Marie Stuart se dressa debout devant lui et l'arrêta du geste.

— Où allez-vous? lui dit-elle d'une voix basse et pourtant ferme et déjà courroucée.

— Madame, répondit le cardinal, il est important, il est indispensable que le roi signe ce papier...

— Ce qui est important, ce qui est indispensable, dit Marie, c'est que le roi repose tranquille.

— Son nom au bas de cet écrit, madame, et je ne l'importunerai plus.

— Mais vous le réveillerez, reprit la reine, et je ne le veux pas. D'ailleurs, il est incapable en ce moment de tenir une plume.

— Je la tiendrai pour lui, dit Charles de Lorraine.

— Je vous ai dit : Je ne veux pas ! reprit avec autorité Marie Stuart.

Le cardinal s'arrêta un moment, surpris par cet obstacle auquel il n'avait pas songé.

Puis il reprit de son ton insinuant :

— Écoutez-moi, madame. Ma chère nièce, écoutez-moi. Je vais vous dire ce dont il s'agit. Vous comprenez bien que je respecterais le repos du roi, si je n'étais contraint par la nécessité la plus grave. C'est de notre fortune et de la vôtre, de notre salut et du vôtre qu'il est ici question. Entendez-moi bien. Il faut que ce papier soit signé par le roi avant que le jour se lève, ou nous sommes perdus ! perdus, je vous l'avoue !

— Cela ne me regarde pas, dit tranquillement Marie.

— Mais si ! mais encore une fois notre ruine est votre ruine, enfant que vous êtes !

— Eh bien ! que m'importe ! dit la reine. Est-ce que je me soucie de vos ambitions, moi ! Mon ambition, c'est de sauver celui que j'aime, c'est de préserver sa vie si je puis, et, en attendant, son précieux repos. Maître Paré m'a confié le sommeil du roi. Je vous défends de le troubler, monsieur. Entendez-moi bien, à votre tour. Je vous le défends ! Le roi mort, meure ma royauté ! cela m'est bien égal ! Mais tant qu'il lui restera un souffle de vie, je protégerai ce dernier souffle contre les exigences odieuses de vos intrigues de cour. J'ai contribué, mon oncle, plus que je ne l'aurais dû, je le crois, à raffermir dans vos mains le pouvoir quand mon François était debout et bien portant ; mais ce pouvoir je le reprends tout entier dès qu'il s'agit de faire respecter les dernières heures de calme que Dieu lui accorde peut-être en cette vie. Le roi, a dit maître Paré, aura besoin demain du peu de forces qui lui restent. Personne au monde, sous quelque prétexte que ce soit, ne lui dérobera une parcelle de ce sommeil réparateur...

— Mais quand le motif est tellement grave et urgent?... dit le cardinal.

— Sous quelque prétexte que ce soit, personne au monde ne réveillera le roi, reprit Marie.

— Ah! mais il le faut! repartit Charles de Lorraine, honteux à la fin d'être si longtemps arrêté par la seule résistance d'un enfant, de sa nièce. Les intérêts de l'Etat, madame, ne s'accommodent point de ces choses de sentiment. La signature du roi m'est nécessaire sur-le-champ, et je l'aurai.

— Vous ne l'aurez pas, monsieur le cardinal, dit Marie.

Le cardinal fit un pas encore vers le lit du roi.

Mais de nouveau, Marie Stuart se mit devant lui et lui barra le passage.

La reine et le ministre se regardèrent un instant face à face, aussi palpitans, aussi courroucés l'un que l'autre.

— Je passerai, dit Charles de Lorraine d'une voix brève.

— Vous osez donc porter la main sur moi, monsieur?

— Ma nièce!...

— Non plus votre nièce, votre reine!

Ce fut dit d'un ton si ferme, si digne et si royal que le cardinal interdit recula.

— Oui, votre reine! reprit Marie, et si vous faites encore un pas, encore un geste, tandis que vous irez au roi, j'irai à cette porte, moi; j'appellerai ceux qui doivent y veiller, et tout mon oncle, tout ministre, tout cardinal que vous êtes, j'ordonnerai, moi la reine, qu'on vous arrête sur l'heure comme criminel de lèse-majesté.

— Un tel scandale!... murmura le cardinal épouvanté.

— Qui de nous l'aura voulu, monsieur?

L'œil étincelant, les narines gonflées, le sein ému, toute l'attitude déterminée de la jeune reine disait assez qu'elle exécuterait sa menace.

Et puis, elle était si belle, si fière et en même temps si

touchante ainsi, que le prêtre au cœur de bronze se sentit vaincu et remué.

L'homme céda à l'enfant; la raison d'Etat obéit au cri de la nature.

— Allons! dit le cardinal en soupirant profondément, j'attendrai donc que le roi s'éveille...

— Merci! dit Marie, revenant à l'accent triste et doux qui depuis la maladie du roi lui était habituel.

— Mais du moins, reprit Charles de Lorraine, dès qu'il s'éveillera...

— S'il est en état de vous entendre et de vous satisfaire, mon oncle, je n'empêcherai plus rien.

Il fallait bien que le cardinal se contentât de cette promesse. Il alla se remettre à sa table, et Marie revint à son prie-dieu, lui, attendant; elle, espérant.

Mais les heures lentes de cette nuit de veille passèrent sans que François II se réveillât. La promesse d'Ambroise Paré n'avait pas été vaine; il y avait bien des nuits que le roi n'avait reposé d'un sommeil si long et si profond.

De temps en temps, il faisait bien un mouvement, il poussait une plainte, il prenonçait un mot, un nom surtout, celui de Marie.

Mais il retombait presque aussitôt dans son assoupissement. Et le cardinal, qui s'était levé en hâte, devait retourner, désappointé, à sa place.

Il froissait alors dans sa main avec impatience cet arrêt inutile, cet arrêt fatal et qui, sans la signature du roi, devenait peut-être le sien...

Il vit ainsi peu à peu les flambeaux s'user et pâlir, et l'aube froide de décembre blanchir les vitraux...

Enfin, comme huit heures sonnaient, le roi s'agita; ouvrit les yeux et appela:

— Marie! es-tu là, Marie?

— Toujours, dit Marie Stuart.

Charles de Lorraine s'élança, son papier à la main. Il était encore temps peut-être! un échafaud est vite dressé!...

Mais, au même instant, Catherine de Médicis rentra, par sa porte à elle, dans la chambre royale.

— Trop tard! se dit le cardinal. Ah! la fortune nous abandonne! et si Ambroise ne sauve pas le roi, nous sommes perdus!

XXXIII.

LE LIT DE MORT DES ROIS.

La reine-mère, pendant cette nuit, n'avait pas perdu son temps. Elle avait d'abord envoyé chez le roi de Navarre le cardinal de Tournon, sa créature, et avait arrêté ses conventions écrites avec les Bourbons. Puis, avant le jour, elle avait reçu le chancelier L'Hôpital, qui lui apprit l'arrivée prochaine à Orléans de son allié le connétable. L'Hôpital, prévenu par elle, promit de se trouver à neuf heures dans la grande salle du Bailliage qui précédait la chambre du roi, et d'y amener autant de partisans de Catherine qu'il pourrait en trouver. Enfin, la reine-mère avait fait mander pour huit heures et demie Chapelain et deux ou trois autres médecins royaux dont la médiocrité était l'ennemie-née du génie d'Ambroise Paré.

Ses précautions ainsi prises, elle entra la première, comme nous l'avons vu, dans la chambre du roi qui venait de s'éveiller. Elle alla d'abord au lit de son fils, le contempla quelques instans en hochant la tête comme une mère douloureuse, mit un baiser sur sa main pendante, et, en essuyant une ou deux larmes, vint s'asseoir de façon à l'avoir toujours en vue.

Elle aussi, comme Marie Stuart, voulait désormais veiller, à sa manière, sur cette précieuse agonie.

Le duc de Guise entra presque aussitôt. Après avoir échangé quelques mots avec Marie, il alla vers son frère.

— Vous n'avez donc rien fait? lui demanda-t-il.

— Hélas! je n'ai pu rien faire, répondit le cardinal.

— La chance tourne contre nous alors, reprit le Balafré. Il y a foule ce matin dans l'antichambre d'Antoine de Navarre.

— Et de Montmorency avez-vous des nouvelles?

— Aucune. J'en ai vainement attendu jusqu'ici. Il n'aura pas pris la voie directe. Il est peut-être maintenant aux portes de la ville. Si Ambroise Paré échoue dans son opération, adieu notre fortune! reprit avec consternation Charles de Lorraine.

Les médecins, avertis par Catherine de Médicis, arrivèrent en ce moment.

La reine-mère les conduisit elle-même au lit du roi, dont les souffrances et les gémissemens avaient recommencé.

Les médecins examinèrent tour à tour leur royal malade, puis se groupèrent dans un coin pour se consulter. Chapelain proposait un cataplasme pour attirer au dehors les humeurs; mais les deux autres se prononcèrent pour l'injection dans l'oreille d'une certaine eau composée.

Ils venaient de s'arrêter à ce dernier moyen quand Ambroise Paré entra, accompagné de Gabriel.

Après avoir été examiner l'état du roi, il rejoignit ses confrères.

Ambroise Paré, chirurgien du duc de Guise, et dont la renommée de science s'était déjà établie, était maintenant une autorité avec laquelle il fallait compter. Les médecins lui apprirent donc ce qu'ils venaient de résoudre.

— Le remède est insuffisant, je l'affirme, dit Ambroise Paré à voix haute, et cependant il faut se hâter; car le cerveau se remplira plutôt que je ne l'aurais cru.

— Oh! hâtez-vous donc, au nom du ciel! s'écria Marie Stuart qui avait entendu.

La reine-mère et les deux Guises se rapprochèrent alors des médecins et se mêlèrent à eux.

— Avez-vous donc, maître Paré, demanda Chapelain, un moyen meilleur et plus prompt que le nôtre?

— Oui, dit Paré.

— Et lequel?

— Il faudrait trépaner le roi, dit Ambroise Paré.

— Trépaner le roi! s'écrièrent les trois médecins avec horreur.

— En quoi consiste donc cette opération ? demanda le duc de Guise.

— Elle est peu connue encore, monseigneur, dit le chirurgien. Il s'agit, avec un instrument inventé par moi et que je nomme trépan, de pratiquer sur le sommet de la tête, ou plutôt sur la partie latérale du cerveau, une ouverture de la largeur d'un angelot.

— Dieu de miséricorde ! s'écria avec indignation Catherine de Médicis. Porter le fer sur la tête du roi ! Et vous l'oseriez !

— Oui, madame, répondit simplement Ambroise.

— Mais ce serait un assassinat ! reprit Catherine.

— Eh ! madame, dit Ambroise, trouer la tête avec science et précaution, n'est-ce pas faire seulement ce que fait journellement sur le champ de bataille l'épée aveugle et violente ? Pourtant, combien de blessures ne guérissons-nous pas ?

— Enfin, demanda le cardinal de Lorraine, répondez-vous des jours du roi ? maître Ambroise.

— Dieu seul a la vie et la mort des hommes dans ses mains, vous le savez mieux que moi, monsieur le cardinal. Tout ce que je puis assurer, c'est que cette chance est la dernière et la seule de sauver le roi. Oui, c'est l'unique chance ! mais ce n'est qu'une chance.

— Vous dites pourtant que votre opération peut réussir, n'est-ce pas, Ambroise ? dit le Balafré. Voyons, l'avez-vous déjà pratiquée avec succès?

— Oui, monseigneur, répondit Ambroise Paré ; il y a peu de temps encore sur monsieur de La Bretesche, rue de la Harpe, à la Rose Rouge, et, pour parler de choses que monseigneur pourra mieux connaître, je la fis au siége de Calais à monsieur de Pienne, qui avait été blessé sur la brèche.

Ce n'était peut-être pas sans intention qu'Ambroise Paré rappelait les souvenirs de Calais. Toujours est-il qu'il réussit et que le duc de Guise parut frappé :

— En effet, il m'en souvient, dit-il. Dès lors, je n'hésite plus, moi... je consens à l'opération.

— Et moi aussi, dit Marie Stuart que son amour éclairait sans doute.

— Mais non pas moi ! s'écria Catherine.

— Eh ! madame, puisqu'on vous dit que c'est *notre* seule chance ! reprit Marie.

— Qui dit cela ? fit la reine-mère. Maître Ambroise Paré, un hérétique ? Mais ce n'est pas l'avis des médecins.

— Non, madame, dit Chapelain, et ces messieurs et moi nous protestons contre le moyen que propose maître Paré.

— Ah ! voyez-vous bien ? s'écria Catherine triomphante.

Le Balafré, hors de lui, alla à la reine-mère et l'emmena dans l'embrasure d'une croisée :

— Madame, écoutez ceci, lui dit-il à voix basse et les dents serrées, vous voulez que votre fils meure et que votre prince de Condé vive !... Vous êtes d'accord avec les Bourbons et avec les Montmorency !... Le marché est conclu, les dépouilles sont partagées d'avance !... Je sais tout. Prenez garde !... je sais tout, vous dis-je !...

Mais Catherine de Médicis n'était pas de celles qu'on intimide, et le duc de Guise se fourvoyait. Elle ne comprit que mieux la nécessité de l'audace, puisque son ennemi jetait ainsi le masque avec elle. Elle lui lança un regard foudroyant, et, lui échappant par un mouvement soudain, elle courut à la porte qu'elle ouvrit à deux battans elle-même.

— Monsieur le chancelier ! cria-t-elle.

L'Hôpital, selon les ordres reçus, se tenait là dans la grande salle, attendant. Il y avait rassemblé tout ce qu'il avait pu rencontrer de partisans de la reine-mère et des princes.

A l'appel de Catherine, il s'avança en hâte, et les groupes de seigneurs se pressèrent curieusement du côté de la porte ouverte.

— Monsieur le chancelier, continua Catherine, à voix haute pour être bien entendue, on veut autoriser sur la personne du roi une opération violente et désespérée. Maître Paré prétend lui percer la tête avec un instrument. Moi sa mère, je proteste avec les trois médecins ici présens contre ce crime... Monsieur le chancelier, enregistrez ma déclaration.

— Fermez cette porte! s'écria le duc de Guise.

Malgré les murmures des gentilshommes réunis dans la grande salle, Gabriel fit ce qu'ordonnait le duc.

Le chancelier seul resta dans la chambre du roi.

— Maintenant, monsieur le chancelier, lui dit le Balafré, sachez que cette opération dont on vous parle est nécessaire, et que la reine et moi, le lieutenant général du royaume, nous répondons, sinon de l'opération, au moins du chirurgien.

— Et moi, s'écria Ambroise Paré, j'accepte en ce moment suprême toutes les responsabilités qu'on voudra m'imposer. Oui, je veux bien qu'on prenne ma vie si je ne parviens à sauver celle du roi. Mais hélas! il est bien temps! Voyez le roi! voyez!

François II, en effet, livide, immobile, les yeux éteints, semblait ne plus voir, ne plus entendre, ne plus exister. Il ne répondait plus, ni aux caresses, ni aux appels de Marie.

— Oh! oui, hâtez-vous! dit celle-ci à Ambroise, hâtez-vous, au nom de Jésus! Tâchez seulement de sauver la vie du roi, je protégerai la vôtre.

— Je n'ai le droit de rien empêcher, dit le chancelier impassible, mais mon devoir est de constater la protestation de madame la reine-mère.

— Monsieur de L'Hôpital, vous n'êtes plus chancelier, reprit froidement le duc de Guise. Allez, Ambroise, dit-il au chirurgien.

— Nous nous retirons, nous, dit Chapelain au nom des médecins.

— Soit, répondit Ambroise. J'ai besoin du plus grand calme autour de moi. Laissez-moi donc, si vous voulez, messieurs. Pour être seul maître, je serai seul responsable.

Depuis quelques instans, Catherine de Médicis ne prononcait plus une parole, ne faisait plus un mouvement. Elle s'était retirée près de la fenêtre et regardait dans la cour du bailliage, où l'on entendait un grand tumulte.

Mais, dans la crise de ce dénouement, personne, hormis elle, n'avait prêté d'attention au bruit du dehors.

Tous, et le chancelier lui-même avaient les yeux rivés sur Ambroise Paré qui avait repris le sang-froid supérieur du grand chirurgien, et qui préparait ses instrumens.

Mais au moment où il se penchait vers François II, le tumulte éclata plus proche, dans la salle voisine même. Un amer et joyeux sourire éclaira les lèvres pâles de Catherine. La porte s'ouvrit avec violence, et le connétable de Montmorency, armé comme en guerre, apparut menaçant sur le seuil.

— J'arrive à propos !... s'écria le connétable.

— Qu'est-ce que cela signifie? dit le duc de Guise en mettant la main sur sa dague.

Forcément, Ambroise Paré s'était arrêté. Vingt gentilshommes accompagnaient Montmorency et se répandaient jusque dans la chambre. A son côté, on voyait Antoine de Bourbon et le prince de Condé. De plus, la reine-mère et L'Hôpital vinrent se ranger auprès de lui. Il n'y avait même plus moyen d'employer la force pour être les maîtres dans la chambre royale.

— A mon tour, dit Ambroise désespéré, je me retire...

— Maître Paré, s'écria Marie Stuart, moi, la reine, je vous ordonne de poursuivre l'opération !

— Eh ! madame, reprit le chirurgien, je vous ai dit que le plus grand calme m'était nécessaire !... Et vous voyez !...

Il montra le connétable et sa suite.

— Monsieur Chapelain, dit-il au premier médecin, essayez votre injection.

— Ce serait l'affaire d'un instant, dit vivement Chapelain. Tout est préparé.

Assisté de ses deux confrères, il pratiqua sur-le-champ l'injection dans l'oreille du roi.

Marie Stuart, les Guises, Gabriel, Ambroise laissaient faire et se taisaient, écrasés et comme pétrifiés.

Le connétable bavardait sottement tout seul.

— A la bonne heure ! disait-il, satisfait de la docilité forcée de maître Paré. Quand je pense que sans moi vous alliez ouvrir comme cela la tête du roi. On ne frappe ainsi les rois de France que sur les champs de bataille, voyez-vous !... Le fer de l'ennemi peut seul les toucher, mais le fer d'un chirurgien, jamais !

Et, jouissant de l'abattement du duc de Guise, il reprit :

— Il était temps que j'arrivasse, Dieu merci ! Ah ! messieurs, vous vouliez, me dit-on, faire trancher la tête à mon cher et brave neveu, le prince de Condé ! Mais vous avez réveillé le vieux lion dans son antre, et le voici ! J'ai délivré le prince ; j'ai parlé aux États que vous opprimiez. J'ai, comme connétable, congédié les sentinelles que vous aviez mises aux portes d'Orléans. Depuis quand est-il d'usage de donner ainsi des gardes au roi, comme s'il n'était pas en sûreté au milieu de ses sujets ?...

— De quel roi parlez-vous ? lui demanda Ambroise Paré, il n'y aura bientôt plus d'autre roi que le roi Charles IX ; car vous voyez, messieurs, dit-il aux médecins, malgré votre injection, le cerveau s'engage, l'épanchement commence.

Catherine de Médicis vit bien à l'air désolé d'Ambroise que tout espoir était perdu.

— Votre règne s'achève donc, monsieur, ne put-elle s'empêcher de dire au Balafré.

François II, en ce moment, se souleva par un brusque mouvement, rouvrit de grands yeux effarés, remua les lèvres comme pour balbutier un nom, puis retomba lourdement sur l'oreiller.

Il était mort.

Ambroise Paré, par un geste de douleur, l'annonça aux assistans.

— Ah ! madame ! madame ! vous avez tué votre enfant ! cria Marie Stuart à Catherine en bondissant éperdue, effarée, vers elle.

La reine-mère enveloppa sa bru d'un regard venimeux et glacé, où déborda toute la haine qu'elle avait couvée pour elle pendant dix-huit mois.

— Vous, ma chère, lui dit-elle, vous n'avez plus le droit de parler ainsi, entendez-vous ; car vous n'êtes plus reine. Ah ! si fait ! reine en Écosse. Et nous vous renverrons au plus tôt régner dans vos brouillards.

Marie Stuart, par une réaction inévitable après ce premier élan de la douleur, tomba, faible et sanglotante, à genoux, au pied du lit où gisait le roi.

— Madame de Fiesque, continua tranquillement Catherine, allez tout de suite chercher le duc d'Orléans.

— Messieurs, reprit-elle en regardant le duc de Guise et le cardinal, les États, qui étaient peut être à vous il y a un quart d'heure, sont maintenant à nous, vous vous en doutez bien. Il est entendu entre monsieur de Bourbon et moi que je serai régente et qu'il sera lieutenant général du royaume. Mais vous, monsieur de Guise, vous êtes *encore* le grand-maître, accomplissez donc le devoir de votre charge, annoncez la mort du roi François II.

— Le roi est mort ! dit le Balafré d'une voix sourde et profonde.

Le roi d'armes répéta à voix haute sur le seuil de la grand'salle, selon le cérémonial d'usage :

Le roi est mort ! le roi est mort ! le roi est mort ! Priez Dieu pour le salut de son âme.

Et, tout de suite, le premier gentilhomme reprit :

— Vive le roi !

Dans le même instant, madame de Fiesque amenait le duc d'Orléans à la reine-mère, qui le prit par la main et sortit avec lui pour le montrer aux courtisans criant autour d'eux :

— Vive notre bon roi Charles IX !...

— Voilà notre fortune échouée ! dit tristement le cardinal à son frère resté seul en arrière avec lui.

— La nôtre peut-être, mais non pas celle de notre maison, répondit l'ambitieux. Il faut songer à préparer les voies à mon fils, maintenant.

— Comment renouer avec la reine-mère ? demanda Charles de Lorraine pensif.

— Laissons-la se brouiller avec ses Bourbons et ses huguenots, dit le Balafré.

Ils quittèrent la chambre par une porte dérobée en continuant de causer...

— Hélas ! hélas ! murmurait Marie Stuart baisant la main glacée de François II, il n'y a pourtant ici que moi qui pleure pour lui, ce pauvre mignon qui m'a tant aimée !

— Et moi, madame, dit en s'avançant, les yeux pleins de larmes, Gabriel de Montgommery, qui s'était jusque-là tenu à l'écart.

— Oh ! merci ! lui dit Marie avec un regard où elle mit son âme.

— Et je ferai plus que de le pleurer, reprit à demi-voix Gabriel en suivant de loin d'un œil de colère Montmorency qui se pavanait à côté de Catherine de Médicis... Oui, je le vengerai peut-être, en reprenant l'œuvre inachevée de ma propre vengeance. Puisque ce connétable est redevenu puissant, la lutte entre nous n'est pas finie !

Gabriel, en présence de ce mort, gardait donc, hélas ! lui aussi, une pensée personnelle.

Décidément, Regnier La Planche a raison de dire « qu'il fait mauvais être roi pour mourir. »

Et il n'a pas moins raison sans doute quand il ajoute :

« Durant ce règne de François deuxième, la France servit de théâtre où furent jouées plusieurs terribles tragédies que la postérité, à juste occasion, admirera et détestera tout ensemble. »

XXXIV.

ADIEU, FRANCE !...

Huit mois après la mort de François II, le 15 août 1561, Marie Stuart était sur le point de s'embarquer à Calais pour son royaume d'Ecosse.

Ces huit mois elle les avait disputés jour par jour et, pour ainsi dire, heure par heure, à Catherine de Médicis et même à ses oncles, pressés aussi, pour des motifs différens, de lui voir quitter la France. Mais Marie ne pouvait se résoudre, elle, à s'éloigner de ce doux pays où elle avait été une reine si heureuse et si aimée. Jusque dans les douloureux souvenirs qui lui rappelaient son veuvage prématuré, ces lieux chéris avaient pour elle un charme et une poésie auxquels elle ne pouvait s'arracher.

Marie Stuart ne sentait pas seulement cette poésie, elle l'exprimait aussi. Elle ne pleura pas seulement la mort de François II comme une femme, elle la chanta comme une muse. Brantôme, dans son admiration pour elle, nous a conservé la douce complainte qu'elle fit à cette occasion, et qui se peut comparer aux plus remarquables poésies de cette époque :

En mon triste et doux chant,
D'un ton fort lamentable,
Je jette un deuil tranchant
De perte incomparable,
Et en soupirs croissans
Passent mes meilleurs ans.

Fut-il un tel malheur
De dure destinée,
Ni si triste douleur
De dame fortunée,
Que mon cœur et mon œil
Voient en bière et cercueil !

Que dans mon doux printemps,
A fleur de ma jeunesse
Toutes les peines sens
D'une extrême tristesse
Et en rien n'ai plaisir
Qu'en regret et désir.

Ce qui m'était plaisant
Me devient peine dure !
Le jour le plus luisant
Est pour moi nuit obscure
Et n'est rien si exquis
Qui de moi soit requis !

Si en quelque séjour,
Soit en bois, soit en prée,

Soit à l'aube du jour
Ou soit sur la vesprée,
Sans cesse mon cœur sent
Le regret d'un absent.

Si parfois vers les cieux
Viens à dresser ma vue,
Le doux trait de ses yeux
Je vois en une nue.
Si les baisse vers l'eau,
Vois comme en un tombeau.

Si je suis en repos
Sommeillant sur ma couche,
J'oy qu'il me tient propos,
Je le sens qui me touche !
En labeur, en recoy,
Toujours est près de moi.

Mets, chanson, ici fin
A ta triste complainte
Dont sera le refrain :
Amour vraie et sans feinte
Qui pour séparation
N'aura diminution.

C'est à Reims où elle s'était retirée d'abord, auprès de son oncle de Lorraine, que Marie Stuart laissa échapper cette plainte harmonieuse et touchante. Elle resta jusqu'à la fin du printemps en Champagne. Puis, les troubles religieux qui avaient éclaté en Écosse exigèrent sa présence en ce pays. D'un autre côté, l'admiration presque passionnée que Charles IX enfant témoignait en parlant de sa belle-sœur inquiétait l'ombrageuse régente Catherine. Il fallut donc que Marie Stuart se résignât à partir.

Elle vint au mois de juillet prendre congé de la cour à Saint-Germain, et les marques de dévoûment et presque d'adoration qu'elle y reçut augmentèrent encore, s'il était possible, ses amers regrets.

Son douaire, assigné sur la Touraine et le Poitou, avait été fixé à vingt mille livres de rente ; elle emportait aussi en Ecosse de riches joyaux, et cette proie pouvait tenter quelque écumeur de mer. On craignait de plus pour elle quelque violence de la part d'Elisabeth d'Angleterre, qui voyait dans la jeune reine d'Ecosse une rivale. Nombre de gentilshommes s'offrirent donc à escorter Marie jusque dans son royaume, et, quand elle arriva à Calais, elle se vit entourée, non seulement de ses oncles, mais de monsieur de Damville, de Brantôme, enfin de la meilleure part de cette cour élégante et chevaleresque.

Marie trouva dans le port de Calais deux galères qui l'attendaient, toutes prêtes à son premier ordre. Mais elle resta encore à Calais six jours, tant ceux qui l'avaient accompagnée jusque là, arrivés au terme fatal, avaient peine à se séparer d'elle !

Enfin, le 15 août fut, comme nous l'avons dit, fixé pour le départ. Le temps, ce jour-là, était gris et triste, mais sans vent et sans pluie.

Sur le rivage même, et avant de mettre le pied sur la planche du bateau qui l'allait emmener, Marie, pour remercier tous ceux qui l'avaient escortée jusqu'aux limites de la patrie, voulut donner à chacun d'eux sa main à baiser dans un adieu suprême.

Tous vinrent donc, tristes et respectueux, s'agenouiller devant elle, et poser tour à tour leurs lèvres sur cette main adorée.

Le dernier de tous fut un gentilhomme qui n'avait pas quitté depuis Saint-Germain la suite de Marie, mais qui pendant la route était resté constamment en arrière, caché par son manteau et son chapeau, et qui ne s'était montré et n'avait parlé à personne.

Mais quand il vint à son tour s'agenouiller devant la reine, son chapeau à la main, Marie reconnut Gabriel de Montgommery.

— Quoi! c'est vous, comte! lui dit-elle. Ah ! je suis heureuse de vous revoir encore, ami fidèle, qui avez pleuré avec moi mon roi mort. Mais, si vous étiez parmi ces nobles gentilshommes, pourquoi donc ne vous êtes-vous pas montré à moi ?

— J'avais besoin de vous voir et non d'être vu, madame, répondit Gabriel. Dans mon isolement, je recueillais mieux mes souvenirs et savourais plus intimement la douceur qu'il y avait pour moi à remplir envers vous un si cher devoir.

— Merci encore une fois de cette dernière preuve d'attachement, monsieur le comte, dit Marie Stuart. Je voudrais vous en témoigner ma reconnaissance mieux qu'avec des paroles. Mais je ne puis plus rien, et, à moins qu'il ne vous plaise de me suivre dans ma pauvre Ecosse, avec messieurs de Damville et Brantôme...

— Ah ! ce serait mon vœu le plus ardent, madame ! s'écria Gabriel. Mais un autre appel me retient en France. Une personne, qui m'est aussi bien chère et bien sacrée et que depuis plus de deux ans je n'ai pas revue, m'attend à l'heure qu'il est...

— S'agirait-il de Diane de Castro ? demanda vivement Marie.

— Oui, madame, dit Gabriel. Par un avis reçu à Paris le mois dernier, elle me mandait à Saint-Quentin pour aujourd'hui 15 août. Je n'arriverai près d'elle que demain ; mais, quelque soit le motif pour lequel elle me demande, elle me pardonnera, j'en suis sûr, quand elle saura que je n'ai voulu vous quitter qu'au moment où vous quittiez la France.

— Chère Diane ! reprit Marie pensive, oui, elle m'a aimée, elle aussi, et elle a été pour moi une sœur. Tenez, monsieur de Montgommery, remettez-lui en souvenir de moi cet anneau, et allez la rejoindre bien vite. Elle a besoin de vous peut-être, et, dès qu'il s'agit d'elle, je ne veux plus vous retenir. Adieu. Adieu, mes amis, adieu tous. On m'attend. Il faut que je parte, hélas ! il le faut.

Elle s'arracha aux adieux qui voulaient la retenir encore, mit le pied sur la planche du bateau, et passa sur la galère de monsieur de Mévillon, suivie des seigneurs enviés qui devaient l'accompagner jusqu'en Ecosse.

Mais de même que l'Ecosse ne pouvait consoler Marie de la France, ceux qui venaient avec elle ne pouvaient lui faire oublier ceux qu'elle quittait. Aussi était-ce ceux-là qu'elle semblait aimer le plus. Debout, à la proue de la galère, elle ne cessait de saluer de son mouchoir qu'elle tenait à la main, et dont elle essuyait ses larmes, les parens et les amis qu'elle laissait sur le rivage.

Enfin, elle entra en pleine mer, et sa vue fut attirée malgré elle vers un bâtiment qui allait rentrer dans le port d'où elle sortait et qu'elle suivait des yeux, enviant sa destinée, lorsque tout à coup le navire se pencha en avant comme s'il eût reçu un choc sous-marin, et, tremblant depuis sa quille jusqu'à sa mâture, commença, au milieu des cris de son équipage, à s'enfoncer dans la mer ; ce qui se fit si rapidement qu'il avait disparu avant que la galère de monsieur de Mévillon eût pu lancer sa barque à son secours. Un instant on vit surnager, à l'endroit où s'était abîmé le vaisseau, quelques points noirs qui se maintinrent un instant sur la surface de l'eau, puis s'enfoncèrent les uns après les autres, avant qu'on pût arriver jusqu'à eux, quoique l'on fît force de rames ; si bien que la barque revint sans avoir pu sauver un seul naufragé.

— O mon Dieu! Seigneur! s'écria Marie Stuart, quel augure de voyage est celui-ci!

Pendant ce temps, le vent avait fraîchi, et la galère commençait de marcher à la voile ; ce qui permettait à la chiourme de se reposer. Marie voyant qu'elle s'éloignait rapidement de la terre, s'appuya sur la muraille de la poupe, les yeux tournés vers le port, la vue obscurcie par de grosses larmes, et ne cessant de répéter :

— Adieu, France! adieu, France!...

Elle resta ainsi près de cinq heures, c'est-à-dire jusqu'au moment où la nuit tomba, et sans doute elle n'eût point pensé à se retirer d'elle-même si Brantôme ne fût venu la prévenir qu'on l'attendait pour souper.

Alors, redoublant de pleurs et de sanglots :

— C'est bien à cette heure, ma chère France, dit-elle, que je vous perds tout à fait, puisque la nuit, jalouse de mon dernier bonheur, apporte son voile noir devant mes yeux pour me priver d'un tel bien. Adieu donc, ma chère France, je ne vous verrai jamais plus!

Puis, faisant signe à Brantôme qu'elle allait descendre après lui, elle prit ses tablettes, en tira un crayon, s'assit sur un banc, et, aux derniers rayons du jour, elle écrivit ces vers si connus :

Adieu, plaisant pays de France!
O ma patrie
La plus chérie,
Qui a nourri ma jeune enfance!
Adieu, France! adieu, mes beaux jours!
La nef qui disjoint nos amours
N'a eu de moi que la moitié :
Une part te reste, elle est tienne.
Je la fie à ton amitié,
Pour que de l'autre il te souvienne.

Alors elle descendit enfin, et, s'approchant des convives qui l'attendaient :

— J'ai fait tout le contraire de la reine de Carthage, dit-elle ; car Didon, lorsqu'Enée s'éloigna d'elle, ne cessa de regarder les flots, tandis que moi je ne pouvais détacher mes yeux de la terre.

On l'invita à s'asseoir et à souper, mais elle ne voulut rien prendre, et se retira dans sa chambre en recommandant au timonier de la réveiller au jour si on voyait encore la terre.

De ce côté du moins la fortune favorisa la pauvre Marie ; car, le vent étant tombé, le bâtiment ne marcha toute la nuit qu'à l'aide de rames ; de sorte que, lorsque le jour revint, on était encore en vue de la France.

Le timonier entra donc dans la chambre de la reine ainsi qu'elle le lui avait ordonné; mais il la trouva éveillée, assise sur son lit, et regardant par sa fenêtre ouverte le rivage bien-aimé.

Cependant cette joie ne fut pas longue, le vent fraîchit et l'on perdit bientôt la France de vue. Marie n'avait plus qu'un espoir, c'est qu'on apercevrait au large la flotte anglaise, et qu'on serait obligé de rebrousser chemin. Mais cette dernière chance échappa comme les autres : un brouillard, si épais qu'on ne pouvait se voir d'un bout de la galère à l'autre, s'étendit sur la mer, et cela comme par miracle, puisqu'on était en plein été. On navigua donc au hasard, courant le danger de faire fausse route, mais aussi évitant celui d'être vu de l'ennemi.

En effet, le troisième jour, le brouillard se dissipa, et l'on se trouva au milieu de rochers où, sans aucun doute, la galère se fût brisée si l'on eût fait deux encâblures de plus. Le pilote alors prit hauteur, reconnut qu'il était sur les côtes d'Écosse, et ayant tiré très habilement le navire des récifs où il était engagé, il aborda à Leith, près d'Édimbourg.

Les beaux esprits qui accompagnaient Marie dirent qu'on avait pris terre par un brouillard dans un pays brouillé et brouillon. Marie n'était nullement attendue; aussi lui fallut-il, pour gagner Édimbourg, se contenter, pour elle et pour sa suite, de pauvres baudets mal harnachés, dont quelques-uns étaient sans selle, et n'avaient pour brides et pour étriers que des cordes. Marie ne put s'empêcher de comparer ces pauvres haquenées aux magnifiques palefrois de France, qu'elle était habituée à voir caracoler aux chasses et aux tournois. Elle versa encore quelques larmes de regret en comparant le pays qu'elle quittait avec celui où elle venait d'entrer. Mais bientôt, avec sa grâce charmante, essayant de sourire à travers ses pleurs :

— Il faut bien prendre son mal en patience, dit-elle, puisque j'ai échangé mon paradis contre un enfer.

Telle fut l'arrivée de Marie Stuart en Angleterre. Nous avons raconté ailleurs (1) le reste de sa vie et sa mort, et comment l'Angleterre impie, ce bourreau fatal de tout ce que la France eut de divin, tua avec elle la grâce, comme elle avait déjà tué l'inspiration en Jeanne d'Arc, comme elle devait tuer dans Napoléon le genie.

(1) *Les Stuarts.*

CONCLUSION.

Ce fut seulement le lendemain 16 août que Gabriel arriva à Saint-Quentin.

A la porte de la ville, il trouva Jean Peuquoy qui l'attendait.

— Ah ! vous voilà donc enfin, monsieur le comte ! lui dit le brave tisserand. J'étais bien sûr que vous viendriez ! Trop tard, malheureusement ! trop tard !

— Comment ! trop tard ? demanda Gabriel alarmé.

— Hélas ! oui ; la lettre de madame Diane de Castro ne vous mandait-elle pas pour hier 15 août ?

— Sans doute, dit Gabriel, mais sans insister sur cette date précise, mais sans me dire pour quel objet madame de Castro réclamait ma présence.

— Eh bien ! monsieur le comte, reprit Jean Peuquoy, c'est hier 15 août que madame de Castro, ou plutôt la sœur Bénie, a prononcé les vœux éternels qui la font désormais religieuse. sans retour possible au monde.

— Ah ! fit Gabriel pâlissant.

— Et, si vous aviez été là, reprit Jean Peuquoy, vous seriez parvenu, peut-être. à empêcher ce qui est maintenant accompli.

— Non, dit Gabriel d'un air sombre, non, je n'aurais pas pu, je n'aurais pas dû, je n'aurais pas voulu même m'opposer à ce dessein. Et c'est la Providence sans doute qui m'a retenu à Calais ! Mon cœur, en effet. eût été brisé de son impuissance devant ce sacrifice, et la pauvre chère âme qui se donnait à Dieu aurait eu elle-même, peut-être, à souffrir plus de ma présence qu'elle n'a dû souffrir de son isolement en ce moment solennel.

— Oh ! dit Jean Peuquoy, elle n'était pas seule !

— Oui, reprit Gabriel, vous étiez là, vous, Jean, et Babette, et les malheureux, ses obligés, ses amis...

— Il n'y avait pas que nous, monsieur le comte, dit Jean Peuquoy. La sœur Bénie avait aussi près d'elle sa mère.

— Qui? madame de Poitiers? s'écria Gabriel.

— Oui, monsieur le comte, madame de Poitiers elle-même qui, sur une lettre de sa fille, est accourue de sa retraite de Chaumont-sur-Loire, a hier assisté à la cérémonie, et doit encore être, à l'heure qu'il est, à côté de la nouvelle religieuse.

— Oh! dit Gabriel effrayé, pourquoi madame de Castro a-t-elle fait venir cette femme?

— Mais, monseigneur, comme elle l'a dit à Babette cette femme est, après tout, sa mère.

— N'importe! dit Gabriel. Je commence à croire que j'aurais dû être là hier. Si madame de Poitiers est venue, ce ne saurait être pour faire le bien, ce ne saurait être pour remplir un devoir. Allons au couvent des Bénédictines, voulez-vous, maître Jean? J'ai hâte maintenant plus que jamais de revoir madame de Castro. Il me semble qu'elle a besoin de moi. Allons vite!

On introduisit sans difficulté au parloir du couvent Gabriel de Montgommery, dont l'arrivée était attendue depuis la veille.

Diane était déjà dans ce parloir avec sa mère.

Gabriel, en la revoyant après une si longue absence, emporté par un irrésistible élan, alla tomber, pâle et morne, à genoux devant la grille qui les séparait à jamais l'un de l'autre.

— Ma sœur! ma sœur!... put-il dire seulement.

— Mon frère! répondit avec douceur la sœur Bénie.

Une larme coulait lentement le long de sa joue. Mais, en même temps, elle souriait, comme doivent sourire les anges.

Gabriel, en détournant un peu la tête, aperçut l'autre Diane, madame de Poitiers. Elle riait, elle, comme doivent rire les démons.

Mais Gabriel, avec une méprisante insouciance, ramena aussitôt vers la sœur Bénie et son regard et sa pensée.

— Ma sœur ! répéta-t-il encore avec ardeur et angoisse.

Diane de Poitiers reprit alors froidement :

— C'est sans doute comme votre sœur en Jésus-Christ, monsieur, que vous saluez de ce nom celle qui s'appelait hier encore madame de Castro ?...

— Que voulez-vous dire, madame ? Grand Dieu ! que voulez-vous dire ? demanda Gabriel en se levant tout frémissant :

Diane de Poitiers, sans lui répondre directement, s'adressa à sa fille.

— Mon enfant, voici, je crois, le moment de vous révéler ce secret dont je vous parlais hier et que mon devoir, ce me semble, me défend de vous cacher plus longtemps.

— Oh ! qu'est-ce que c'est ? s'écria Gabriel éperdu.

— Mon enfant, continua tranquillement madame de Poitiers, ce n'est pas seulement, je vous l'ai dit, pour vous bénir que je suis sortie de la retraite où, grâce à monsieur de Montgommery, je vis depuis près de deux années. Ne voyez aucune ironie dans mes paroles, monsieur, dit-elle d'un ton ironique pour répondre à un mouvement de Gabriel. Je vous sais gré, en vérité ! de m'avoir arrachée, violemment ou non, à un monde impie et corrupteur. Je suis heureuse à présent ! la grâce m'a touchée, et l'amour de Dieu remplit tout mon cœur. Pour vous remercier, je veux vous épargner un péché, un crime peut-être.

— Oh ! qu'est-ce que c'est ? dit à son tour la sœur Bénie palpitante.

— Mon enfant, continua Diane de Poitiers avec son infernal sang-froid, j'imagine qu'hier j'aurais pu d'un mot arrêter sur vos lèvres les vœux sacrés que vous alliez prononcer. Mais m'appartenait-il, à moi pauvre pécheresse, si heureuse d'être délivrée des chaînes terrestres, m'appartenait-il de dérober à Dieu une âme qui se donnait à lui, libre et chaste ? Non ! et je me suis tue.

— Je n'ose pas deviner ! je n'ose pas ! murmurait Gabriel.

— Aujourd'hui, mon enfant, reprit l'ex-favorite, je romps le silence parce que je vois, à la douleur et à l'ardeur de monsieur de Montgommery, que vous possédez encore sa pensée toute entière. Or, il faut qu'il vous oublie, il le faut. Et pourtant s'il se berçait toujours de cette illusion que vous pouvez être sa sœur, la fille du comte de Montgommery, il laisserait sans remords ses souvenirs s'égarer vers vous... Ce serait un crime ! un crime dont je ne veux pas, moi convertie d'hier, être la complice. Diane, sachez-le donc : vous n'êtes pas la sœur de monsieur le comte, mais bien réellement la fille du roi Henri II, que monsieur le comte a si malheureusement frappé dans ce tournoi fatal.

— Horreur ! s'écria la sœur Bénie en se cachant le visage de ses deux mains.

— Vous mentez, madame ! dit Gabriel avec violence... vous devez mentir ! La preuve que vous ne mentez pas?...

— La voici, répondit paisiblement Diane de Poitiers en lui tendant un papier qu'elle prit dans son sein.

Gabriel saisit le papier d'une main tremblante, et le lut avidement.

— C'est, continua madame de Poitiers, une lettre de votre père écrite quelques jours avant sa mort, comme vous voyez. Il s'y plaint de mes rigueurs, comme vous voyez encore. Mais il se résigne, comme vous pouvez voir aussi, en songeant qu'enfin je serai bientôt sa femme et que l'amant n'aura gardé à l'époux qu'une part de bonheur plus entière et plus pure. Oh ! les termes de cette lettre, signée et datée, ne sont nullement équivoques; n'est-ce pas? Vous voyez donc, monsieur de Montgommery, qu'il eût été criminel à vous de penser à la sœur Bénie : car aucun lien du sang ne vous unit à celle qui est maintenant l'épouse de Jésus-Christ. Et, en vous épargnant une telle impiété, j'espère bien m'être acquittée envers vous, et vous avoir payé, et au-delà, le bonheur dont je jouis par vous dans ma solitude. Nous sommes quittes à présent, monsieur le comte, et je n'ai plus rien à vous dire.

Gabriel, pendant ce discours railleur, avait achevé de lire la lettre funeste et sacrée. Elle ne permettait aucun doute, en effet. C'était pour Gabriel comme la voix de son père sortant de la tombe pour attester la vérité.

Quand le malheureux jeune homme releva ses yeux

égarés, il vit Diane de Castro gisante, évanouie, au pied d'un prie-dieu.

Il s'élança instinctivement vers elle. Les épais barreaux de fer l'arrêtèrent.

En se retournant, il vit Diane de Poitiers sur les lèvres de laquelle errait un sourire de satisfaction placide.

Fou de douleur, il fit deux pas vers elle, la main levée...

Mais il s'arrêta épouvanté de lui-même, et se frappant de la main le front comme un insensé, cria seulement : Adieu, Diane ! adieu ! et prit la fuite...

S'il fut resté une seconde de plus, il n'eût pu s'empêcher d'écraser cette mère impie comme une vipère !...

Hors du couvent, Jean Peuquoy l'attendait bien inquiet.

— Ne m'interrogez pas ! ne me demandez rien ! lui cria d'abord Gabriel dans une sorte de frénésie.

Et, comme le brave Peuquoy le regardait avec un étonnement douloureux :

— Pardonnez-moi, lui dit-il plus doucement, je touche, je crois, à la démence. Je ne veux pas penser, voyez-vous. C'est pour échapper à ma pensée que je m'en vais, que je m'enfuis à Paris. Accompagnez-moi, si vous voulez bien, ami, jusqu'à la porte de la ville où j'ai laissé mon cheval. Mais, par grâce, ne me parlez pas de moi, parlez-moi de vous...

Le digne tisserand, autant pour obéir à Gabriel que pour tâcher de le distraire, raconta alors comme quoi Babette se portait à merveille, et l'avait récemment rendu père d'un jeune Peuquoy, de superbe venue ; comme quoi leur frère Pierre allait venir s'établir armurier à Saint-Quentin ; comme quoi enfin on avait reçu le mois précédent, par un reître de Picardie rentrant dans ses foyers, des nouvelles de Martin-Guerre, toujours heureux avec sa Bertrande dulcifiée.

Mais il faut avouer que Gabriel. comme aveuglé par la douleur, ne comprit ou n'entendit même qu'imparfaitement ce récit de joie.

Pourtant, quand il arriva avec Jean Peuquoy à la porte de Paris, il serra cordialement la main du bourgeois.

— Adieu, ami, lui dit-il. Merci de votre bonne affection.

Rappelez mon souvenir à tous ceux que vous aimez. Je suis heureux de vous savoir heureux ; pensez quelquefois, vous qui prospérez, à moi qui souffre.

Et sans attendre d'autre réponse que les larmes qui brillaient dans les yeux de Jean Peuquoy, Gabriel monta à cheval et s'élança au galop.

A son arrivée à Paris, comme si le sort eût voulu l'accabler de tous les deuils à la fois, il trouva sa bonne nourrice, Aloyse, morte, sans l'avoir revu, après une courte maladie...

Le lendemain, il alla chez l'amiral de Coligny.

— Monsieur l'amiral, lui dit-il, je sais que les persécutions et les guerres religieuses ne vont pas tarder à recommencer, malgré tant d'efforts pour les prévenir. Sachez que désormais je puis offrir à la cause de la réforme, non-seulement ma pensée, mais aussi mon épée. Ma vie n'est plus bonne qu'à vous servir, prenez-la et ne la ménagez pas. C'est dans vos rangs, d'ailleurs, que je pourrai le mieux me défendre contre un de mes ennemis, et achever de châtier l'autre...

Gabriel pensait à la reine régente et au connétable.

Pas n'est besoin de dire que Coligny reçut avec enthousiasme l'inappréciable auxiliaire dont il avait éprouvé tant de fois la bravoure et l'énergie.

L'histoire du comte, à partir de ce moment, fut donc celle des guerres de religion qui ensanglantèrent le règne de Charles IX.

Gabriel de Montgommery joua un rôle terrible dans ces guerres, et, à chaque événement grave, son nom prononcé fit pâlir Catherine de Médicis.

Quand après le massacre de Vassy, en 1562, Rouen et toute la Normandie se déclarèrent ouvertement pour les huguenots, on nomma, comme le principal auteur de ce soulèvement de toute une province, le comte de Montgommery.

Le comte de Montgommery était, la même année, à la bataille de Dreux, où il fit des prodiges de valeur.

Ce fut lui, dit-on, qui y blessa d'un coup de pistolet le connétable de Montmorency, qui commandait en chef et il l'eût achevé, si le prince de Porcien n'eût protégé le connétable, et ne l'eût reçu prisonnier.

On sait comment, un mois après cette bataille où le Balafré avait arraché la victoire aux mains inhabiles du connétable, le noble duc de Guise fut tué en trahison devant Orléans par le fanatique Poltrot.

Montmorency, débarrassé de son rival mais privé de son allié, fut moins heureux encore à la bataille de Saint-Denis en 1567 qu'à celle de Dreux.

L'Ecossais Robert Stuart le sommait de se rendre. Il lui répondit en le frappant au visage du pommeau de son épée. Quelqu'un alors lui tira un coup de pistolet qui l'atteignit au flanc, et il tomba mortellement blessé.

A travers le nuage de sang qui se répandit sur ses yeux, il crut reconnaître le visage de Gabriel.

Le connétable expira le lendemain...

Pour n'avoir plus d'ennemis directs, le comte de Montgommery n'en ralentit pas ses coups. Mais il semblait invincible et imprenable,

Quand Catherine de Médicis demanda qui avait ramené le Béarn sous la loi de la reine de Navarre, et fait reconnaître le prince de Béarn généralissime des huguenots ; on lui répondit : Montgommery.

Quand, le lendemain de la Saint-Barthélemy (1572), la reine-mère, impatiente de vengeance, s'informa, pour avoir plutôt fait, non de ceux qui avaient péri, mais de ceux qui avaient échappé, le premier nom qu'on lui cita fut celui du comte de Montgommery.

Montgommery se jeta dans La Rochelle avec Lanoue. La Rochelle soutint neuf grands assauts et coûta quarante mille hommes à l'armée royale. Elle garda sa liberté en capitulant, et Gabriel put en sortir sain et sauf.

Il s'introduisit alors dans Sancerre, assiégée par le gouverneur du Berri. Il s'entendait assez bien, on s'en souvient, à la défense des places. Une poignée de Sancerrois, sans autres armes que des bâtons ferrés, résistèrent quatre mois à un corps de six mille soldats. En capitulant, ils obtinrent, comme ceux de La Rochelle, liberté de conscience et sûreté de personnes.

Catherine de Médicis voyait avec une fureur croissante lui échapper sans cesse son ancien et insaisissable ennemi.

Montgommery laissa le Poitou qui était en feu, et revint enflammer la Normandie qui se pacifiait.

Parti de Saint-Lô, il prit en trois jours Carentan et dégar nit Valognes de toutes ses munitions. Toute la noblesse normande vint se ranger sous ses bannières.

Catherine de Médicis et le roi mirent aussitôt sur pied trois armées, et firent publier dans le MANS et au PERCHE le ban et l'arrière-ban. Le chef des troupes royales fut le duc de Matignon.

Cette fois, Montgommery ne combattait plus. Perdu dans les rangs de ses religionnaires, il tenait tête directemen et personnellement à Charles IX, et avait son armée comme le roi avait la sienne.

Il combina un plan admirable et qui devait lui assurer une éclatante victoire.

Il laissa Matignon assiéger Saint-Lô avec toutes ses troupes, quitta secrètement la ville, et se rendit à Domfront. Là, François du Hallot devait lui amener toute la cavalerie de Bretagne, d'Anjou et du pays de Caux. Avec ces forces réunies, il tomberait à l'improviste sur l'armée royale devant Saint-Lô, qui, prise entre deux feux,serait exterminée.

Mais la trahison vainquit l'invincible. Une enseigne avertit Matignon du départ secret de Montgommery pour Domfront, où quarante cavaliers seulement l'accompagnaient.

Matignon tenait bien moins à la prise de Saint-Lô qu'à celle de Montgommery. Il laissa le siége à un de ses lieutenans, et accourut devant Domfront avec deux régimens, six cents chevaux et une puissante artillerie.

Tout autre que Gabriel de Montgommery se fût rendu sans essayer une résistance inutile. Mais lui, avec quarante hommes, voulut tenir tête à cette armée.

Il faut lire dans l'histoire de De Thou le récit de ce siége incroyable.

Domfront résista douze jours. Le comte do Montgommery fit pendant ce temps sept sorties furieuses. Enfin, quand es murailles de la ville, trouées et chancelantes, furent comme livrées à l'ennemi, Gabriel les abandonna, mai pour se retirer et combattre dans la tour dite de Guillaume de Bellême.

Il n'avait plus avec lui que trente hommes.

Matignon commanda pour l'assaut une batterie de cinq pièces de grossse artillerie, cent gentilshommes cuirassés, sept cents mousquetaires, et cent piquiers.

L'attaque dura cinq heures, et six cents coups de canon furent tirés sur le vieux donjon.

Au soir, Montgommery n'avait plus que seize hommes, mais il tenait encore. Il passa la nuit à réparer la brèche comme un simple ouvrier.

L'assaut recommença avec le jour. Matignon avait reçu pendant la nuit de nouveaux renforts. Il y avait alors, autour du donjon de Bellême et de ses dix-sept combattans, quinze mille soldats et dix-huit pièces de canon.

Ce ne fut pas le courage qui manqua aux assiégés, ce fut la poudre.

Montgommery, pour ne pas tomber vivant aux mains de ses ennemis, voulut se passer son épée au travers du corps. Mais Matignon lui envoya un parlementaire qui lui jura au nom du chef : *Qu'il aurait la vie sauve et la liberté de se retirer.*

Montgommery se rendit sur la foi de ce serment. Il eû dû pourtant se rappeler Castelnau.

Le jour même, on l'envoyait garrotté à Paris. Catherine de Médicis le tenait enfin ! C'était par une trahison, mais que lui importait ? Charles IX venait de mourir ; en attendant le retour de Henri III de Pologne, elle était reine-régente et toute-puissante.

Montgommery, traduit devant le parlement, fut condamné à mort le 26 juin 1574.

Il y avait quatorze ans qu'il combattait la femme et les fils de Henri II.

Le 27 juin, le comte de Montgommery, auquel, par un raffinement de cruauté, on venait d'appliquer la question extraordinaire, fut porté sur l'échafaud et décapité. Son corps fut déchiré ensuite en quatre quartiers.

Catherine de Médicis assistait à l'exécution...

Ainsi finit cet homme extraordinaire, une des âmes les

plus fortes et les plus belles qu'ait vues le seizième siècle. Il n'avait jamais paru qu'au second rang ; mais il s'était toujours montré digne du premier. Sa mort accomplit jusqu'au bout les prédictions de Nostradamus :

..... Enfin, l'aimera, puis las! le tuera
Dame de roy.

Diane de Castro ne vit point cette mort. La sœur Béni était morte l'année précédente, abbesse des Benédictines de Saint-Quentin.

FIN DU TROISIÈME ET DERNIER VOLUME.

TABLE DES CHAPITRES.

RÈGNE DE FRANÇOIS II.

FIN DE LA TABLE DU TROISIÈME VOLUME.

PARIS. — IMP. SIMON RAÇON ET Ce, RUE D'ERFURTH, 1.

PARIS. — TYP. SIMON RAÇON ET COMP., 1, RUE D'ERFURTH.

www.ingramcontent.com/pod-product-compliance
Lightning Source LLC
LaVergne TN
LVHW010548110826
845149LV00003B/601

* 9 7 8 2 0 1 1 8 6 1 2 4 5 *